톨스토이 초상 일리야 레핀 작(1887), 모스크바 트레차코프 미술관 소장

1892년 9월 야스나야 폴랴나에서 톨스토이는『노자 도덕경』번역을 시작할
무렵 이 사진을 촬영하여 1895년 그를 방문한 소설가 안톤 체홉에게 주었다

집필 중인 톨스토이 일리야 레핀 작(1893), 톨스토이 박물관 소장

톨스토이 스케치 1885년 모스크바 시절의 톨스토이를 떠올리면서 2020년
12월에 역자가 잠시 스케치해 본 소품이다 ⓒ 최재목

모스크바 하모브니키의 톨스토이 저택 현재 톨스토이 박물관으로 1890년
촬영. 당시 여기에서 고니시 마스타로와 함께 『노자 도덕경』을 번역하였다

야스나야 폴랴나의 톨스토이 묘

젊은 시절의 고니시 마스타로   고니시의 지도교수 니콜라이 그로트

모스크바대 왼쪽이 모스크바대학교Lomonosov Moscow State University
이고, 오른쪽은 세인트 타티아나St. Tatyana교회이다(1906)

노자老子

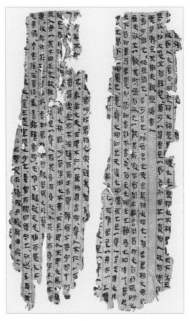

백서본帛書本 노자

왕필王弼

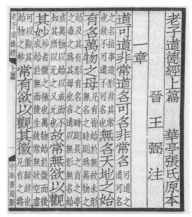

톨스토이·고니시가 참고한 왕필본

ЛАО-СИ

ТАÔ-ТЕ-КИНГЪ

ИЛИ

ПИСАНІЕ О НРАВСТВЕННОСТИ

ПОДЪ РЕДАКЦІЕЙ Л·Н·ТОЛСТОГО.
ПЕРЕВОДЪ СЪ КИТАЙСКАГО Д·КОНИССИ
ПРИМѢЧАНІЯ С·Н·ДУРЫЛИНА
МОСКВА 1913

톨스토이·고니시 공역 『노자 도덕경ЛАО-СИ ТАÔ-ТЕ-КИНГЪ』 표지(1913)

톨스토이가 번역한

노자 도덕경

ЛАО-СИ ТАО-ТЕ-КИНГЪ

톨스토이가 번역한

노자 도덕경

최재목 역주

 21세기문화원

머 리 말

1

늘 바쁜 일과를 보내다가 10년 만에 연구년을 맞이하여 좀 자유롭게 연구하고 여행하며 생각할 시간을 갖게 되었다. 그러나 공교롭게도 2020년 한 해는 코로나19 때문에 해외로 돌아다닐 계획이 전부 수포로 돌아갔다. 물론 국내 여행도 그다지 자유롭지 못했다. 어쩔 수 없이 나는 마스크를 눌러쓰고 집 가까운 곳이나 돌면서 대부분의 시간을 보냈다. 그동안 번역도 하고 논문도 쓰고 책도 읽고 나름 알찬 시간을 보냈다.

가까운 곳에서 볼거리, 생각할 거리를 발견하면서 보낸 일 년이었다. 그러나 멀리 떠나가지 않고서도 재미있고 즐거울 수 있다는 사실을 알게 되었다.

밖으로 향하는 시선을 안으로 돌리며, 이참에 평소 하지 못했던 일들, 시간에 쫓겨 제대로 쓰지 못한 글을 쓸 수 있어 다행이었다.

여러 작업을 하는 가운데서도 나는 최근 몇 년간 관심을 가져왔던 과제가 있었다. 레프 니콜라예비치 톨스토이Лев Николаевич Толстой, Lev Nikolayevich Tolstoy(1828~1910)가 러시아어로 번역한 『노자 도덕경老子道德經』을 한글로 번역하는 것이었다.

톨스토이는 1877년에 『노자 도덕경』 번역에 뜻을 두었고, 1892년에 드디어 뜻을 이룰 수 있었다.

사실 톨스토이가 번역한 것으로 알려진 러시아어판 『노자 도덕경』은 당시 모스크바에 유학 와 있던 일본인 고니시 마스타로小西增太郎(1861~1939)와 함께 1892년 11월부터 1893년 3월까지 4개월간에 걸친 공동 작업 끝에 완성된 것이다. 그래서 엄밀히 말하면, '레프 톨스토이와 고니시 마스타로의 공동 번역'이라 해야 옳다. 하지만 여기서는 편의상 톨스토이가 번역한 『노자 도덕경』이라 하기로 한다. 어쨌든 두 사람이 번역한 러시아어판 『노자 도덕경』은 1913년 모스크바의 피차트노에 젤라Печатное дело출판사에서 처음 간행된다.* 두 사람의 번역 과정 등에 대한 내용은 이 책의 '해설'에서 구체적으로 다루기로 한다.

* Лао Си, «ТАŎ-ТЕ-КИНГЪ, или писаніе о нравственности». Под редакціей Л.Н. Толстого, перевелъ съ китайскаго профессоръ университета въ Кіото Д. П. Конисси, примечаніями снабдилъ С. Н. Дурылинъ. (Москва: Печатное дело, 1913)
영어로 바꾸면 이렇다: Lao Xi, "TAO-TE-KING, or writing about morality." Under the editorship of L.N. Tolstoy, translated from the Chinese by university professor in Kyoto D.P. Konissi, provided notes by S.N. Durylin. (Moscow: Pechatnoye delo, 1913)

2

톨스토이가 『노자 도덕경』에 관심을 가졌다는 것을 처음 안 것은 대학원 시절(1985년 무렵)이었다. 이후 90년대 초반에 톨스토이의 『인생론』을 읽으면서 그가 『노자 도덕경』을 참 이상하게 번역하고 있다고 생각한 적이 있었다. 그리고 그의 『인생독본』을 읽으면서 좀 생소한 번역의 『노자 도덕경』 구절들을 발견하기도 했다. 이후 톨스토이와 『노자 도덕경』의 관계를 보다 구체적으로—비록 부정확한 정보이긴 하지만—알게 된 것은 김려춘의 『톨스토이와 동양』이라는 책이었다.

학부 시절에 나는 유헌榴軒 이종후李鍾厚(1921~2007) 교수를 통해서 독일의 철학자 야스퍼스나 하이데거가 '노자'라는 인물에 관심을 가졌다는 이야기를 들을 수 있었다. 하이데거는 『노자 도덕경』을 1949년에 번역하였는데, 톨스토이는 이보다도 훨씬 앞선 1884년에 『노자 도덕경』에 뜻을 두었고, 그 8년 뒤(1892) 드디어 고니시 마스타로小西增太郞와 공동 번역에 착수하였다.

동양인이 아니라 유럽인의 관점, 다시 말해서 타자의 시야에서 본 『노자 도덕경』은 좀 다른 면모를 갖는다. 더욱이 톨스토이는 자신의 비폭력 평화주의라는 관점에서 『노자 도덕경』의 본문과 달리 과감하게 윤문하거나 생략하기도 하였다. 『노자 도덕경』을 연구하는 입장에서 본다면 이런 점들이 생소하거나 의아해할 대목이다. 그러나 다르게 보면, 이 점이 바로 톨스토이·고니시 공역의 러시아어판 『노자 도덕경』이 갖는 매력이거나 특징이기도 하다. 톨스토이는 번역을 통해서 그의 사상을 전개해 나가며 확인하고 있었던 셈이다.

이런 장점과 매력을 보다 생생하게 대조적으로 부각시키기 위해, 당초 톨스토이·고니시가 『노자 도덕경』을 번역할 때 저본으로 삼았을 81장 체제 왕필본王弼本『노자 도덕경』을 대비시키기로 하였다. 왜냐하면 톨스토이·고니시가 러시아어로 번역한 『노자 도덕경』의 판본이 기본적으로 왕필본의 81장 체제로 보이기 때문이다. 러시아어 번역본 『노자 도덕경』에는 각 장별로 별도의 제목이 붙어 있지 않다. 만일 당초 하상공본河上公本을 따랐다면 각 장별로 제목이 붙었을 것이다.

다시 말해, 왼편에는 톨스토이·고니시가 번역한 『노자 도덕경』의 한글 번역을, 오른편에는 81장 체제 왕필본 『노자 도덕경』의 한글 번역을 대비시키는 것이다.

아울러 원문의 미주 '세르게이 니콜라예비치 두릴린С.Н. ДУРЫЛИНЪ의 각 장 해설'도 번역하여 붙였다. 그리고 부록으로 포포프·톨스토이가 선역한 『노자 도덕경』의 서문(톨스토이 씀)과 본문을 완역하여 실었다. 이것은 국내외에 아직 번역된 것이 없다.

3

이 책은 톨스토이·고니시 공역의 러시아어판 『노자 도덕경』을 처음 한글로 번역하고 주해한 것이다.

우선 톨스토이·고니시 공역의 『노자 도덕경』 러시아어본(1913 간행, 레닌도서관 소장)은 모스크바 '러시아과학아카데미 동방학연구소' 한국학 분과장 벨라 박 박사로부터 먼저 구했으며, 나중에서야 인터넷 DB를 통해서 재확인할 수도 있었다.

그러나 러시아어에 능하지 못한 나로서는 러시아어 번역에 큰 애로를 겪었다. 다행히 최근 일본에서 두 종류가 번역되어 있어, 러시아어 원본과 대조하여 옮기는 데 도움이 되었다. 포포프의 선역본은 참고할 만한 선행 번역물도 전혀 없는지라 독자적으로 할 수밖에 없었다. 러시아어의 번역 및 교열·자문은 러시아 모스크바 대학교에서 연구한 경희대 국제지역연구원 HK연구교수 배규성 박사가 많은 도움을 주었음을 밝혀 둔다. 이 자리를 빌려 벨라 박 박사와 배규성 박사에게 깊이 감사를 드린다.

그리고 일본어 번역에 도움을 준 영남대 한국학과 박사과정의 조용미 씨, 빠른 시간 내에 구하기 힘든 일본 책을 구해 준 영남대 철학과 석사과정의 서승완 군, 오래 시간이 걸림에도 애써 일본 책을 구하는 데 힘써 주신 영남대학교 도서관 권영찬 팀장에게 감사를 드린다.

끝으로 표지 기획을 한 서승완 군, 표지 디자인을 해 주신 크리에이티브 21의 서승연 실장에게 고마움을 전한다. 무엇보다 상업성 없는 이 책의 출판을 흔쾌히 수락하고, 편집·교정에 온 정성을 기울여 주신 21세기문화원의 류현석 원장에게도 심심한 사의를 표한다.

이외에도 책이 나오기까지 많은 분들의 헌신과 노고가 있었다. 앞으로 러시아나 중국·일본 등의 해외에서도 번역 보급되어 좀 더 널리 읽히면 미미하나마 보답하는 길이 되지 않을까 싶다.

국내에서 처음 한글로 번역된 책인 만큼 적지 않은 오류가 있을 줄로 안다. 아무쪼록 관심 있는 동학들의 비판과 조언을 바란다.

잘못된 사항들은 추후 보완해 가면서, 톨스토이·포포프본도 분석
하여 별도의 책으로 낼 생각이다.

2020. 12. 21

대구 돌돌재乭乭齋에서
최재목 쓰다

차　례

레프 톨스토이 러시아어 역
『노자 도덕경ЛАО-СИ ТАŎ-ТЕ-КИНГЪ』에 대하여

1. 톨스토이의 『노자 도덕경』 번역

톨스토이의 『노자 도덕경』?: 이 책은 레프 니콜라예비치 톨스토이Лев Николаевич Толстой, Lev Nikolayevich Tolstoy(1828~1910, 향년 82세)가 번역한 — 정확하게 말하면, 러시아인 톨스토이와 '톨스토이가 만난 첫 일본인'1)인 고니시 마스타로小西增太郎(1861~

---

1) 그런데, 일본에서는 도쿠토미 로카德富蘆花를 톨스토이가 만난 첫 일본인이라고 소개되기도 했다.
일본인이 쓴 톨스토이의 전기·평전은 일본의 작가로서 도쿠토미 소호德富蘇峰의 동생이자 구마모토熊本 출신의 도쿠토미 로카德富蘆花가 쓴 『톨스토이』(1897), 나가자토 가이잔中里介山의 『톨스토이 언행록』(1906), 도쿠토미 로카의 『순례기행』(1906) 등이 있었는데, 특히 로카의 『순례기행』은 1906년(明治 39) 6~7월 사이 야스나야 폴랴나의 톨스토이와 5일간 교류한 것을 기록한 것이다. 그 앞머리에 소개된, 소피아 부인이 촬영한 '마차 풍경 사진'(톨스토이의 딸 알렉산드라 양이 수레를 몰고 톨스토이와 로카가 동승한 모습)이 화제가 된 적 있다. 이후 우연이었지만 착오가 생겨 로카는 '톨스토이가 만난 첫 일본인'으로 소개되었고 그 정보가 한동안 지속되었다고 한다(小西增太郞, 『いかに生きるか トルストイを語る』, 太田健一 監修, 万葉舍, 2010, 282~3쪽, 太田健一의 '監修의 말' 참조). 로카보다 14년 전 1892년에 이미 고니시가 톨스토이를 만났다.

1939[2]), 향년 78세)의 '공동 번역' — 러시아판 『노자 도덕경』[3])을 국내에서 처음 한글로 번역한 것이다.

↖ 만년의 톨스토이

↗ 청년 시절의 고니시 마스타로

← 공동 번역 『노자 도덕경』[4]) 표지

2) 인터넷 등에 생몰 연대가 1862~1940 등으로 된 곳도 있다.
3) '레닌도서관' 소장, 『노자 도덕경』 원문(1쪽~46쪽)과 세르게이 니콜라예비치 두릴린C.H. ДУРЫЛИНЪ의 주석(64쪽~72쪽)을 번역하여 싣는다.
4) 노자, 『노자 도덕경 또는 도덕에 관한 글 ЛАО-СИ ТАО-ТЕ-КИНГЪ ИЛИ ПИ

톨스토이가 노자老子(?~?, 초나라 출생. 자字는 담聃, 본명은 이이李耳)가 지었다는 『도덕경道德經』(이하 『노자 도덕경』)을 번역했다는 사실은 국내에서 잘 알려져 있지 않다.

  톨스토이의 생애를 기술한 책들, 예컨대 앤드류 노먼 윌슨의 『톨스토이: 삶의 숭고한 의미를 향해가는 구도자』,5) 빅토르 쉬클롭스키의 『레프 톨스토이 1·2』,6) 손상목의 『그를 아는 것은 세상의 모든 사람들을 사랑하는 것이다: 톨스토이』,7) 로망 롤랑의 『러시아의 등불 톨스토이의 삶과 문학』8)·『톨스토이 평전』9) 등에서도 톨스토이의 『노자 도덕경』 번역에 대해서는 구체적으로 언급되고 있지 않다. 아울러 그의 「연보」를 기술할 때에도 『노자 도덕경』 번역 관련 사항은 생략되고 있다. 드물게도 정창범의 『톨스토이: 부유한 삶을 거부한 고뇌의 작가』 부록 「연보」 1893년(65세) 조목에서 "『노자』 번역에 열중"10)이라고 언급하는 정도이다.

  엇갈리는 『노자 도덕경』 기술: 김려춘은 「톨스토이와 동양」 관련에서 이렇게 말한다.

  CAHIE O HPABCTBEHHOCTИ』, 톨스토이·고니시(한문) 역, 모스크바, 1913.
  5) 앤드류 노먼 윌슨, 『톨스토이: 삶의 숭고한 의미를 향해 가는 구도자』, 이상룡 역, 책세상, 2010.
  6) 빅토르 쉬클롭스키, 『레프 톨스토이 1·2』, 이강은 역, 나남, 2009.
  7) 손상목, 『그를 아는 것은 세상의 모든 사람들을 사랑하는 것이다: 톨스토이』, 인디북, 2004.
  8) 로망롤랑, 『러시아의 등불 톨스토이의 삶과 문학』, 윤선혜 역, 청암문학사, 1993.
  9) 로망롤랑, 『톨스토이 평전』, 김경아 편역, 거송미디어, 2005.
  10) 정창범, 『톨스토이: 부유한 삶을 거부한 고뇌의 작가』, 건국대학교출판부, 1996, 147쪽.

톨스토이는 19세기 70년대에 노자론을 알게 된 후, 이 중국 철학자의 심오한 사상에 충격을 받는다. 그는 다음과 같이 언급한다. "이것은 놀라운 책이오. 나는 오직 이 책을 번역할 것이오(영어·불어·독일어로 된 것을), 비록 그것이 (원본) 텍스트와 동떨어진 것이 될지라도 말이오. 나는 중국어를 배우려 하오." 노자의 저서는 『도덕경』('도덕에 관한 책'), 혹은 저자의 이름을 따서 단순히 『노자』라고 명명되었다. 톨스토이는 『노자』를 러시아어로 번역하는 작업에 두 차례에 걸쳐 활발히 참여하였다. 이는 1893년 포포프와 함께, 그리고 2년 후에 일본인 고니시와 야스나야 폴랴나에서 이루어졌다. 톨스토이 감수에 고니시의 번역본이 1913년에 간행되었다.11)

여기서 보면, ① 1893년 톨스토이는 친구 예브게니 이바노비치 포포프Евгений Иванович Попов(1864~1938)와 함께, ② 2년 후(1895)에 고니시 마스타로와 함께, '야스나야 폴랴나에서 이루어졌다'고 되어 있다.

아울러 김려춘은 다른 곳에서 톨스토이는 '1893년' 같은 해에 먼저 '포포프'와, 이어서 '고니시'와 함께 『노자 도덕경』을 두 번 번역했다고 말하여 엇갈린 기술을 하기도 한다.

1891년 톨스토이는 자기 생애의 현단계에서 가장 큰 영향을

---

11) 김려춘, 「톨스토이와 동양」, 『톨스토이와 동양』, 이항재 외 역, 인디북, 2004, 19~20쪽.

받은 저서의 리스트를 작성하였는바, 받은 감명의 심도를 '거대한', '대단히 큰', '큰'의 세 단계로 나누었다. 50세부터 60세 사이에 가장 감명받았던 11권의 서적을 지적하였는데, 그중에서 『복음서』(거대한), 『에피쿠로스』(거대한), 『공자』·『맹자』(대단히 큰)와 더불어 『노자』를 내세우면서 '거대한' 영향을 받았다고 쓰고 있다. 톨스토이는 노자의 『도덕경』에 대하여 언급하면서 "이것은 대단히 훌륭한 책이다. 영어·불어·독어에서 노어露語로 번역하고 싶다. 물론 원문과는 퍽 멀어지겠지만, 나는 중국어를 배우기 시작하려고까지 생각하였다."(마코비츠키, 『야스나야 뽈라냐 수기』 제2권, 모스크바: 나우까 출판사, 1979, 480쪽)고 말했다. 사실 톨스토이는 1893년에 두 차례에 걸쳐 — 첫 번째는 E. 포포프와, 다음에는 일본인 고니시 마스타로와 — 『노자』를 번역했다. 『노자』는 당시 러시아의 뛰어난 인물들(특히 톨스토이)에게 강한 자극을 주었다.12)

이런 기록에 근거하여, 톨스토이의 『노자 도덕경』 번역을 두고, 다음과 같이 기술하는 경우도 있다.

노자에 대한 톨스토이의 관심은 노자의 도덕경 번역과 중국어 학습으로 이어졌으며, 처음엔 포포프와 공동으로(1893), 그후 일본인 고니시 마스타로와 함께(1895) 두 번씩이나 도덕경의 러시아어 번역에 적극 참여했다.13)

---

12) 김려춘, 「이문화異文化와의 만남: 노자와 톨스토이」, 『인문과학』 제71집, 연세대학교 인문학연구원, 1994.6, 298쪽.

하지만 이러한 언급들은 재검토될 필요가 있다. 다시 말해서, 『노자 도덕경』의 공동 번역자인 고니시의 기록, 그리고 그(고니시)의 책을 감수한 오타 켄이치太田健一에 따르면, 두 사람(고니시와 톨스토이)이 『노자 도덕경』 번역을 시작한 것은 '1892년 11월 23일경'이고 그것을 완료한 것은 '이듬해(1893) 3월 중순'이었다.14)

따라서 톨스토이와 고니시 공역을 '1895년'으로 보는 김려춘의 기록은 오류라고 해야 할 것이다.

고니시는 번역을 끝낸 뒤 3월 하순, 톨스토이의 지시에 따라 『노자 도덕경』 공역共譯의 초안을 깨끗이 베껴 쓴 '청서淸書'와 고니시 자신의 논문 「노자철학서론」15)을 지도교수였던 니콜라이 야코블레비치 그로트Николай Яковлевич Грот(1852~1899)에게 제출하였다.16)

어쨌든 간에 톨스토이의 대부분의 「연보」에 『노자 도덕경』 번역에 대한 언급이 누락되거나 부정확한 것은 아마도 톨스토이의 평가가 주로 '문학 작품'에 집중되었던 탓일 것이다.

아울러, 필자의 추정이긴 하지만, 톨스토이의 『노자 도덕경』에

---

13) 이항재, 「노자의 '무위'와 그리스도의 사랑: 톨스토이의 <무위>를 중심으로」, 『러시아어문학연구논집』 제48집, 한국러시아문학회, 2015, 87~8쪽. 이 논문의 기술은 「Опульская Л.Д. Л.Н. Толстой: Материалы к биографии с 1892 по 1899」에 근거하고 있다.

14) 小西增太郎, 『いかに生きるか トルストイを語る』, 太田健一 監修, 万葉舎, 2010, 17쪽, 285쪽, 太田健一의 '監修의 말' 참조.

15) 이것은 レフ トルストイ・小西增太郎, 『レフ トルストイ 小西增太郎 共露譯 老子道德經』, 中本信幸 譯, 2020(온라인 kindle版)에 부록으로 첨부되어 있다. 추후 소개할 예정이다.

16) 小西增太郎, 『いかに生きるか トルストイを語る』, 太田健一 監修, 万葉舎, 2010, 285쪽, 太田健一의 '監修의 말' 참조.

번역에 대한 사람들의 관심이 주변적인 것으로 밀려난 것은 그 책이 일본인 고니시와의 '공동 번역'이었던 탓도 있었으리라 본다.

나와 톨스토이 『노자 도덕경』의 만남: 내가 톨스토이의 『노자 도덕경』에 대한 관심을 처음 알게 된 것은 대학원 시절(1985년 무렵)이었다. 국내에 번역(1976년)된 도쿄대학 중국철학교실 편 『중국철학사상사』(1952년 간행) 가운데 다음 구절에서였다.

> 노자의 부쟁不爭의 가르침은 러시아의 문호 톨스토이Толстой (1828~1910)에게 영향을 주어 무저항주의가 되었고, 마침내는 인도의 간디Gandhi(1869~1948)의 사상적 근원을 이루는 데까지 영향을 미치지 않았나 하는 점이다. 특히 노자가 '덕으로써 원한에 보답한다(報怨以德, 제63장)'고 한 말은 톨스토이를 감동시켰다고 할 만하다. 그들의 인생관은 같다고 볼 수가 없고 그 입론의 근거도 물론 다르지만 이른바 '무無의 술術'이 이와 같은 다양한 영향을 가져왔다는 것은 주의해 볼 만하다.17)

그리고 90년대 초반에는 톨스토이의 『인생론』을 읽으면서 "역시 공자와 같은 시대의 노자는 이렇게 말하고 있다. '인생이란 신의 계명을 지키면서 사람이 행복할 수 있도록, 신이 사람 속에 불어넣은 신의 입김이다.'"18) 같은 구절을 접했다. 그때 나는 톨스

---

17) 한글 번역은, 동경대 중국철학교실 편, 『중국철학사상사』, 전남대학교 동양철학교실 역, 전남대학교출판부, 1976, 77쪽; 조경란 역, 동녘, 1992 참조.
18) 톨스토이, 『톨스토이 인생론·참회록』, 동완 역, 신원문화사, 1992, 32쪽.

토이가 『노자 도덕경』을 참 이상하게 번역했다고 생각했었다. 이어서 『인생독본』[19]을 읽으면서 1월 4일자 부분에 실린 "덕이 있는 사람은 부덕한 사람의 스승이다."를 비롯한 좀 생소한 번역의 『노자 도덕경』 구절들을 접했다. 이후 톨스토이와 『노자 도덕경』의 관계를 보다 구체적으로 알게 된 것은 김려춘의 『톨스토이와 동양』[20]이었다.

학부 시절에 나는 은사 유헌榴軒 이종후李鍾厚(1921~2007) 교수를 통해서 독일의 철학자 야스퍼스나 하이데거가 '노자'라는 인물에 관심을 가졌다는 이야기를 들었다. 하이데거(1889~1976)는 『노자 도덕경』을 1949년에 번역하였다. 톨스토이는 이보다도 훨씬 앞선 1877년에 『노자 도덕경』에 뜻을 두었고, 1892년에 드디어 고니시 마스타로와 공동 번역을 시작한다.

2. 노자의 사상

이른바 '차축시대'의 철인 '노자': 영국의 철학자·수학자인 알프레드 노스 화이트헤드Alfred North Whitehead(1861~1947)는 유럽 철학의 전통은 모두 '플라톤의 주석'에 불과하다(The safest general characterization of the European philosophical tradition is that it consists of a series of footnotes to Plato.)[21]고 말했다. 이런 투로 동양철학을 말한다면, 동양에서는 공자의 『논어論語』나 『노자老子』에 붙인 주

---

19) 톨스토이, 『톨스토이 인생독본』, 신윤표 역, 배재서관, 1993, 23쪽.
20) 김려춘, 『톨스토이와 동양』, 이항재 외 역, 인디북, 2004.
21) A.N Whitehead, *Process and Reality*, New York: Free Press, 1979, p.39.

석의 역사라 할 만하다. 다시 말하면, 중국 지성사에서 공자의『논어』는 '햇빛[陽]-남성적 원리'로서 '작위와 문명' 세계의 건설을 위한 책이었고, 노자의『노자』는 '달빛[陰]-여성적 원리'로서 '무위와 자연'을 위한 책이었다.

야스퍼스는 인류문화가 정상에 도달한 시기를 '차축시대車軸時代(Achsenzeit, Axial Age)'라 불렀다. 이 시기에 태어난 노자老子가 남겼다는 유일한 책『노자』나『도덕경道德經』, 또는『노자 도덕경』으로 불린다. 이 책은 중국의 경전 가운데서도 오랜 역사 속에서 동양인뿐만이 아니라 서양인들의 사랑을 듬뿍 받아 왔다. 그만큼『노자 도덕경』은 중국인들의 지혜서로서 중국인들의 자랑거리요 나아가서 동양인, 인류의 지혜 자산으로서 인식되고 있다.

노자의 자字인 '담聃'은 '귀가 크고 넓고 축 늘어진 모양'을 말한다. 이렇게 '귀'가 강조되는 것은 세상의 '소리를 잘 듣는' 것, '보기' 보다는 '듣기'에 탁월한 것을 은유한다. 이것은 노자의 철학이 '시각적=비디오적=남성적 사상'이 아니라, '청각적=오디오적=여성적 사상'임을 단적으로 보여 주는 점이기도 하다. 이 점에서 노자의 사상은 기본적으로 절대 세계가 아닌 변화하는 상대 세계를 지향하는 '여성적' 사상임을 보여 준다.22) 그렇다면 애낭초 노자

---

22) 그래서 과학자인 하세가와 아키라長谷川晃는 톨스토이『노자 도덕경』의 일본어 번역본 '서문'에서 이렇게 말한다: "모든 사물을 상대적으로 바라보는 노자의 관점은 유대교·기독교의 절대 사상과 대조적이다. 상대 사상이 여성적, 절대 사상이 남성적이라는 것은 앨런 피즈·바바라 피즈의『말을 듣지 않는 남자 지도를 읽지 못하는 여자』에서 말하듯 '여성이 지도를 읽을 수 없다'고 말하는 예에서도 분명하듯 남성은 고대로부터 수렵에 나가거나, 해상을 항해하거나, 동서남북이라는 절대 좌표를 기초로 자신의 위치나 집의 위치를 아는 데 익숙해 있다. 그러나 여성들은 큰 나무나 특징 있는 빌딩들을 기준으로 해서 상대적으로 갈 길을 깨닫는다. 이

노자의 초상과 최근 러시아에서 간행된 『노자 도덕경』 해설23)

의 초상을 아예 남성으로서가 아니라 여성으로 그렸으면 좋았을 것이라고도 생각해 본다. 나아가서 『노자 도덕경』을 쓴 노자는 남성이 아니라 여성이었다고 말해도 좋았을 법하다.

『노자 도덕경』이란 호칭: 우선 이 책에서는 노자가 지었다는 『도덕경』을 『노자 도덕경』이라 해 둔다. 그 이유는 이 때문이다.

러한 예에서 남성은 절대 좌표를 참조하여 지도를 읽을 수 있지만 여성은 그런 능력을 결여해 있다는 것이다. 그러나 노자는 '남성이 절대라고 생각하고 있는 동서남북은 실제로 지구라는 혹성에 올라타 있기 때문에 의미가 있다. 좌표계가 태양계에서 바깥의 우주로 나가면 남성이 절대라고 생각하고 있는 동서남북은 없어져 버리고 말아요.'라고 말할 것이다." トルストイ, 『トルストイ版 老子』, 加藤智惠子·有宗昌子 共譯, ドニエプル出版, 2012, 5~6쪽.

23) 이는 모스크바 페오리아에서 간행된, 블라디미르 말랴빈Владимир Малявин이 번역한 『도덕경 ― 인생의 길에 대한 책』이다.

Владимир Малявин, Лао-цзы Дао-Дэ цзин Книга о Пути жизни, (Москва: Феория, 2010). 참고로 영어로는 이렇다: Vladimir Malyavin, Lao-Tzu Tao-Te Ching Book about the Way of Life, (Moskva: Feoriya, 2010).

즉 노자라는 인물이 지었다는 책 『노자』는 그 체제(형식)이 '도道' 편이 먼저이고 '덕德'편이 다음이라는 이유로 보통 『도덕경道德經』 으로도 불린다. 그래서 이 책에서는, 인물 '노자'(①) + 책 '『노자』' (②), 그리고 노자의 도와 덕이라는 내용에서 붙여진 '『도덕경』'(③) 을 합하여 『노자 도덕경』이라 부르기로 한다.

사실 러시아판을 일본어로 번역하여 간행한 경우 대부분 『노자 도덕경』으로 부르고 있다.24) 『노자 도덕경』 번역을 톨스토이와 함께 진행한 고니시 마시타로가 쓴 『いかに生きるか トルストイ を語る』(어떻게 살 것인가 톨스토이를 말하다)에서도 그렇다.25) 따라서 이 책에서 『노자 도덕경』으로 한 것은 무리가 없다고 본다.

3. '타자의 눈'으로 번역한 『노자 도덕경』

이 책은 단순히 톨스토이의 러시아어 번역본 『노자 도덕경』을 국내에 처음 소개한다는 의미에만 머무르지 않는다.

---

24) 이에 대해서는 小西增太郎, 『いかに生きるか トルストイを語る』, 太田健一 監 修, 万葉舍, 2010, 16~70쪽의 '第1章 『老子道德經』の露譯'을 참고하였다. 아울러 トルストイ, 『トルストイ版 老子』, 加藤智惠子·有宗昌子 共譯, ドニエプル出版, 2012, 그리고 レフ トルストイ·小西增太郎, 『レフ トルストイ 小西增太郎 共露譯 老子道德經』, 中本信幸譯, 2020(온라인 kindle版)의 서문·해설, 小西增太郎의 글 (논문 등)을 참조하여 작성하였다.
기타 吉橋泰男, 『トルストイにより「老子道德経」は, 壮大な詩に生まれ変わった.: トルストイ版「老子」の読み方を探る. 小西增太郎を語る (祖父小西增太郎を語る)』 (Kindle版)도 있으나 참고하지는 않았다.
25) '第1章 『老子道德經』の露譯'(제1장 『노자 도덕경』의 러시아어 역)이 그렇다. 그 의 사후에 만들어진 「연보」(万葉出版研究所 吉橋泰男 작성. 小西增太郎, 『いかに 生きるか トルストイを語る』, 太田健一 監修, 万葉舍, 2010, 6쪽, 294~5쪽) 참조.

'과감하게 시도했던 번역': 우선, 톨스토이라는 인물이 유럽적 맥락에서 생각했던 『노자 도덕경』, 나아가서 그 번역을 통해서 톨스토이가 '과감하게 시도했던 번역'(이것은 톨스토이 자신의 사상이라 할 수 있다)을 읽어 낼 수 있다는 점에서 그 의미가 크다.

이 책에서 톨스토이의 『노자 도덕경』과 왕필본 『노자 도덕경』을 대비적으로 배치한 것도 『노자 도덕경』 번역으로 드러난 톨스토이의 사상'을 대비적으로 살펴보게 하려는 의도이다.

톨스토이의 『노자 도덕경』 번역의 기본 입장은, 고니시가 그 번역을 진행하는 가운데 톨스토이와 의견을 나누던 중에 나온 톨스토이의 다음 발언에 잘 드러나 있다.

> 고니시, 자네는 중국의 문자에 좀 구애받고 있는 게 아닌가? 너무 문자에 구애받으면 살아 있는 의미를 죽이게 될 터인데. 어떤 경우에는 자구字句를 초월한, 과감한 번역이 필요하다고 봐. 모처럼 하는 『노자』 번역을 죽여 버리는 것은 유감일 테니 말이야.26)

'문자에 구애받지 않는' '자구를 초월한, 과감한 번역'을 통해서 살아 있는 의미를 살리는 것이 톨스토이의 입장이었다. 이른바 '죽은 말'='사구死句'가 아니라 '살아 있는 말'='활구活句'를 찾아서 번역하고 싶었던 것이다. 그런 톨스토이의 '과감한 번역'에 그 자신의 사상이 반영되었다고 본다.

---

26) 小西増太郎, 『いかに生きるか トルストイを語る』, 太田健一 監修, 万葉舎, 2010, 52쪽.

'타자적 사유'에서 보다: 다음으로, 동양의 경전 『노자 도덕경』이 유럽인이라는 '타자적 사유'를 통해서 번역되었다는 점에서 의의가 있다.

지금까지 우리는 동양의 고전을 동아시아라는 한 지역주의적 관점에서, 그것도 한자문화권의 관습(아비투스)에서 '해석' — 어쩌면 문자 해석적, 훈고학적인 좁은 관점에서 — 을 독점해 온 것이 사실이다. 그렇다면 톨스토이의 유럽적 시야가 보태짐으로써 기존의 동아시아문화권 해석을 넘어선 이른바 '개방된 해석'을 제공해 줄 수 있다.

이렇게 함으로써 『노자 도덕경』이라는 전통 '텍스트text'가 동아시아를 넘어서서 톨스토이의 체험·사유가 진행되어 온 유럽적 '맥락context'에서 다시 '해석interpretation'되는, 다른 차원의 '해석학적 순환Hermeneutic circle'을 살필 수 있기 때문이다. 이 책에서는 오히려 이 점에 주목했으면 한다.

4. 1892년, 톨스토이의 『노자 도덕경』 번역 과정

톨스토이가 러시아어로 번역한 『노자 도덕경』이 어떤 과정을 거쳐 완성되는 것일까?

아래에서는 고니시와 톨스토이의 만남에서 번역에 이르는 과정을, 고니시의 기록에 근거하여 밝혀 두고자 한다.

고니시 마스타로小西增太郞 **- 톨스토이, 『노자 도덕경』**: 고니시 마스타로는 일본의 분큐文久 원년(1861) 4월 4일 비젠국備前國 조토군上道郡27) 타무라田村(현 오카야마시岡山市 중구中區 가도타야시키門田屋敷)의 물레방아水車28)를 가업으로 하는 부父 가메 사부로龜三郎와 모母 사카에榮의 장남으로 태어났는데, 메이지유신기明治維新期에 가업이 기울어 파산하였다.

그래서 메이지 10년(1877) 초기부터 비젠국備前國 고지마군兒島郡 아지노무라味野村(현 구라시키시倉敷市 고지마아지노兒島味野)의 노자키가野崎家29)(지주·염전업가[鹽業家])에 근무한다. 이 노자키가에서 메이지明治 12년 3월 하리스토스Haristo 정교회正敎會의 영세領洗를 받는다. 성명聖名(세례 때 받은 이름)은 '다닐 페트로비치 고니시Daniil Petrovich Konisi'였다. 메이지 14년(1881) 11월에는 정교正敎의 진리를 탐구할 목적으로 노자키가를 떠나 도쿄東京 간다神田로 가서 니콜라이신학교 '세이소쿠 과정正則30)課程'에 입학하여 메이지 19년에 졸업한다.

만년의 고니시 마스타로

다음해(메이지 20년, 1885) 5월 1일, 고니시는 니시 도쿠지로西德二

---

27) 가미츠미치노고오리かみつみちのこおり 라고도 한다.

28) '스이샤すいしゃ' 또는 '미즈 구루마みずぐるま'로 읽는다. 물레바퀴를 물의 힘으로 돌려 곡식을 찧는 방아, 즉 물레방아를 말한다.

29) 노자키 부자에몽野崎 武左衛門(1789~1864)을 말한다. 에도시대의 실업가로 오카야마현岡山県 고지마兒島의 염업鹽業을 대규모화하여 일본 굴지의 염전지주가 되어 염전왕鹽田王으로 불렸다.

30) 정칙正則은 '규칙에 따르고 있다'는 것으로, regular 또는 non-singular 개념을 번역한 것이다.

郎(1847~1912)[31] 러시아 공사公使 비서생祕書生으로서 공사 일행과 함께 요코하마를 출발하여 러시아로 가게 된다. 노자키가에서 학자금을 받아 가면서, '키예프부Kiev[32]府 신학중학神學中學', '키예프부 대학'을 거쳐, 메이지 25년(1892) 9월에는 '모스크바대 문과대학'에 입학한다.

여기서 그는 니콜라이 그로트 교수의 지도로 심리학·철학사를 전공한다.

같은 해(1892) 9월부터는 모스크바 대학 수업에서 그로트 교수로부터 유교의 주요경전인 『대학大學』, 『중용中庸』, 『효경孝經』을 러시아어로 번역하는 임무를 맡는다. 11월에 들어서자 그는 그로트 교수로부터 『노자 도덕경』을 러시아어로 번역할 것을 권유받는다.

니콜라이 그로트 교수의 명함 사진과 서재 모습

---

31) 일본의 외교관으로, 사쓰마 번 출신이다. 외무대신 재임 당시인 1898년 로젠-니시 협정을 체결하였다.
32) 우크라이나의 수도, 키예프 주의 주도. 드네프르 강 중류 연안에 위치함. 바른 이름은 키이프Kiïv로, 인구 약 2,635,000명이다.

이 책(『노자 도덕경』)의 러시아 번역 때문에, 그로트 교수의 중개로, 고니시와 톨스토이의 만남이 이루어진다. 같은 해 11월 23일경부터는 31세의 고니시와 64세에 접어든 톨스토이는 공동으로『노자 도덕경』을 러시아어로 번역하기 시작한다.[33] 그 성과는 논문 형태로 결실을 본다. 즉 당시 러시아에서 유명했던 철학 잡지『철학과 심리학의 제문제Вопросы философіи и психологіи』의 1893년 5월호에 고니시는 논문「노자의 철학」(前篇)을, 1894년 5월호에는「노자의 철학」(後篇)과「노자 도덕경」을 각각 게재한다. 그 외에『노자의 철학』(레프 톨스토이 감수, 일본인 엠M 고니시 역譯 및 서론, 국판 菊判[34] 80여 면, 본문 78면)으로서 공간公刊된다.[35]

어찌 보면 톨스토이와 고니시의 협력으로 만들어진 러시아어판『노자 도덕경』은 1894년에 공개되었기에 이것을 '초판', 1913년의 출판물을 '재판'으로 간주할 수도 있다. 그러나 1894년의 것은 잡지에 실린 글로서 독립된 책이 아니었기에 초판이라 하기는 어렵다. 마땅히 1913년 간행본을 '초판'이라 해야 할 것이다.

모스크바의 피차트노에 젤라Печатное дело 출판사에서 간행된 1913년 초판『노자 도덕경』의 표지를 보면 이렇다. 고니시는 그「서문」에서 다음과 같이 기술하고 있다.

---

33) 小西增太郎,『いかに生きるか トルストイを語る』, 太田健一 監修, 万葉舍, 2010, 17쪽, 286~7쪽, 太田健一의 '監修의 말' 참조.
34) 국전지를 16절 크기(152×218mm)로 마름한 일본의 책 판형. 우리나라에서는 현재 A열계 원지를 사용하므로 일본의 국판 치수로 재단하는 일은 드물고, 대개는 가로 148~152mm, 세로 215~225mm로 잘라서 A5판(148×210mm)을 제작하고 있다. 김성재,『출판의 이론과 실제』, 일지사, 1996(1985), 233쪽 참조.
35) 小西增太郎, 앞의 책, 17쪽, 285~6쪽 참조.

ЛАО-СИ 노자
ТАÔ-ТЕ-КИНГЪ 도덕경
ИЛИ 또는
ПИСАНІЕ О НРАВСТВЕННОСТИ
도덕에 관한 글

ПодЪ редакціей Л.Н. ТОЛСТОГО:
레프 니콜라예비치 톨스토이 편집
перевелъ съ китайскаго Д. КОНИССИ
중국어 원전으로부터 다닐 고니시 번역
примѣчанія С.Н. ДУРЫЛИНЪ
세르게이 니콜라예비치 두릴린 주석
Москва 모스크바, 1913

1895년 11월, 레프 니콜라예비치 톨스토이L.N. Tolstoy는 내가
유명한 책 노자의 『도덕경』을 중국어에서 러시아어로 번역
하고 있다는 소식을 들었다. 니콜라이 야코블레비치 그로트
N.Ya. Grot를 통해 나를 그의 집으로 초대했다. 그는 말했다.
"러시아가 노자 『도덕경』의 최고 번역본을 가지게 하기 위해
나는 당신을 도와 번역의 정확성을 확인할 준비가 되어 있다."
당연히 나는 기쁘게 톨스토이의 친절한 제안을 받아들였다.
나는 4개월에 걸쳐 『도덕경』의 번역본을 들고 그에게 갔다.
톨스토이는 나의 번역본을 영어 번역본, 독일어 번역본 및 프
랑스어 번역본과 비교하여 각 장36)의 번역 텍스트를 확정했

---

36) 즉 제1책ПЕРВАЯ КНИГА(1장~37장: 5쪽~24쪽), 제2책ВТОРАЯ КНИГА
(38장~81장: 24쪽~46쪽)으로 구성되어 있다. 여기서 이 번역본이 왕필본의 도경
(1장~37장) + 덕경(38장~81장) 체제임을 알 수 있다.

다. 이렇게 나의 번역은 끝이 났고 처음으로 『철학과 심리학의 제문제Вопросы философіи и психологіи』라는 학술저널에 인쇄되었다. (방점은 인용자)

모스크바, 1912년 2월 25일
고니시 마스타로(세례명, 다닐 페트로비치 고니시)

그런데, 이유는 알 수 없지만, 고니시 자신이 언급한 내용(1893년 11월에 번역 시작)[37]과 달리 '1895년 11월'로 되어 있다. 따라서 1895년은 1893년의 착오로 보인다. 이로 인해 1895년에 『노자 도덕경』을 번역했다는 기록이 유포되고 있는 것 같다.

참고로 고니시의 『노자 도덕경』 관련 연보 사항을 미리 제시해 두고자 한다.

1892년 9월 고니시, 모스크바대 문과대학에 입학. 니콜라이 그로트 교수의 지도로 심리학·철학사를 전공
11월 그로트 교수의 소개로 톨스토이와 처음 만남. 『노자 도덕경』을 러시아어로 공동 번역 시작
1893년 3월 『노자 도덕경』 러시아어 역 완성
10월 고니시, 일본으로 귀국

아울러 이 번역은 모스크바의 '모스크바 국립도서관'(루먄세프 국립박물관 부속도서관) No.40 중국관에 보관된 희귀본인 중국어판의

---

37) 小西增太郎, 앞의 책, 23쪽.

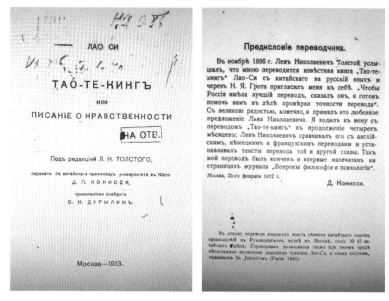

러시아어판 『노자 도덕경』(모스크바, 1913) 표제지와 서문

텍스트를 저본으로 하였으며, 번역자가 여러 일본어 외의 자료도
참고하였음을 서문 바로 밑에서 밝히고 있다.

이 번역은 모스크바의 루미안체프 박물관 No.40 중국관에
보관 중인 귀한 중국어판 텍스트를 기반으로 했다. 번역가는
그의 작업에 노자에 관한 여러 일본어판 출판물과 스타니슬
라스 줄리엥St. Julien의 프랑스어 번역본(파리, 1841)[38]을 이용
했다.

---

38) 스타니슬라스 줄리엥Stanislas Aignan Julien(1797~1873)은 프랑스의 최고 중
국전문가의 한 사람으로 프랑스판 『노자 도덕경Tao Te King: Le Livre de la
Voie et de la Vertu』(1842)을 번역하였다.

오타 겐이치太田健一가 감수한 고니시 마스타로小西增太郎의 신판
新版『いかに生きるか トルストイを語る』(어떻게 살 것인가 톨스토이를
말하다) '제2장'에는 다음과 같은 내용들이 실려 있다:

  ○ 톨스토이와『노자 도덕경』을 공동 번역한 것
  ○ 귀국에 대한 것
  ○ 메이지 29년(1896) 도쿠토미 소호德富蘇峰(1863~1957)가 톨
  스토이를 방문할 때의 소개장에 관한 것, 톨스토이로부터 오
  동상자[桐箱]에 넣은『성경』의 네 복음서福音書를 받았으나
  이후 오동상자를 숨기고 소호에게 의뢰하여 표지 다음에 '두
  옹수택성서'杜翁手澤聖書39)라 상서箱書40)한 경위
  ○ 메이지 42년(1909) 9월, 러시아를 재방문하여 톨스토이를
  모스크바 별저別邸에서 16년 만의 재회 모습
  재회의 회담에서 톨스토이는 16년간 고니시의 활동과 러시
  아를 재방문한 목적을 물었으며, 톨스토이의 중편소설『크로
  이체르 소나타Крейцерова соната』41) 등의 민중소설로부터,
  대중을 위한『일송독본日誦讀本』과『살아가는 길』의 번역을
  제안했던 것을 적고 있다.42)

---

39) '두옹수택성서杜翁手澤聖書'의 '두옹'은 '톨스토이'를, '수택'은 '수택본手澤本'으
  로서 '(톨스토이)의 손때가 남아 있는 책'을 뜻한다. 다시 말해서 톨스토이가『4복
  음서』에다 중요하다고 판단된 곳에 붉고, 푸른 색의 선을 그어서 고니시에게 보낸
  러시아어로 된『성서』를 말한다.
40) 하코가키はこがき라고 하며, '서화나 공예품 등을 넣은 상자에 진품임을 보증하
  여 작자나 감정가가 서명 날인한 것'을 말한다.
41) 톨스토이의 중편소설이다.
42) 小西增太郎,『いかに生きるか トルストイを語る』, 太田健一 監修, 万葉舎, 2010,

42

1900년 1월 노자키가野崎家는 타이완臺灣에 염업출장소鹽業出張所를 개설하고 그 지배인을 고니시로 정했다. 1911년 5월에 고니시는 팔레스타인에서 그리스도 유적을 돌고, 이집트·그리스를 거쳐 독일로 간다. 이듬해(1912) 4월 귀국한 뒤 고니시는 도쿄대東京大, 도시샤대同志社大에서 교편을 잡는다. 1918년 3월에는 블라디보스톡 상공회부회장에 선임되었고, 1925년 7월에는 모스크바 이권회의利權會議에 호쿠신카이北辰會 대표로 출석하여 약 7개월간 교섭을 위해 체재한다. 같은 해 12월에는 석탄·석유에 관한 사할린北樺太 러·일 이권협약을 체결한 뒤, 1926년 2월 귀국한다. 그 이듬해(1927) 11월에 고니시는 스탈린И.В. Сталин과 구하라 후사노스케久原房之助(광산재벌)의 회담 통역으로 동석하였다.

1929년 10월에 톨스토이의 3녀 알렉산드라 톨스타야 여사가 일본을 방문하는데, 고니시는 그 이듬해(1930) 1월 알렉산드라 여사와 재회한다. 1936년 10월 고니시는 『어떻게 살 것인가 톨스토이를 말하다(いかに生きるか トルストイを語る)』를 간행하는데, 그 3년 뒤 1939년 12월 10일 도쿄 신주쿠역에서 심장발작으로 갑자기 쓰러져 사망하였다.

고니시가 죽은 뒤 1946년에는 『어떻게 살 것인가 톨스토이를 말하다』(복각판)이, 그가 번역한 톨스토이의 『인생의 길』, 『행복으로의 길』이 간행되었다. 2010년 10월 톨스토이 사후 100년 기념으로, 74년 만에 『톨스토이를 말하다』가 새로 간행되었다.43)

17쪽, 287~8쪽, 太田健一의 '監修의 말' 참조.
43) 고니시의 약력은 小西增太郎, 『いかに生きるか トルストイを語る』, 太田健一 監修, 万葉舍, 2010과 그 부록 「레프 니콜라예비치 톨스토이와 고니시 마스타로 교

고니시에 대한 몇 가지 의문: 우선 고니시가 톨스토이를 만나는 장면부터 풀어 가 보기로 한다.

톨스토이판 『노자 도덕경』을 번역한 아리무네 마사코有宗昌子는 몇 가지 고시니의 불명확한 점을 지적하고 있다.

> 일본 정교회正敎會44) 발전을 위해서 봉사할 것으로 장래가 촉
> 망되었고, 멀고 먼 키예프Kiev까지 파견된 일본의 신학생神學
> 生이 졸업논문의 테마로 동양철학, 그것도 『노자 도덕경』을
> 선택하게 된 것은 왜일까? 왜 키예프 신학교에서 직접 귀국
> 하지 않고 거기서 모스크바행을 결정했던 것일까? 더구나 학
> 업을 계속해야 하는 장소를 신학대학이 아니고 왜 모스크바
> 대학을 지향했고 그것도 『노자 도덕경』에 구애되었던 것일
> 까? 이에 대해서는 유감스럽게도 방대한 서간을 조사한 오타
> 太田 씨의 연구45)에서도 찾을 수 없다.46)

아리무네 마사코가 지적한 대로, 고니시가 졸업논문의 테마로

류 연보」(294~5쪽) 등을 참고하여 정리하였음을 밝혀 둔다.
44) 옮긴이 주: 정교회Orthodoxe Kirche(The Orthodox Church)는 동방정교회 Eastern Orthodox Church를 가리킨다. 동방정교회는 비잔틴 제국 그리스도 교회의 맥을 잇는 교회로 로마가톨릭·프로테스탄트와 함께 그리스도교의 3대 분파로 꼽힌다. 주로 러시아·발칸반도·서아시아 지역 등에 분포한다. 비잔틴 제국이 몰락한 이후 그 구심점이 서서히 러시아로 옮겨갔다. 이후 러시아가 공산화되면서 한동안 서구로부터 가려져 왔던 교회의 전통이었다.
45) 옮긴이 주: 이것은 太田健一, 『小西增太郎·トルストイ·野崎武吉郎 ─ 友情の紀錄』, 吉備人出版, 2007을 말한다.
46) トルストイ, 『トルストイ版 老子』, 加藤智惠子·有宗昌子 共譯, ドニエプル出版, 2012, 15~16쪽.

『노자 도덕경』을 선택한 것, 그리고 키예프 신학교에서 모스크바 행을 결정한 '명확한 이유'는 알 수 없다. 다만 고니시가 스스로 기록한 내용을 살펴보면 미진하나마 그 단서를 추정할 수 있다.

> 내가 처음 톨스토이를 만난 것은 1892년(메이지 25년) 모스크 바 대학 재학 중이었는데, 『노자』의 러시아어 번역[露譯] 사업 으로 그에게 접근하게 되었다.
> 나는 처음 남부 러시아(우크라이나)의 수도 키예프 시의 대학에 서 배웠고, 여기서 대학의 과정을 마쳤으며, 이후 모스크바 대학에 심리학을 전공하기 위해 입학하였다.47)

고니시는 처음 남부 러시아 우크라이나의 수도 키예프 시의 대 학에서 수학하였고, 거기서 대학의 과정을 마쳤다. 이후 모스크바 대학에 '심리학을 전공하기 위해' 입학하였다고 한다. 그 이유는 명확하지 않다. 그리고 고니시는 1892년 모스크바대학 재학 중에 톨스토이를 처음으로 만나는데, "노자의 러시아어 번역 사업으로 그에게 접근하게 되었다."고 기술한다. 이것으로 미루어 보면 고 니시는 애당초 고전 번역에 관심이 있었던 것 같다. 그리고 그는 어떤 경로이든 간에 '톨스토이가 『노자 도덕경』 번역에 뜻을 두 고 있다는 정보'를 사전에 입수하였고 '그것을 위해' 혹은 '그것을 명분으로' 누군가의 조언에 의해 모스크바까지 왔을 수도 있다.

---

47) 小西增太郎, 『いかに生きるか トルストイを語る』, 太田健一 監修, 万葉舍, 2010, 17쪽.

그가 누구인가? 우선 머리에 떠오르는 것은 고니시 스스로가 '지우知遇'로 표현한, 지도교수인 '니콜라이 그로트'이다. '지우'란 '남이 자기의 학식·인격·재능을 알고 대접한다'는 것인데, 오랜 친교의 시간이 없었다면 그렇게 부르기 힘들었을 것이다. 오오타 켄이치에 따르면, 그로트 교수는 "톨스토이의 친구"였고, 1892년 9월 이후에는 고니시가 입학·재학한 "모스크바 대학의 지도교수(철학 전공)"로 있었던 것이다.[48]

이처럼 키예프에서 모스크바대로 오기까지 고니시는 이미 그로트 교수를 알고서 이런저런 연락을 주고받았을 것이며, 아울러 톨스토이 관련 소식도 듣고 있었을 것이다. 더구나 러시아 유일의 철학 잡지 『철학과 심리학의 제문제』를 통해서도 모스크바의 지성 상황을 잘 알고 있었을 것이다.

그러나 여전히 풀리지 않은 문제가 있다. '왜 톨스토이와 도덕경인가?' '왜 정교회 사제인 고니시와 도덕경이고 톨스토이인가?' 참고될 듯한 글을 그대로 소개해 두기로 한다.[49]

니콜라이라는 정교회의 사제가 일본에 처음 들어와서 정력적으로 일본 정교회를 정초할 때 그의 총애를 받았던 일본인 정교회 신자가 바로 고니시 마스타로였다. 고니시는 1886년 니콜라스의 기대를 한몸에 안고 키예프의 신학교로 유학을 가

---

48) 小西增太郎, 『いかに生きるか トルストイを語る』, 太田健一 監修, 万葉舍, 2010, 285쪽, 太田健一의 '監修의 말' 참조.

49) jesuita, 「톨스토이와 메이지 일본 종교사상가로 소개된 톨스토이: 도덕경과 톨스토이, 고니시」, 2008.7.11; https://jeanfrancois.tistory.com/entry(검색일: 2020. 12.7). 일부 내용을 문맥에 맞게 인용자가 수정하였다.

게 된다. 이때 고니시는 도덕경을 러시아의 사교계에 소개를 하게 되는데, 특히 모스크바 심리학회에서 고니시가 도덕경을 강의하면서 톨스토이와 운명적인 만남을 갖게 된다.

왜 도덕경인가? 왜 도덕경이 당시 러시아의 지성계에 깊은 공명을 이끌어 낼 수 있었는가? 메이지 연간의 정교회 신자 고니시가 이해한 노자라는 인물은 당시 러시아 지성계에 만연해 있던 아나키즘과 사상적인 공명을 이루어 낼 수 있었다는 사실에서 찾을 수 있다. "고니시의 설명은 도덕경의 신학적인 측면과 그 사회적인 측면을 통합시켜 대중들에게 제시한 것으로 보인다. 특히 인민들을 조직할 제도나 국가의 필요성을 부정하는 무정부주의자들에게도 말이다. 바제노프N.N. Bazhenov 는 고니시의 발표에 대해 다음과 같이 논평하고 있다.

"노자의 윤리관은 흥미롭다. 노자는 루소의 선구자처럼 보인다. 그에게 자연 상태의 모든 것은 선한 것이다. 종종 노자는 무정부주의자나 허무주의자처럼 보이기도 한다." 중국 사회를 파괴적인 전쟁과 불신으로 가득 찬 인간 관계에서 구하고자 한 노자는 협동적인 소규모 자치 공동체의 단순한 삶을 변호하고 있는 듯이 보인다. 고니시의 견해에 따르면, 러시아의 청중들이 노자를 무정부주의자로 수용하는 데 관심을 갖는 것은 놀랄 만한 일이 아니다."50)

---

50) Translation and Conversion beyond Western Modernity: Tolstoian Religion in Meiji Japan, Sho Konish, *in Converting Cultures: Religion, Ideology and Transformation of Modernity* (ed. by Dennis Washburn and A. Kevin

톨스토이 역시 노자의 이런 무정부주의적인 면모에 매료되었다. 그가 도덕경에서 발견한 것은 제도종교에 대한 강력한 비판의 무기였다. 톨스토이는 고니시에게 도덕경을 함께 러시아로 번역 소개하자고 제안한다. 논문의 저자 고니시의 다음의 묘사를 보면 도덕경이 톨스토이의 무정부주의적인 종교관을 매개하는 방식, 즉 도덕경을 통해 톨스토이가 그 자신의 무교회주의적인 종교관을 심화시키는 방식을 이해할 수 있다. "크로포트킨과 같은 당대의 무정부주의자는 나중에 이를 톨스토이의 '새로운 보편종교'라고 부르고 있다. 1세기 이후 전개된 그리스도교의 제도적인 상황, 예컨대 경제적 사회적 계서제를 정당화하거나 톨스토이가 미신적인 관습이라고 부르는 교회의 정치에 대한 개입과 같은 모습 등에 실망한 톨스토이는 도덕경에서 종교적인 목소리를 발견한 것이다. 톨스토이의 개인적인 편지나 일기를 보면, 도덕경이 톨스토이가 그리스도교에 대한 맹렬한 비판을 전개하는 데 있어 얼마나 중요한 역할을 했는지 알 수 있다."51)

톨스토이와 고니시의 협력의 산물인 러시아어판 도덕경은 1894년 인쇄, 1913년 재판되어 나타난다.52)

간단히 말하자면 '메이지 연간의 정교회 신자 고니시가 이해하고 있었던 『노자 도덕경』의 사상'이 '당시 러시아 지성계에 만연

Reinhart, Brill: Leiden and Boston, 2007), pp. 244~5.
51) 앞의 책, 248쪽.
52) 이 대목은 앞서 말한 대로 '1913년 재판'이 아니라 '초판'으로 이해해야 될 것 같다.

해 있던 아나키즘과 사상적인 공명을 이루었다'는 점이다. 톨스토이는 『노자 도덕경』을 통해서 아나키즘·무교회주의를 심화시켜 갈 수 있었다고 본다. 내용의 진위에 대한 검토는 뒤로 돌리기로 하고 일단 고니시와 톨스토이의 만남, 그리고 『노자 도덕경』의 번역이 의의가 조명되는 대목으로서 참고가 될 만하다.

모스크바대의 지성知性들: 우선 당시의 모스크바 및 모스크바대의 지성 사정은 이랬다.

> 당시 모스크바 시는 러시아문학의 중심이었다. 톨스토이는 매년 10월 말에서 다음 해 4월까지 반년 남짓 살고 있었다. 러시아 철학계의 거인 솔로비요프B. Соловьев 씨는 모스크바에 거주하였고, 대학에는 황태자 투르베츠코이C. Трубецкой, 니콜라이 그로트H.Я. Грот, 로파친Лопачине 등의 석학이 철학·심리학을 강의하였고, 그로트 교수의 노력으로 러시아 유일의 철학 잡지 『철학과 심리학의 제문제Вопросы философіи и психологіи』(국판菊版 400면)라는 방대한 책이 정기 간행되었다.

당시 모스크바에는 문학에서 톨스토이, 철학·심리학에는 솔로비요프 등의 거장들이 모스크바를 빛내고 있었다. 아울러 러시아 유일의 철학 잡지 『철학과 심리학의 제문제』가 간행되고 있었다.

지우知遇 그로트 교수 『노자 도덕경』 번역을 요청하다: 고니시는 그로트 교수와 만남으로 유교儒敎를 모스크바 사상계에 소개하였고, 『대학大學』, 『중용中庸』, 『효경孝經』을 러시아어로 번역하여 인정을 받아 『노자』의 번역까지 요청받는다. 이런 대목에서 고니시와 그로트 교수는 모스크바로 오기 전에 서로 간에 소통이 있었고, 그로트는 일본인 유학생 고니시의 중국 고전 번역 실력에 대해 어느 정도 알고 있었던 것으로 보인다.

대학에서 강의가 시작되자 나는 그로트 교수라는 지우를 얻어서, 그의 권유에 따라 유교를 모스크바 사상계에 소개하게 되었고, 시험적으로 『대학』을 번역하여 교수에게 비판을 원했다. 그로부터 약 1주일쯤 지나서 교수를 만나자, "그대의 『대학』 번역은 꽤 좋아요. 다음 호의 『철학과 심리학의 제문제』에 싣겠습니다. 그런 식으로 번역을 계속해 주세요."라고 말했다.

이 말에 힘을 얻은 나는 단숨에 『중용』, 『효경』을 번역하여 교수에게 열람을 청했다. (중략) 『중용』, 『효경』의 번역본을 읽은 그로트 교수는 "그대의 번역이 꽤 좋아요. 문장이 통쾌해요. 이 정도의 능력이 있으면 『노자』가 번역되는 데 틀림없을 것이오. 『노자』를 번역해 봅시다. 어때요, 한번 분발해 보면……."이라고 권유했다.

그래서 나는 "그것은 어려운 것은 아닙니다만, 곤란한 것은 『노자 도덕경』의 원본을 구하는 것입니다. 제가 가지고 있는 원본은 사본寫本으로, 오류도 있고, 주석이 없기 때문에 난해한 자구字句에 곤란한 바가 있을 것이라 생각합니다. 일본에 주문했던 바로는 4, 5개월은 걸릴 테고요……."53)

문제는 『노자 도덕경』의 원본을 구하는 것인데, 당시 고니시는 사본을 지니고 있었던 것 같다. 다만 "오류도 있고, 주석이 없기 때문에 난해한 자구에 곤란한 바가 있을 것"이라 말하는 데서, 그것이 원본이긴 하지만 그 원문의 오류를 검증할 다른 책도, 원문 해석에 참고할 만한 주석도 붙어 있지 않았던 것 같다. 이 말은 러시아어 번역에는 아직 자신이 없었음을 말한다. "일본에 주문"하면 "4, 5개월은 걸릴" 것이라는 것은 모스크바 내의 어느 도서관이든 『노자 도덕경』의 원본이건 주석본이건 얼른 찾아보고 싶다는 '의향'을 간접적으로 내비치는 것이다. 아마도 '모스크바 국립도서관'의 동양철학 고전 장서藏書에 대한 내부 사정을 알고 싶은 욕구도 있었을 터이다.

'모스크바 국립도서관'의 『노자 도덕경』: 이렇게 해서 결국 고니시는 그로트 교수의 안내로, 4~5만 권의 중국 도서를 기증받은 바 있는 '모스크바 국립도서관'(별명: '루만세프 국립박물관 부속도서관')에 갈 수 있게 된다.

이에 고니시는 키에프 대학에서 이미 노자에 관심을 가졌고, 그런 생각에서 『노자 도덕경』 사본을 일본에서 가져왔으며, 노자 관련 논문(『노자철학과 윤리사상』)을 쓸려다가 오르나츠키 교수에게 거절당한 이야기를 하고 있다. 거절 사유 중에서 "노자의 러시아 번역이 없고……"라는 대목은 고니시나 또는 『노자 도덕경』의 러시아어 번역을 원하는 러시아인들이 이미 '그 번역을 원하고 있었

---

53) 小西増太郎, 『いかに生きるか トルストイを語る』, 太田健一 監修, 万葉舍, 2010, 17~18쪽.

다'는 증거이기도 하다.

　만일 도서관에 『노자』가 있다면 이(=원본) 문제는 곧 해결됩니다. 제가 『노자』의 사본을 가지고 있는 것은 키예프에서 졸업논문으로 노자철학을 쓰려고 생각해서 가져왔기 때문입니다. 키예프 대학의 종교철학 강좌에 오르나츠키라는 조교수가 있었기에 "졸업논문으로 『노자철학과 윤리사상』이라는 제목을 채용해 주지 않겠습니까?"라고 말했을 때, "그런 논문은 곤란해. 노자의 러시아 번역이 없고, 나는 중국어를 모르고 하니, 자네가 말하는 바의 옳고 그름을 무엇으로도 조사할 수 없기 때문에……"라고 거절당했다고 말하자, 그로트 교수는 "심한 교수가 있네. 중국어를 모른다는 것은 그렇다손 치더라도, 노자의 『도덕경』은 영英·불佛·독獨의 3개 국어로는 2, 30년 전에 번역되어 러시아에도 그 번역본은 수입되어 종교철학이나 동양사상을 연구하는 사람은 모두 읽고 있지 않는가? 세상에는 융통성 없는 학자도 있는 법일세. 중국의 고어古語를 알고 있는 일본인이 노자철학을 소개하려는 것은 천재일우千載一遇가 아니겠소."라고 비평하였다.[54]

　위에서 그로트가 "노자의 『도덕경』은 영·불·독의 3개 국어로 2, 30년 전에 번역되어, 러시아에 그 번역본이 수입되어 종교철학·동양사상을 연구하는 사람은 모두 읽고 있다"고 하고, "중국의 고

---

54) 앞의 책, 19쪽.

어를 알고 있는 일본인이 노자철학을 소개하려는 것은 천재일우”
라는 인식은 그로트가 고니시에게『노자 도덕경』번역을 이전부
터 암암리에 요청해 왔던 것을 암시하는 대목처럼 들리기도 한다.

　‘모스크바 국립도서관’ 소장의『노자 도덕경』: 드디어 고니시는
그로트 교수의 주선과 동행으로 ‘모스크바 국립도서관’ 관장 효도
로프 씨의 친절한 안내를 받아, 장서실 ‘중국어부’로 간다. 거기서
다음의 네 책이 소장되어 있음을 확인한다.55)　＊괄호 속의 번호는 인
용자

　　1. 趙子昻의『老子小解』(①)
　　2. 趙子昻의『行書老子道德經』(②)
　　3. 魏의 王弼 著『老子道德經註釋』(③)
　　4. 蘇子由 著,『老子道德經註釋』(④)

　이외에도 독일 서적 중에 ‘슈트라우스가 지은『노자』’(⑤)가 있
다는 것을 알게 되었다.
　고니시는 “왕필·소자유 주석의 책은 일본에서 정평이 있다.”고
말한다. 당시 일본의『노자 도덕경』상황을 알려 주는 정보이다.

　총 6책의『노자 도덕경』확보: 이렇게 해서 ‘모스크바 국립도서
관’에 있던 5책, 그리고 ‘고니시 소장의『노자』사본’(⑥) 1책을 합

---

55) 앞의 책, 22~23쪽.

하여 '총 6책'이 되어, 원문을 대조하여 정본定本을 확정하기에 충분하였다.

따라서 고니시가 입수한 『노자 도덕경』의 저본은 다음의 6책이 되었다.

1. 趙子昻, 『老子小解』
2. 趙子昻, 『行書老子道德經』
3. 王弼, 『老子道德經註釋』
4. 蘇子由, 『老子道德經註釋』
5. 빅토르 폰 슈트라우스Victor von Strauß, 『노자LAO-TSE'S TAO TE KING』(1870)
6. 고니소 소장, 사본 『노자』(저자 불명)

우선 고니시는 원문 대조부터 시작하여 모두가 '81장'으로 되어 있는 것을 알고 안심하게 된다. 더욱이 고니시는 조자앙趙子昻과 같은 "노자 숭배자의 거두巨頭조차 81장으로 『노자 도덕경』을 책의 본문[正文]으로 보고 있어서"라며, '81장 체계'를 확신하게 된다. 아울러 짧기는 했지만 소자유蘇子由의 책도 도움이 되었다고 한다.56) 고니시는 원문을 확정하자 곧 번역에 착수하여 겨우 2주 만에 제1고第一稿를 준비하여, 문장 수정을 시작하였다. 이때가 '1892년 11월 초'였다.57)

---

56) 앞의 책, 23쪽 참조.
57) 앞의 책, 24쪽 참조.

고니시가 접한 『노자 도덕경』 관련 인물들: 참고로 고니시가 접한 『노자 도덕경』 관련 인물들을 간략하게 소개해 두자.

○ 조자앙趙子昻: 조맹부趙孟頫(1254~1322)를 말한다. 중국 원元나라 초기의 유학자이자 서화가로 이름은 맹부孟頫이고, 자가 자앙子昻이며, 호는 집현集賢 또는 송설도인松雪道人이다. 서화와 시문에 능했고, 송설체松雪體를 창안하였다.

○ 소자유蘇子由: 소철蘇轍(1039~1112)을 말한다. 이름은 철轍이고, 자가 자유子由이며, 호는 난성欒城이다. 중국 북송 때의 문학자로 소순蘇洵의 아들이며, 소식蘇軾(東坡)이 형이다.

○ 빅토르 폰 슈트라우스Victor von Strauß(1809~1899): 독일의 뷔케부르크Bückeburg에서 태어나 1899 드레스덴Dresden에서 사망하였다. 독일에서 최초로 『노자 도덕경LAO-TSE'S TAO TE KING』 완역본을 간행하였다. 라이프치히 대학교에서 학위를 받았으며, 종교사 학자이자 중국어 번역가로 알려져 있다.

○ 왕필王弼: 왕필(226~249)은 위魏나라의 학자로 자는 보사輔嗣이다. 하안何晏과 함께 위·진魏晉의 현학玄學의 시조로 일컬어진다. 왕필이 주를 붙인 이른바 왕필본 『노자 도덕경』은 '81장'으로 '통행본의 저본'이 되고 있다.

『노자 도덕경』 81장, '왕필본' 체제: 여기서 주목할 점은 『노자 도덕경』 81장 체제라는 것은 '왕필본'에 근거한 것임을 알 수 있다. 이 번역서에서 톨스토이 번역과 왕필본의 번역을 대조해 둔 것도 이런 까닭에서이다. 다만 여기서 고니시 소장의 사본이 '81

장' 체제인 것은 분명하나 저자 관련 정보는 없다.

잠시 아래에서 『노자 도덕경』의 판본에 대하여 살펴 보자.

5. 『노자 도덕경』의 판본에 대하여

노자의 사상 또한 일의적으로 전개되지는 않는다. 개략적으로 말하면, ① 『초간본 노자楚簡本老子』→ ② 『백서본 노자帛書本老子』 / 『북경대본 노자北京大本老子』58) → ③ 『왕필본 노자王弼本老子』 / 『하상공본 노자河上公本老子』 / 『엄준본 노자嚴遵本老子』·『부혁본 노자傅奕本老子』 → ④ 『현행본 노자』식으로 진행되는 과정이 있고 아래처럼 그 세부 내용도 조금씩 다르다.59)

① 『초간본 노자楚簡本老子』: 1993년 10월 호북성湖北省 형문시荊門市 사양구沙洋區 사방향四方鄉 곽점촌郭店村에 있는 전국시대의 분묘에서 초楚나라 사상가의 것(기원전 300년 이전)으로 추정되는 804개의 죽간竹簡, 즉 '문자가 새겨진 대나무 쪽'에 적힌 1만 3천여 글자의 책이 발견되었다. 그 가운데 도가道家의 저작으로 보이는 『노자』 삼편三篇을 줄여서 『초간본 노자』 혹은 『죽간본 노자』라고 한다. 『초간본 노자』는 마왕퇴 백서馬王堆帛書보다 두 세기 가까이 연대를 소급할 수 있다.

---

58) 이에 대한 정보와 도판은 湯淺邦弘, 『入門老莊思想』, ちくま書房, 2014 참조.
59) 아래의 내용은 최재목, 『노자』, 을유문화사, 2006, 28~70쪽을 참고하여 정리한 것이다. 아울러 『노자 도덕경』의 내용에 대해서는, 진고응陳鼓應, 『진고응이 풀이한 노자』(원제: 『老子今註今譯及評價』), 최재목·박종연 역, 영남대학교출판부, 2008을 참고하였다.

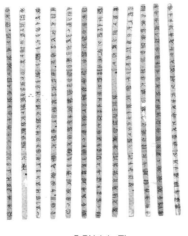

초간본 노자   백서본 갑본·을본

②『백서본 노자帛書本老子』: 1973년 12월 중국 호남성湖南省 장사長沙 마왕퇴馬王堆 한묘漢墓에서 비단[帛]에다 쓴[書]『노자』가 발굴되었다. 이것을 『백서 노자帛書老子』라 부른다. 시기적으로는 기원전 168년경이다. 이 책의 중요성을 높이 평가하는 경우(대륙 쪽의 학자들)도 있으나 별 대수롭지 않다는 평가(대만 학자들)도 있다.

백서 『노자』에는 갑본甲本·을본乙本 2종이 있는데, 갑본은 진대秦代, 을본은 한대漢代의 판본이다. 을본은 갑본을 토대로 다듬어진 것으로 보인다. 갑본에 쓰인 많은 가차자가 시간이 흐르면서 점차 어떤 표준 글자 속으로 흡수되어 갔고, 그 결과가 을본에 반영되었다고 본다.

두 종류 다 지금의 체제와 달리 '도경道經'과 '덕경德經'의 순서가 뒤바뀌어 있다. 이렇게 되면『노자』상·하편을 도경·덕경이라 이름 붙이거나『도덕경』이라 부른 것은 잘못되었고 차라리『덕도경』이라 해야 옳다. 이『덕도경』의 형태는 학술적으로 매우 중요하다. 물론 '도경'에서는 '도'만, '덕경'에서는 '덕'만 논하는 것이 아니며 양자가 서로 뒤섞여 있다. 지금의 체제와 좀 다른 백서『노자』의 내용은 통행본(『왕필본 노자』를 기본)과 비교해 보면 분장分章 체제, 문자 등에 약간 차이가 나지만 '80% 이상 일치'한다. 따라서 거의 같은 판본의 계통이라 할 만하다. 이 책은 전국 말기의 사상가로『도덕경』의 최초 주석가인 한비자韓非子가 처음 보았다는 『노자』는 바로 이『백서본 노자』에 가까운 것이며, 『초간본 노자』를 대대적으로 개편한 것으로 추정된다.

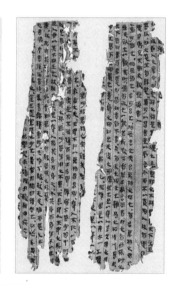

백서본 노자의 일부 모습

③ 『북경대죽간 노자北京大學竹簡老子』: 『백서본 노자』가 출현하던 시기와 비슷한 때로 추정되는 죽간으로 된 『노자』가 북경대학에서 발견되었다. 이것을 『북경대죽간 노자』라고 부른다.

그런데 이것은 백서본과 약간 차이가 난다. 즉, 백서본은 '덕경 -도경' 순인데, 『북경대죽간 노자』는 '상경'-'하경'으로 되어 있고, 장章의 순서도 다르다.[60] 이 내용을 정리하면 다음과 같다.

현행본노자(=왕필본)	도경道經	덕경德經
	1,2,3…35,36,37	38,39,40…79,80,81
북경대죽간노자	상경上經	하경下經
	38,39,40…79,80,81	1,2,3…35,36,37
백서본노자	덕경德經	도경道經
	38,39,41,40,42,43…65, 66,80,81,67,66…78,79	1,2,3…35,36,37

백서본·북경대본·현행본 노자 체제 비교

④ 『왕필본 노자王弼本老子(=현행본 노자)』: 위魏나라의 천재적 사상가로서 23세에 죽은 왕필王弼(226~249)이 '16세쯤'에 주석을 단 판본으로 오늘날 흔히 쓰이는 이른바 통행본 『노자 도덕경』의 원형이다. 왕필은 당시까지 내려오던 여러 텍스트를 자신의 일관된 틀 속에서 정비·재구성하여 탁월하게 주석하였다. 이것이 현재까지도 가장 훌륭한 저본으로 평가받는 이른바 『왕필본 노자』이다. 왕필은 삼국시대 위魏나라의 학자로 자字가 보사輔嗣이다. 유가 및 도가의 학술에 정통하였고, 대표적인 저작으로 『노자 도덕경』 주석 및 『주역』 주석이 있다.

---

60) 湯淺邦弘, 『入門老莊思想』, ちくま書房, 2014, 33쪽 참조. 도표는 이 책의 표를 인용자가 형식을 바꾸었음.

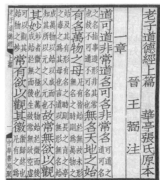

왕필王弼과 왕필본 노자

⑤『하상공본 노자河上公本老子』: 하상공본은 하상공장구河上公章句라고도 한다. 한漢나라 문제文帝 때 하상河上, 즉 하천의 위쪽에 은둔하여 살았던 학자였기에 하상공(또는 하상장인河上丈人)이라고 하나 분명하지 않다. 하상공본은 사실 진晉의 갈홍葛洪이 주를 붙였다고도 한다. 전하는 바에 따르면 한대漢代에 기원하는 『노자 도덕경』으로 볼 수도 있지만, 실제로는 왕필본보다 좀 늦은 서진西晉 시대의 책으로 추정된다.

이 하상공본의 특징은 책 전체를 장章 별로 명확하게 구분하고 있다. 그래서 하상공장구라고 한다. 예컨대 「체도體道 제일第一」, 「양신養身 제이第二」, 「안민安民 제삼第三」, 「무원無源 제사第四」, (……) 「현질顯質 제팔십일第八十一」식으로 분장分章하고 제목을 붙이고 있다.

이렇게 왕필본과 하상공본의 두 종류가 세상에 전해지는 대표적인 기원후의 텍스트로 자리했다. 따라서 『노자 도덕경』을 해석解釋·주석註釋하거나 교정校訂할 경우 이 둘 중의 어느 것인가를 저본底本으로 하는 것이 통상적이다.

이렇게 해서 『노자 도덕경』은 일반적으로 왕필본, 그리고 하상공본을 중심으로 읽어 왔다.

따라서 톨스토이·고니시가 러시아어로 번역한 『노자 도덕경』의 판본 또한 기본적으로는 왕필본의 81장 체제라고 추론된다. 왜냐하면 러시아 번역본 『노자 도덕경』에는 각 장별로 별도의 제목이 붙어 있지 않다. 만일 당초 하상공본을 따랐다면 각 장별로 제목이 붙었을 것이다.

⑥ 『엄준본 노자嚴遵本老子』와 『부혁본 노자傅奕本老子』: 아울러 세상에 널리 전해지는 『노자 도덕경』 텍스트 가운데 빼놓을 수 없는 것이 엄준본과 부혁본이다. 엄준본은 전한前漢의 엄준嚴遵(BCE86~BCE10, 자는 군평君平)이 만든 것이라 전하며, 부혁본은 부혁傅奕(555~639)이 주注를 단 것으로 『도덕경道德經 고본편古本篇』이라 부른다.

왕필본王弼本·하상공본河上公本·엄준본嚴遵本·부혁본傅奕本은 기원 후의 중국 역사에서 널리 읽힌 대표적 책으로, 『노자 도덕경』 4대 판본이라 불릴 만하다.

6. 고니시와 톨스토이의 만남(1892), 『노자 도덕경』 번역 과정

고니시(31세)**와 톨스토이**(64세), '**번역**'의 약속: 그 뒤, 어느 날 고니시는 지도교수 그로트의 편지를 받고 급히 그를 찾아간다. 거기서 그로트 교수는 고니시에게 이렇게 말했다.

> 만나자고 했던 용건은, 자네가 들으면 기뻐할 거라 생각하네. 다름 아니라 유명한 톨스토이 백작伯爵이 3~4일 전에 야스나야 폴랴나의 본저本邸에서 이곳의 별저別邸로 왔기에, 얼른 방문하여 이야기를 나눈 끝에, 자네가 『노자 도덕경』 번역을 하고 있다는 말을 전했더니 "그거 잘됐네. 하지만 번역이 제대로 되지 않으면 곤란해. 어떻게 하든 모범적인 것으로 만들고 보고 싶으니 번역자 고니시를 데려올 수는 없을까? 만나서 이야기를 해 보고 내가 원조해도 좋으니."라고 하였다네. 한번 톨스토이 선생을 만나 보면 어떻겠는가?[61]

이 말을 듣고 고니시는 크게 기뻐하며, 형편이 좋은 날 그로트 교수와 함께 톨스토이를 찾아가기로 한다. 그로트 교수는 톨스토이의 별저別邸가 토요일에 손님들을 맞이하는 날인데, 마침 내일이 토요일이니, 오후 7시 반쯤 자신의 집에서 만나 거기서 그다지 멀

---

61) 小西增太郎, 『いかに生きるか トルストイを語る』, 太田健一 監修, 万葉舎, 2010, 24쪽.

지 않은 하모브니키Хамовники 광장의 좁다란 길목에 있는 톨스토이의 별저로 가자고 하여 톨스토이와 고니시의 첫 만남이 이루어진다. 이때 톨스토이는 64세(그의 이야기로는 68세), 부인 소피아는 46, 7세였다. 고니시가 방문했을 때는 손님들이 불어나서 피아노를 연주하는 사람도 있고 구석구석 5인, 10인씩 무리 지어 이야기를 나누고 있었다.62)

톨스토이는 고니시와 그로트 교수를 응접실로 불러서 그로트를 소파에, 고니시를 자기 곁에 있는 의자에 앉히고 이렇게 말한다.

고니시 군, 자네가 『노자 도덕경』 번역을 시작했다고 그로트 교수에게 듣고서 나는 기뻐하고 있네. 나는 수년 전에 영英·독獨 번역 『도덕경』을 구해서 애독하고 있는데, 그 내용이 교묘하고 심원하며, 대담하고 깊은 철리哲理를 표현하는 것은 참으로 천하일품이라 생각하네. 이 『도덕경』의 훌륭한 영·불·독 번역보다도 잘된 러시아어 번역[露譯]이 있었으면 하고 바라던 때였네. 그로트 교수의 희망으로 『노자』의 러시아어 번역에 관심을 갖게 되었는데, 무엇보다도 난해하고 유명한 노자이기에 그렇게 순조롭게는 진행되지 않고 있어 참으로 유감이라 생각하고 있네.

나의 희망은 『노자』의 러시아어 번역을, 영·불·독 역譯보다도 완전한 것으로 만들고 싶네. 독어역 『노자』는 2종이 있네. 먼저 프리드리히 포크라는 사람의 번역으로 1888년의 출판일

62) 앞의 책, 24~38쪽 참조.

세. 주석도 해설도 없네. 본문만 번역된 것일세. 그 뒤에 두 번째 번역이 나타났는데, 스트라우스라는 사람이 쓴 것으로, 본문의 번역도 있고, 고증도 주석도 있으나 영·불 두 언어의 번역본과 비교하여 읽어 보면 어쩐지 결함이 있는 것 같아. 게다가 고상한 의미를 비근卑近한 것으로 만든 것으로도 보이 네. 따라서 이 책을 러시아어 역[露譯]으로 하는 데에는 용어 를 정선精選하는 것 외에 글다듬기[行文]에도 십분 주의했으면 하네. 그러면 자네 쪽에서 이론異論이 없다면 내가 상담 역할 이 되겠네.63)

고니시는 톨스토이의 번역 제안을 듣고 "하늘에 오를 듯한 기 분"이었다. 그래서 그는 "참으로 감사합니다. 정말로 바라지도 못 했던 것인데, 잘 지도해 주십시오."라고 말했다. 지도교수 그로트 는 "만일 백작의 지도가 필요하다면 꼭 하도록 해야지요."라고 동 의 의사를 드러냈다.

두 사람의 승낙으로 톨스토이도 만족한 것 같았고, 밝은 표정으 로 이 문제에 대해서 이렇게 매듭을 지었다.

그럼, 이렇게 해요. 고니시 군은 하루 걸러서 저녁마다 『노자』 의 번역을 1장 혹은 2장을 가지고 우리집으로 와서 그 번역을 읽어 주세요. 나는 이것을 영·불·독 번역의 『도덕경』과 비교 하고, 자네가 유일한 중국의 원문에 의해 쓰여진 '러시아어'

---

63) 앞의 책, 38~39.

번역과 부합하는가 아닌가를 조사하여, 번역을 바로잡아서, 틀림없을 때 비로소 행문行文을 정정하여 번역문을 정하는 것으로 해요. 만일 두 사람에게 이의가 없다면 다음 주 수요일부터 시작해요.64)

이어서 톨스토이는 그로트를 향해서

지금 들은 대로 정하시면 어떻겠소. 이렇게 공부한다면 4개월이면 『노자』의 번역문이 완성되는데…….

라고 말하자, 그로트 교수는 "이렇게 수고해 주신다면 『노자』 번역본은 완전한 것이 되리라 믿습니다. 감사합니다."라고 말했다. 고니시도 "선생님의 후의에 깊이 감사드립니다. 말씀하신 대로 다음 주부터 노자의 러시아어 번역을 2장章씩 지참하여 격일로 찾아뵙겠습니다."라고 인사를 하였다.65)

고니시와 톨스토이, 『노자 도덕경』 공역共譯을 진행: 이후 고니시와 톨스토이의 『노자 도덕경』 공역이 진행된다.

이에 대해서는 고니시가 쓴 『いかに生きるか　トルストイを語る』(어떻게 살 것인가 톨스토이를 말하다)라는 책에서 자세히 설명한다. 즉 <제1장 『노자 도덕경』의 러시아어 번역>의 <3. 『노자 도덕

---

64) 앞의 책, 39쪽.
65) 앞의 책, 39~40쪽.

경』의 공역은 진행되다>가 그것이다. 여기서 보듯이 고니시는 '공역共譯'이라는 말을 분명히 쓰고 있다.

고니시는『노자 도덕경』의 공역 진행을 이야기하는 앞부분에서 81장 체제에 대해서 비평을 하고, 자신도 이 체제를 따르기로 한다.

모스크바 국립대학에서 얻은『노자』의 원본과 불어 번역본 및 내가 가지고 있던 사본, 총 6책을 서로 맞추어 보는 것[照合]은 꽤 섬세한 작업이지만, 술술 진척되어, 톨스토이에게 내가 소개되었던 시기에는 이미 제1고第一稿가 완성돼 있었다. 그러나 여기에는 세심한 정정訂正을 더할 필요가 있었기에 매일 부지런히 노력하였다.

어떤 학자는 노자가 스스로 쓴 아포리즘은 60여 장이며, 그 속에는 운문도 있고 산문도 있다. 넉넉히 18, 9장이 넘는 것은 후인後人의 저작이라고 논하고 있다. 나는 한자의 소양이 없어, 어느 장章이 노자의 글이고 어느 장이 위작인지 잘 분별 안 되는 것은 실로 부끄럽기 그지없다. 소자유蘇子由이나, 왕필王弼이나, 조자앙趙子昻이나『노자 도덕경』의 주석자인데, 이 길의 권위자가 어째서 이런 큰 문제를 언급하지 않았던 것일까?

『노자』81장 가운데 글자가 5,350자 정도이니, 평균 66자를 한 장章이 포함한다고 치면 17장으로 1,122자가 된다. 그렇다면 사마천『사기史記』의 열전列傳에 있는 5,000여 언에 맞지 않는 것은 아닌가? 그렇지 않으면, 논자論者는 사마천을 신용하지 않는 것일까? 그(=사마천)와 노자의 연대 차이는 그렇게 크지는 않다. 약 7, 8백년이기에 그를 도외시할 수 없다고 나는 믿는다. 그래서 나는 선배의 예例에 따라서 81장을 인정하는 것이 온당하다고 생각할 뿐만이 아니라 소자유蘇子由는 일세一世의 학도이다. 이와 같은 석학이 한마디도 없고 81장을 신용하여 저 유명한 주석을 쓴 것이다.

조자앙은 상당히 노자의 말에 공명했던 사람으로 보이며, 모스크바 도서관에서 본 건륭제 어제御製의 호화판 외에, 가늘게 돌에다 새겨서 찍어 낸 것도 있지만 모두 81장을 채용하고 있다.

호래키宝曆(1751~1764) 무렵, 일본에 곤란사이金蘭齋라는 유자儒子가 있어 『노자국자해老子國字解』라는 책을 써서 오사카大坂에서 출판, 분세이文政(1804~30) 연간에 재판, 메이지 초년에 3판이 나왔는데, 이것도 앞의 것들과 같이 81장이다."[66]

번역 마무리의 섬세한 과정: 『노자 도덕경』 제12, 13장까지는 조작 없이 탈고했기에 약속한 수요일에 이제 그로트 교수를 동반하지 않고 오후 6시 반경에 집을 나와서 하모브니키 소로小路의 톨스토이 별저別邸를 방문하였다.

독서를 하고 있다가 그를 맞이하던 톨스토이에게 고니시는 "오늘 저녁은 처음이기에 『도덕경』 제1, 제2 두 장의 번역을 지참했습니다. 이 정도로 되겠습니까?"라고 말했다.

---

66) 앞의 책, 46~47쪽.

그러자 톨스토이는 "제1회는 그것으로 충분해요. 많이 정정訂正
하려 하면 실수가 생기니……" 이어서 대화가 진행된다.

> 고니시: 그럼 어떤 순서로 작업을 진행할까요?
> 톨스토이: 영·독·불의 번역문을 내가 보고 있기에 자네는 자
> 신의 번역을 천천히 읽어 주세요. 그러면 나는 한 마디 한 마
> 디 세 가지 번역(=영·독·불)에 비춰서 비교해 보겠어요. 그래서
> 한 구절이 마무리되면 글다듬기[行文]를 온전히 하여, 한 장을
> 끝내면 전문全文을 정정訂正하고, 확정하도록 해요.
> 고니시: 좋습니다.
> 톨스토이: 그럼 시작하세요.

이런 순서로 『노자』의 번역이 시작되어 진행되었다. 위의 내용
을 정리해 보면 고니시와 톨스토이가 진행하는 번역의 방식은 협
업적이며 꽤 섬세한 과정으로 보이며, 다음과 같이 정리된다.

① 고니시가 준비해 온 러시아어 번역을 읽음 → ② 톨스토이가
영·독·불의 번역과 대조 → ③ 한 구절씩 번역 마무리 → ④ 한 장
의 글다듬기 → ⑤ 한 장 전문의 정정 → ⑥ 러시아어 『노자 도덕
경』 번역문 완성

7. 『노자 도덕경』 번역의 구체적 과정과 내용

톨스토이와 고니시의 『노자 도덕경』 번역에 대한 구체적 과정
과 내용을 고니시의 기록에 따라 제시하면 다음과 같다.

『노자 도덕경』 제1장의 경우: "도道를 도라고 할 수 있는 것은 항상된 도가 아니다."라고 고니시가 번역문을 읽으면, 톨스토이는 "중국어의 '도道'라는 글자를 번역하는 것은 좋지 않겠어. 영·독·불 번역도 원어를 그대로 쓰고 있어. 중국어는 '타오'이기에 이것을 러시아어의 '도로가' 또는 '푸치'라 번역하지 말고 원어를 씁시다."라고 하였다.

그러나 다음 구절의 "이름名을 이름 지을 수 있는 것은 항상된 이름이 아니다. 무명無名은 천지의 시작이고, 유명有名은 만물의 어머니母이다……."는 '도道'와 크게 그 어감이 다르기 때문에 톨스토이는 "명名, 또는 무명無名은 '이미야'라는 러시아어로 해야겠어."라고 단언하였다.

노자가 1장을 마치면서, "현지우현玄之又玄, 중묘지문衆妙之門"이라며 '도가 드러나 있으나 인식할 수 없음'을 논하는 대목을 읽고서 톨스토이는 깊은 감동을 얻은 것 같았다고 고니시는 말한다. 그래서 톨스토이는 "이 편은 실제로 웅대하네. 노자 학설의 심오한 바는 모두 여기서 발원하는 것일세."라고 평가하였다고 한다.[67]

『노자 도덕경』 제2장의 경우: 고니시가 "천하의 사람들이 아름다운 것[美]을 아름다운 것으로 알지만, 이것은 악惡일 뿐. 모두 선善을 선하다고만 알고 있지만 이것은 불선不善일 뿐……."이라고 읽자, 톨스토이는 "이 장은 통쾌하나 수장首章에는 못 미치네. 그러나 말하는 방식은 독특하여 참 좋구려. 흉내를 낼 수 없어……."라고 감심感心하였다 한다.

---

67) 앞의 책, 50~51쪽.

이렇게 해서 2장의 번역문을 확정하고, 전체에 순응하여 다소의 수정을 가하여, 그날 밤의 작업이 끝난다고 한다. 이와 같은 순서와 방법으로 번역은 진행되었는데, 번역의 대조나 용어 선정의 가부可否에 매우 엄격하게 천착하여서 고니시는 "힘들었다"고 술회한다.68)

자구에 의거한 '직역' 혹은 과감한 '의역'?: 톨스토이와 고니시가 『노자 도덕경』을 번역하는 가운데 번역의 방법을 둘러싼 번민이 있었음을 알 수 있다. 즉 자구에 근거한 '직역'인가, 혹은 과감한 '의역'인가의 문제였다.

고니시에 따르면, 어느 날 톨스토이는 그에게 이렇게 권고했다고 한다.

고니시, 자네는 너무 중국의 문자에 구애받고 있는 게 아닌지? 너무 문자에 구애받으면 살아 있는 의미를 죽이게 되네. 어떤 경우에는 자구를 초월한 과감한 번역이 필요하다고 생각하네. 모처럼의 『노자』 번역을 죽여 버리는 것은 유감이기 때문에.

그래서 고니시는 이 문제로 고민하기 시작했다. 왜냐하면, '과감하게 자구를 초월한 것'은 노자의 진의眞意를 왜곡할 위험성이 있기 때문이다. 그래서 고니시는 단도직입적으로 이렇게 말한다.

---

68) 앞의 책, 51~52쪽.

『인생의 길生きる道』69)에는 톨스토이의 저작 『노자 도덕경』으로부터 18회의 본문 내용이 게재돼 있다. 그런데 번역문의 어느 것이나 과감하게 자구를 초월한 것이다. 이것은 영·독·불의 세 가지 번역에다 나의 러시아 번역을 창작한 것이긴 하나 노자라는 것은 이름뿐, 노자의 사상을 톨스토이풍으로 다듬고 고친 것이다. 이것을 나는 두려워했던 것이다.70)

과감한 의역 즉 '자구字句 초월'을 두고서 고니시는 고민하고 있었다. 왜냐하면, "만일 톨스토이의 주장을 완고하게 거절하면 기분을 상하게 할 우려가 있기" 때문이었다. 그래서 그는 지도교수인 그로트 교수에게 '자구 초월' 건에 대해 상담을 청하여 조언을 구한다. 그러자 그로트 교수는 이렇게 적절한 방책을 제시해 준다.

그것은 곤란하네. 그러나 나의 희망은 글다듬기[行文]가 좀 더 디더라도 직역을 했으면 해요. 자유로운 번역을 하여 원문에서 멀어져서는 곤란하지. 우리는 거기에 찬성하기가 곤란해요. (톨스토이가) 그렇게 말하더라도, 톨스토이의 기분을 상하게 해서는 곤란하지만 그 정도로 완고하게 주장하지 않을지도 모르기 때문에, 자네는 그의 판단을 들어도 듣지 않은 얼굴로

---

69) 고니시는 1949년에 『生きる道』라는 이름으로 번역을 하고 있다(トルストイ, 『生きる道』, 小西増太郎 譯, 桃山書林, 1949). 이 책은 뒤에 나오는 『일송독본日誦讀本』과 같은 책처럼 보인다(톨스토이, 『톨스토이 인생독본』, 신윤표 역, 배재서관, 1993; 톨스토이, 『인생독본 1·2』, 박형규 역, 인디북, 2004; 레프 똘스또이, 『인생이란 무엇인가』, 채수동·고산 역, 동서문화사, 2004 참조).
70) 小西増太郎, 『いかに生きるか トルストイを語る』, 太田健一 監修, 万葉舎, 2010, 52쪽.

우선 진행해 주세요. 그의 감정을 상하지 않으면서 원문에 가깝게 번역하는 것은 자네의 수완에 달려 있을 것 같네.71)

톨스토이의 고집, 번역과 배제: 그러나 당시 학생의 입장이었던 고니시로서는 지도교수 그로트의 조언을 이해는 하지만 그대로 실천하기도 곤란하였다. 그래서 그는 그냥 가는 데까지 가 보겠다고 생각한다.

그로트 교수가 말한 바는 지당한 것이고, 번역의 이상理想이라 할 수 있을 것이다. 그러나 저쪽은 천하의 문호文豪이고, 이쪽은 학교를 막 나온 학생이다. 이런 내가 문호를 견제하고 그의 의사를 하고 싶은 대로 하지 못하게 막는 것은 무리한 주문이라 할 만하다. '도리가 없지, 갈 데까지 가 보는 거야.' 라고 나는 생각했다.72)

어쨌든 고니시는 번역을 계속 진행해 간다. 일단 큰 문제는 없었다.

이날부터 2, 3일 뒤에 나는 번역문을 들고 톨스토이의 저택으로 가서 저번의 이야기를 잊어버린 듯한 태도로 번역한 것을 읽기 시작했다. 문호도 모르는 듯한 얼굴로 그전처럼 번역문을 감독·정정해 주었다. 그래서 나는 '이러면 됐다'고 생각했다.73)

71), 72) 앞의 책, 53쪽.

『노자 도덕경』 제32장의 경우: 고니시의 번역은 계속되었고, 드디어 제32장에 이르렀다. 톨스토이는 '비전론非戰論'을 제창하는 대목에서 뛸 듯이 기뻐하며, 3천 년 전에 이런 논의가 있었다는 것에 대해 감복한다. 그러나 '부득이하게 이것(=병기)을 사용하면 (不得已而用之)'이라는 대목에서 꼬이기 시작한다. 톨스토이는 이 대목에서 얼굴을 찌푸리며 '타협компромисс(compromise)'이라고 하다가, "설마 노자가 그럴 리 없을 것"이라며 "무언가 오류가 있던가, 후세의 학자가 추가했던가"라고 생각하게 된다.

번역은 계속 진행되었다. 어느덧 "제31장 「가병편佳兵篇」74)의 번역"을 가지고 고니시는 톨스토이의 저택으로 갔다. 여느 때처럼 그는 번역문을 펼쳐서 읽는다.

"대저 병기[兵]를 좋다고 하는 자는 상스럽지 못하다[不祥]. 만물은 이것을 싫어한다. 때문에 도가 있는 자는[有道者] 이런 지경에 처하지 않는다…… 병기[兵]는 상스럽지 못한 기물이니 군자의 기물이 아니다……."

이 대목을 고니시가 읽자, 톨스토이는 책상을 치면서 뛰어오를 듯이 기뻐하며, 이렇게 비평하였다.

"이것은 통쾌하다. 여기까지 극론極論하는 바가 노자가 훌륭하고, 존중받는 까닭이다. 3천 년 전에 이런 비전론非戰論을 고창高唱하였다는 것은 경복敬服할 수밖에 없다. 공자는 중용

73) 앞의 책, 54쪽.
74) 앞의 책, 54쪽에서 고니시는 "제31장 「가병편」의 번역"이라고 하였는데, 이것을 보면 「하상공본」도 참고한 것으로 추정할 수 있다.

주의의 정치철학자이었기에 항상 세상과 함께 오르락내리락
했지만 노자는 순수한 철학자였기에 정치 따위는 안중에 없
었다."

문제는 그다음이었다.

"부득이하게 이것을 사용하면(不得已而用之)……."이라고 읽자,
톨스토이는 상당히 불만을 나타냈다.

"부득이하게……"는 타협компромисс이다. 설마 노자가?

"부득이하게 병기를 사용한다."는 부분에 대해서 톨스토이는
인정할 수 없고 '타협'으로 보았다. 톨스토이는 고니시에게
이렇게 흥분하며 이야기했다.

"뭐야, 부득이하게, 이것을 사용한다."라니? 이것은 그야말로
타협이다. "병기는 상스럽지 못한 기물이다."라고 단언해 놓
고는, 아직 그 혀의 뿌리가 채 마르지도 않았는데, "부득이하
게……"라니? 그럴 순 없다! 노자라고 하는 것이, 이런 것을
말한다는 것은 있을 수가 없어. 여기에는 뭔가 오류가 있는
것이 아닐까? 그렇지 않으면 후세의 학자가 추가한 것인가?
어쨌든 연구가 필요해.75)

이후 톨스토이는 '부득이하게 이것(=병기)을 사용하면'이라는 구
절을 그의 대중용 저서 중에서 "어디에도 인용하지 않았다"76)고
한다.

고니시는, "톨스토이는 그래 왔듯이, 직각적直覺的인 사람이다.

---

75) 앞의 책, 55쪽.
76) 김려춘, 『톨스토이와 동양』, 이항재 외 역, 인디북, 2004, 24쪽 참조.

어떤 경우에도 똑바로 매진해 가기에 노자와 같은 고론가高論家가 '부득이하게……'처럼 타협할 사람이 아닐 것이라고 말했다."77) 고 한다. "이날 밤은 '타협'의 문제로 기분이 상하여 아무것도 할 수 없었다."고 고니시는 적고 있다.78) 아울러 그는 톨스토이의 아래와 같은 불만의 토로를 다시 부각시켜 둔다.

> 전쟁은 대규모로 시끄럽게 떠들어 대는 것이다. 남의 나라를 빼앗아 자신의 나라를 만들고자 하는 부도덕한 생각에서 일어난 싸움이다. 이 싸움에는 모든 죄악이 수반된다. 어떻게 하든 이 죄악을 이 세계에서 내쫓고 싶은 것이다. 그렇게 하기 위해서는 '부득이하게'와 같은 어정쩡한 방법으로는 목적 달성이 어렵다. 노자라고 하는 것이 이런 논의를 한다는 게 아무래도 상상되지 않는다……."라며 톨스토이는 예리하게 논하고, 대단한 불만을 토론하였다.79)

고니시는 이날 밤의 작업을 접고서 톨스토이의 저택을 나선다. 그는 '정직하고 소신을 솔직하게 실행하는' 톨스토이의 성격 그 '진면목'을 명료하게 알 수 있었다.

심란해진 그는 곧바로 지도교수 그로트를 찾아가 그날 밤의 사건 전모를 자세하게 전해 준다. 그러자 그로트 교수는 '부득이하게……'라고 노자에 적혀 있고 또한 영·독·불의 번역에도 그렇게

---

77) 小西增太郎, 『いかに生きるか トルストイを語る』, 万葉舍, 2010, 55쪽.
78) 앞의 책, 55쪽.
79) 앞의 책, 55쪽.

번역하고 있다면 어쩔 수 없이 그렇게 번역해야 하지 않겠는가라고 조언한다.

고니시는 이렇게 적고 있다.

그(=톨스토이)가 이렇게 흥분해 버리자 무슨 말을 해도 그의 귀에 들어갈 리 없었다. 그래서 나는 '오늘 밤은 여기서 일단락해야겠다'고 생각했다. 그날 밤은 일단 마무리하고 톨스토이의 저택을 나섰다.

번역의 진행상에서 보면, 앞서 언급한 에피소드는 다소 유감스럽지만, 톨스토이의 성격 면에서 보면 유쾌하고 유익한 하룻밤이었다. 톨스토이는 어디까지나 정직하고 소신을 솔직하게 실행하는 사람으로 이 사건으로 그런 면모가 명료하게 드러났다. 나는 곧바로 그로트 교수를 찾아가 오늘 밤의 전말顛末을 자세하게 말했다. 그러자 그는 "그랬는가? 그야말로 유쾌했었구만. 그것이 톨스토이의 진면목이요. 그것을 막아 버리면 옆길로 새 버려요. 작업이 안 돼요. '부득이하게……'라고 『노자』에 쓰여 있고, 영·독·불의 번역자가 그렇게 번역하고 있다면 어쩔 수가 없지. 톨스토이에 대해서는 '그렇습니다' 정도로 말해 두면 되네."라고 말했다.80)

결국 고니시는, 제31장의 번역에 '부득이하게……'를 남겨 두었다. 이후 톨스토이는 그의 저서 큰 것 작은 것81), 『일송독본日誦讀

---

80) 앞의 책, 55쪽.
81) 옮긴이가 판단하기로, '큰 것'은 전체를 옮긴 것, '작은 것'은 선역選譯을 말하는

本』82)과 『인생의 길生きる道』83)에 노자 31장의 '부득이하게 이것
(=병기)을 사용하면'이라는 구절을 인용하고 있지 않다고 고니시는
말한다.84) 이처럼 "어쩔 수 없어서 쓸 뿐이고(不得已而用之)"라는
왕필본의 구절은 톨스토이의 번역본에 생략되어 있다.

야스미 토시오 역(1936)　　　　고니시 역(1936)85)

것 같다.
82) 톨스토이가 1906년 『러시아의 말』에 발표했고, 1908년 4월 야스나야 폴랴나에서
쓴 머리말을 붙여 간행한 『인생독본人生讀本』을 말한다. 여기에는 『노자 도덕경』
을 비롯하여 공자·붓다·세네카·칸트 등의 잠언 같은 문장들이 실려 있다.
일본에서는 'トルストイ, 『人生読本』, 八住利雄 訳, 清教社, 昭和11年(1936)'으로
간행되었다. 참고로 '成光堂, 昭和11年'판도 있다.
한글 번역은 다음을 참고하였다: 톨스토이, 『톨스토이 인생독본』, 신윤표 역, 배재
서관, 1993; 톨스토이, 『인생독본 1·2』, 박형규 역, 인디북, 2004; 레프 똘스또이,
『인생이란 무엇인가』, 채수동·고산 역, 동서문화사, 2004이다.
83) 고니시는 앞에서 이렇게 말했다. "톨스토이의 저작 『노자 도덕경』에서 18회의
본문이 게재되어 있는데 어느 것이나 과감하게 자구를 초월한 번역문으로 되어 있
다. 이것은 영·독·불의 세 가지 번역에 나의 러시아 번역을 창작한 것이긴 하지만
노자라는 것은 이름뿐이고 노자의 사상을 톨스토이풍으로 다듬어 고친 것이 된다.
이것을 나는 두려워했던 것이다." 小西增太郎, 앞의 책, 52쪽.
84) 小西增太郎, 앞의 책, 56~7쪽.
85) トルストイ, 『生きる道』, 小西增太郎, 章華社, 1936.

31

잘 조직된 군대는 옳지 않은 무기이며, 본질적으로 악한 것이다.

현자는 왼쪽을 선호하지만, 군대를 이용하는 자는 오른쪽을 선호한다.

군대는 옳지 않은 무기이므로, (진정한) 현자를 위한 도구가 될 수 없다.

따라서 군대는 불가피한 경우에만 사용된다.

비록 전쟁이 고요함을 목표로 할지라도 악인 것은 분명하다.

만약 전쟁이 선이라면 그것을 반겨야 하겠지만, 그것을 반기는 것은 오직 사람들을 죽이는 자이다.

사람들을 죽이는 자는 세상에 그의 좋은 계획을 실현할 수 없다.

좋은 일에서는 왼쪽이 선호되고, 어려운 일이 닥쳤을 때는 오른쪽이 선호된다.

부하 장군들은 왼쪽에 머물고, 책임자는 오른쪽에 머문다.

승리가 알려지면 장례식과 함께 이 소식을 접해야 한다. 왜냐하면 전쟁에서 죽어 가는 사람이 아주 많기 때문이다.

전쟁에서 죽어 가는 사람이 아주 많기 때문에 전쟁을 기억해야 한다.

전쟁이 승리로 끝날 때 (국가) 전체적인 애도를 선언해야 한다.

三十一章

夫佳兵者, 不祥之器. 物或惡之, 故有道者不處. 君子居則貴左, 用兵則貴右. 兵者, 不祥之器, 非君子之器. 不得已而用之, 恬惔爲上, 故而不美. 而美之者, 是樂殺人. 夫樂殺人者, 則不可以得志於天下矣. 吉事尙左, 凶事尙右. 偏將軍居左, 上將軍居右, 言以喪禮處之. 殺人之衆, 以哀悲泣之. 戰勝, 以喪禮處之.

대저 뛰어난 군대는 상서롭지 못한 기물이다. 사람들이 간혹 그것을 싫어하므로 도道에 따르는 자는 거기에 머물지 않는다. 군자는 평소에 거처할 때에는 왼쪽을 귀하게 여기고, 군대를 쓸 때는 오른쪽을 귀하게 여긴다. 군대는 상서롭지 못한 기물이므로 군자의 기물이 아니다. 부득이해서 군대를 쓸 뿐이며, 편안함과 담담함을 으뜸으로 삼고, 이기더라도 아름답게 여기지 않는다. 그런데도 이기는 것을 좋아하는 사람은 사람 죽이기를 즐기는 것이다. 저 사람 죽이기를 즐기는 자는 천하에 뜻을 얻을 수가 없다. 길한 일에는 왼쪽을 숭상하고 흉한 일에는 오른쪽을 숭상하니, 편장군偏將軍은 왼쪽에 자리하고 상장군上將軍은 오른쪽에 자리한다. 이것은 상례喪禮로써 처리하고 있는 것을 말한 것이다. 많은 사람을 죽이게 되면 비애의 마음으로 울고, 전쟁에 이기더라도 상례喪禮로써 처리한다.

『노자 도덕경』 제31장의 톨스토이본과 왕필본의 번역 차이 감상

기타 과감한 번역의 예: 앞서 들었던 『노자 도덕경』 번역의 예외에 제35장과 제48장을 들어 보기로 한다.

먼저 제35장을 보자.

35	三十五章
(성인은) 커다란 코끼리를 데리고 전 세계를 다닌다. 다니지만 어떤 해도 끼치지 않는다. 즐거움, 고요함, 침묵 및 위대함으로부터 그에게 음식을 (평화를) 제공한다. 지나가는 길손이 멈췄다. 그가 도에 대해 말할 때, 그의 말은 얼마나 단순한가! 그의 말이 내뱉어질 때, 그것은 어떤 맛도 없다. (사람들은) 그를(도를) 보지만, 그것을 보지 못한다. (사람들은) 그를(도를) 듣지만, 그것을 듣지 못한다. (사람들은) 그를(도를) 보지만, 그것을 보지 못한다. (사람들은) 그를(도를) 이용하지만, 도는 줄어들지 않는다.	執大象, 天下往; 往而不害, 安平太. 樂與餌, 過客止. 道之出口, 淡乎其無味, 視之不足見, 聽之不足聞, 用之不可旣. 위대한 형상大象을 잡고서 천하에 나아가니, (천하에) 나아가서도 해되지 않아 편안하고 태평하다. 음악과 음식은 과객을 멈추게 하나, 도道를 입으로 말하면 담백하여 아무 맛이 없고, 보려 해도 볼 수 없고, 들으려 해도 들을 수 없으나, 이것을 씀에 다함이 없다.

『노자 도덕경』 제35장의 톨스토이본과 왕필본의 번역 차이 감상

여기서 흥미로운 것은 '집대상, 천하왕(執大象 天下往)'을 "(성인은) 커다란 코끼리를 데리고 전 세계를 다닌다."고 하였다. '대상大象'은 '위대한 형상'으로서 '도道'를 상징한다. 어쨌든 코끼리 '상' 자의 뜻 그대로 번역하여 "(성인은) 커다란 코끼리를 데리고 전 세계를 다닌다."고 하니 신기하기도 하다.

이어서, 제48장의 번역도 일반적인 왕필본의 번역과 다르다.

48	四十八章
가르침은 날마다 늘어나고 있지만, 도는 날마다 잃어버린다. 이 손실은 증가하고 무위의 욕망에 도달한다. 사람이 무위에 도달하면, 이루어지지 않을 일이 없을 것이다. 세상에서 모든 것이 제자리에 있다면, 그것을 소유해야 하겠지만, 그렇지 않다면, 그럴 필요가 없다.	爲學日益, 爲道日損. 損之又損, 以至於無爲, 無爲以無不爲. 取天下常以無事, 及其有事, 不足以取天下. 배움을 추구하는 것은 날로 더하는 것이요. 도道를 추구하는 것은 날로 덜어 내는 것이다. 덜어 내고 또 덜어 내어 무위無爲에 이르면, 하는 것이 없으나 하지 못하는 것이 없다. 천하를 취하는 것은 늘 일삼음이 없음으로 하니, 일삼음이 있게 되면, 천하를 취하기에는 부족하다.

『노자 도덕경』 제48장의 톨스토이본과 왕필본의 번역 차이 감상

제48장의 경우, 다른 곳(=『현인들의 저서에서』)에 인용된 톨스토이의 『노자 도덕경』 한글 번역을 보면 생소하다는 느낌이 든다.

가르침에 몰두하면 하루를 얻는다.
도를 따르면 하루를 잃는다.
그런데 점점 더 많이 잃을수록 무위에 도달한다.

즉 행동하지 않으면 곧 모든 것이 완성되어진다.
항상 무위에 의해서 세상을 얻을 수 있다. 즉 행동하는 이는
지상 세계를 얻을 수 없다.

(『현인들의 저서에서』, 모스크바, 1987)[86]

　이미 언급했던, 톨스토이의 『인생론』에 인용된 다음 구절은
『노자 도덕경』의 어디에 실려 있는 것인지 가늠하기 어려울 정도
이다.

　　역시 공자와 같은 시대의 노자는 이렇게 말하고 있다. "인생
　　이란 신의 계명을 지키면서 사람이 행복할 수 있도록, 신이
　　사람 속에 불어넣은 신의 입김이다."[87] ＊방점은 인용자

　마지막으로, 『인생독본』 1월 4일자에 실린 다음 구절도 마찬가
지이다.

　　덕이 있는 사람은 부덕한 사람의 스승이다…….[88]

　이처럼 톨스토이가 인용한 『노자 도덕경』의 번역은 그야말로
'반역'이라 할 정도로 '과감한 시도'를 실감할 수 있다. 어쩌면 바로
이 점이 톨스토이가 『노자 도덕경』을 번역하는 특징이라 하겠다.

86) 김려춘, 「톨스토이와 동양」, 『톨스토이와 동양』, 이항재 외 역, 인디북, 2004, 21
　　쪽에서 재인용.
87) 톨스토이, 『톨스토이 인생론·참회록』, 동완 역, 신원문화사, 1992, 32쪽.
88) 톨스토이, 『톨스토이 인생독본』, 신윤표 역, 배재서관, 1993, 23쪽에서 재인용.

톨스토이·고니시의 1913년판 『노자
도덕경』의 제1장과 제81장[89)]

8. 톨스토이 『노자 도덕경』의 한글 번역 과정에 대해

번역의 저본 및 번역 방법: 번역에 사용한 판본은 '1913년', 모
스크바에서 러시아어로 간행된, 톨스토이·고니시 공역의 『노자
도덕경』이다. 이 책은 모스크바의 '러시아과학아카데미 동방학연
구소' 한국학 분과장인 벨라 박Bella Pak 박사에게 의뢰하여 구할
수 있었다.

이 책의 번역에는, 다행히 두 종류의 일본어 번역본[90)]이 있어서
러시아어 원본과 대조해 보며 옮기는 데 도움이 되었다.[91)] 아울러

---

89) 노자, 『노자 도덕경 또는 도덕에 관한 글』, 톨스토이·고니시(한문) 역, 피차트노
에 젤라Печатное дело, 1913. 아울러 노자, 『도덕경 — 길과 감사에 대한 책』,
고니시 마스타로 역, 루스키 라리테트Русский раритет, 2011도 있음.

90) トルストイ, 『トルストイ版 老子』, 加藤智惠子·有宗昌子 共譯, ドニエプル出版,
2012, 그리고 レフ·トルストイ 小西增太郎, 『レフ·トルストイ 小西增太郎 共露譯
老子道德經』, 中本信幸譯, 2020(온라인 kindle版).

91) 초역의 한글 원고를 러시아어판과 대조하여 바로잡는 작업은, 모스크바대에서
정치학 박사학위를 받은 배규성 박사(현 경희대학교 국제지역연구원 HK연구교수)

번역을 마무리한 단계에서 인터넷에 톨스토이·고니시 러시아어 번역본『노자 도덕경』(모스크바, 1913년판) 사이트92)가 있어 편리하게 활용하고 참고하였다.

초고가 완성된 다음 몇 차례 수정을 거쳐 러시아어 번역과 왕필본 번역의 어색한 내용을 바로잡았고, 내용 보완에 따라 이 책의 해설도 또한 여러 번 수정하였다.

일역본과 러시아어 역을 대조해 가면서 알게 된 것이지만, 일본어 번역본에는 톨스토이의 '과감한 번역'을 현행본의 번역 가깝게 수정한 곳이 많았다. 그래서 이 책은 가능한 한 러시아어 원본『노자 도덕경』의 모습을 그대로 살리는 데 힘썼다.

책을 펼쳐 보면 알겠으나, 톨스토이·고니시 공역의『노자 도덕경』은 현행본과 비교하여 많은 차이를 발견할 수 있다.

톨스토이본과 왕필본 '대비' 이유?: 톨스토이 번역(정확하게는 톨스토이+고니시의 공동 번역)93)의『노자 도덕경』저본은 '81장 체제'로 된, 위魏나라 왕필(226~249)94)이 주註를 단, 이른바 '왕필본『노자

의 도움을 많이 받았음을 밝혀 둔다. 기타 러시아어 번역·교열 작업 또한 배 박사의 도움이 컸다.

92) 다음을 참고 바란다. https://ru.wikisource.org(검색일: 2020.12.5)

93) 이 내용은 小西增太郎,『いかに生きるか トルストイを語る』, 太田健一 監修, 万葉舍, 2010, 16~70쪽의 '第1章『老子道德經』の露譯'을 참고하여 정리하였다. 아울러 トルストイ,『トルストイ版 老子』, 加藤智惠子·有宗昌子 共譯, ドニエブル出版, 2012, 그리고 レフ·トルストイ 小西增太郎,『レフ·トルストイ 小西增太郎 共露譯 老子道德經』, 中本信幸譯, 2020(온라인 kindle版),
吉橋泰男,『トルストイにより「老子道德経」は, 壯大な詩に生まれ変わった.：トルストイ版「老子」の読み方を探る. 小西增太郎を語る (祖父小西增太郎を語る)』, Kindle版)의 서문·해설, 小西增太郎의 글(논문 등)을 참조하여 작성하였다.

도덕경』'이라 할 수 있다.

톨스토이는 『노자 도덕경』을 번역할 때, 이에 앞서서 영어·독일어·프랑스어 번역본을 보면서 시도했던 기초 지식을 많이 활용하였다고 생각한다. 이것은 고니시가 이미 "톨스토이의 저작 『노자 도덕경』에서 18회의 본문이 게재되어 있는데 어느 것이나 과감하게 자구를 초월한 번역문으로 되어 있다. 이것은 영·독·불의 세 가지 번역에 나의 러시아 번역을 창작한 것이긴 하지만 노자라는 것은 이름뿐이고 노자의 사상을 톨스토이풍風으로 다듬어 고친 것이 된다. 이것을 나는 두려워했던 것이다."95)라고 말한 대로이다.

그래서 이 책에서는, 왼쪽에는 톨스토이·고니시 역 『노자 도덕경』의 한글 번역을, 오른쪽에는 현행본의 원형이 된 왕필본 『노자 도덕경』의 한문 원문과 한글 번역96)을 실어 '톨스토이·고니시 역본과 왕필본'의 차이를 한눈에 알 수 있게 비교하였다. 아울러 러시아어 원문과 해설도 부록으로 담아 관심 있는 독자들이 참고할 수 있도록 하였다.

---

94) 왕필은 위魏나라의 학자로 자字 보사輔嗣이며, 산동성山東省에서 태어났다. 하안何晏과 함께 위·진魏晋의 현학玄學의 시조로 알려져 있다. 그가 주를 달고 체계를 갖춘 『노자』를 보통 왕필본 『노자』라 한다. 왕필본 『노자』는 그가 주석을 단 『주역周易』과 함께 육조六朝 시대 및 수·당 시대에서 유행하며 중국철학사에 영향을 미쳤다.

95) 小西增太郎, 『いかに生きるか トルストイを語る』, 太田健一 監修, 万葉舍, 2010, 52쪽.

96) 왕필본 『노자 도덕경』의 한글 번역은 국내외 번역본을 참고하여 다듬었다.

9. 톨스토이와 『노자 도덕경』, 그리고 그 영향

이제 위에서 논의한 톨스토이와 『노자 도덕경』을 마무리하면서, 『노자 도덕경』이 톨스토이의 문학과 사상 구축에 어떤 영향을 미쳤는지를 대략적으로 언급해 두고자 한다.

『노자 도덕경』 번역 이전의 도교?: 우선 우연히 접하게 된 글을 소개한다. 이 글에서는 톨스토이의 『전쟁과 평화』(1869)에는 그의 '도교道教'(여기서는 종교로서가 아니라 사상으로서의 '도가道家'를 말한다) 철학의 요소들이 담겨 있다고 하고, 예브게니 포포프E. И. Попов가 독일어 번역본 『노자 도덕경』을 다시 러시아어로 번역했을 때에 톨스토이가 '서문'을 썼다는 사실을 개략적으로 언급한다.

> 톨스토이는 중국 철학자들, 그중에서 특히 도교를 창시한 노자에도 매료됐다.[97] 로사문드 바틀렛Rosamund Bartlett의 저서 『톨스토이: 한 러시아인의 삶』을 보면 톨스토이 추종자인 예브게니 포포프가 노자의 『도덕경Tao Te Ching(Дао дэ цзин)』 독일어 번역본을 다시 러시아어로 옮겼다고 한다. 『도덕경』 원본은 기원전 6세기에 나왔는데, 독일어로는 1870년 빅토르 폰 스트라우스가 번역했다.
> 톨스토이는 번역본을 살펴보고 노자의 책에 나타난 기본 가르침이 모든 위대한 종교의 기본 가르침과 똑같다고 설명하

---

97) 도가와 도교를 혼동하고 있다.

는 서문을 썼다. 바틀렛은 톨스토이가 노자의 '정교한 통찰'에 마음이 끌렸는데, 그것이 '자신이 애써 얻은 믿음들과 상당히 일치했기' 때문이라고 말한다. 그러한 믿음들에서 핵심은 조화롭고 원칙적인 삶을 영위하는 무위 사상으로, 도교의 본 교의이기도 하다.

톨스토이가 정확히 언제 도교를 발견했는지는 분명치 않지만, 장편 대하소설 『전쟁과 평화』(1869)에는 도교 철학의 요소들이 담겨 있다. 이 소설은 운명이 어떻게 역사를 통제하는지, 또 거대한 사건들의 소용돌이 속에서 자신의 맡은 역할을 수행하는 인간 개개인이 얼마나 무력한지를 묘사한다. 도교에서 설파하듯이 인간이 진정으로 통제할 수 있는 것은 자신의 마음뿐이라는 것이다.[98]

포포프 모습과 그의 『노자 도덕경』 선역본 표지(1910)

---

98) 아제이 카말라카란, 「Russia포커스: '동양에서 가르침을 구하다' — 톨스토이의 삶에 영향을 미친 불교와 힌두교·도교」, 『RUSSIA BEYOND』, 2014.10.15; https://kr.rbth.com/arts/2014/10/15/45789(검색일: 2020.12.5)

그럼, 톨스토이에게 『노자 도덕경』이 어떤 영향을 미쳤을까?

아래에서는 <톨스토이의 『노자 도덕경』 번역의 과정>과 <톨스토이에게 미친 『노자 도덕경』의 영향>을 개략적으로 서술하면서 이 문제에 접근해 보고자 한다.

1) 톨스토이의 『노자 도덕경』 번역 과정

인생의 고통기에 만난 『노자 도덕경』: 『노자 도덕경』이 톨스토이에 어떤 영향을 미쳤는지에 대해서 문준일의 「톨스토이의 평화론과 동양사상 — 노자의 사상을 중심으로」99)에 자세하다. 아래에서는 이 내용을 중심으로 소개하고자 한다.

문준일은 톨스토이가 노자와 그의 책 『도덕경』에 많은 관심을 가졌고, 엄청나게 큰 영향을 받았다고 말한다. 그가 노자를 만난 것은 '인생의 의미를 고통스럽게 탐색하던 시기'였다고 본다.

중국 철학자들 중 톨스토이에게 가장 깊은 인상을 심어 준 사람은 노자였다. 노자의 『도덕경』은 정신적 위기 이후로 그의 곁에 항상 있었다고 해도 과언이 아니다. 1891년 톨스토이는 장년기의 그에게 큰 영향을 끼친 사상가들을 열거한 적이 있다. 서양과 동양의 철학자들 중 그는 공자와 맹자를 "매우 큰 영향을 받은 철학가"로 분류했다. 그리고 노자는 "엄청나게

---

99) 문준일, 「톨스토이의 평화론과 동양사상 — 노자의 사상을 중심으로」, 『문화와 융합』 제42권 5호(통권 69집), 한국문화융합학회, 2020.5, 453~478쪽.

거대한 영향을 받은 철학가"로 등급을 매겼다.

동서양이 숭배하는 위대한 작가 톨스토이는 고대 중국의 이 철학자를 자신의 도덕적 표본으로 삼는다. 톨스토이 주변인들의 증언에 의하면 노자는 항상 작가의 수중에 있었으며, 그의 일상생활을 통해 구현된 듯했다. 톨스토이가 무언인가에 대한 자신의 태도를 표명하고자 할 때, 노자로부터 인용했다고 마코비츠키는 회상한다. 톨스토이는 19세기 70년대에 노자론을 알게 된 후, 이 중국 철학자의 심오한 사상에 충격을 받는다. "이것은 놀라운 책이오. 나는 오직 이 책을 번역할 것이오. 비록 그것이 원본 텍스트와 동떨어진 것이 될지라도 말이오. 나는 중국어를 배우려 하오."

1909년 5월 5일자 작가의 일기는 이런 맥락에서 주목할 만하다. "노자를 읽는다는 것은 나에게 매우 의미심장했다. 심지어 노자의 가르침에 직접적으로 대립되는 혐오스러운 감정, 즉 자만심과 노자와 같이 되고 싶다는 열망이 생겨나는 것이었다." 이후 톨스토이의 원문 인용은 다음의 판본에 따르며, 권 호수, 그 권의 출판 연도와 인용 페이지를 각기 다른 괄호에 쓰도록 한다.

톨스토이는 인생의 의미를 고통스럽게 탐색하던 시기에 노자를 알게 되었다. 이때는 그의 세계관에 전환이 일어나던 때였다. 자연으로서의 인간을 확고하게 믿고, 인간 속에 영원한 자연의 본질을 높이 평가하는, 도교의 가르침은 톨스토이의 지적 경향에 어울렸다.100)

『노자 도덕경』 번역의 과정: 이어서 문준일은 <톨스토이의 『노자 도덕경』 번역의 과정>을 아래와 같이 자세하게 서술하고 있다 (* 인용문에는 원 각주가 대부분 생략되어 있다).

톨스토이가 『도덕경』을 접한 것은 1877년이었다. 『노자』의 번역들을 보내 달라는 톨스토이의 부탁을 받은 스트라호프H.H. Страхов가 그 해에 그의 영지 야스나야 폴랴나Ясная Поляна로 몇 권의 책을 보냈고, 톨스토이는 『노자』의 번역을 시도한다. 하지만 노자의 사상은 신비적이고 이해가 힘들었고, 중국어를 모르는 톨스토이는 유럽언어에서 러시아어로 중역을 해야 했으므로 엄청난 집중을 해야만 했기 때문에 이 작업을 잠시 중단했다. 그 후 스타니슬라스 줄리엥의 프랑스어 번역본(파리, 1841), 빅토르 슈트라우스의 독일어 번역본(라이프치히, 1870), 그리고 제임스 레게의 영어 번역본(런던, 1875) 『도덕경』을 읽고 난 후인 1884년에 다시 번역작업을 시작한다. 야스나야 폴랴나의 서재에는 위에서 언급한 『도덕경』 번역 이외에도 1888년 시카고, 1898년 필라델피아에서 발간된 영어본 2종이 더 있는데, 모두 톨스토이의 독서 흔적들이 남겨져 있다.
위에서 언급한 바와 같이 톨스토이는 『도덕경』을 번역해야만 한다고 자신의 일기에 쓴다. 하지만 번역 작업의 진척은 힘들었다. 1886년 3월 6일의 일기를 보면, "『노자』를 번역했다. 내가 생각한 것이 나오질 않았다."라고 쓰여 있다. 톨스토이는

100) 문준일, 같은 논문, 462-4쪽.

힘든 문맥을 최대한 이해하기 위해 위에 언급한 세 종류의 번역본, 프랑스·독어·영어 번역을 일일이 대조하면서 진행했던 까닭이다. 그래서 결국 번역 작업은 다시금 중단되었다. 하지만 1893년 톨스토이는 『도덕경』의 번역을 다시 시도하게 된다. 그의 친구 포포프E. И. Попов가 그가 번역한 『도덕경』을 검토하고 편집해 달라는 부탁을 했기 때문이다. 톨스토이는 흔쾌히 동의했고 그 작업에 정말로 몰두해서 그의 삶의 마지막 순간까지 그 작업을 놓지 않았다. 하지만 여러 이유로 포포프의 번역은 결국 세상에 나오지 못했고 대신 1910년 『톨스토이가 선별한 중국 현자 노자의 잠언집Изречения китайского мудреца Лао-Тзе, избранные Львом Толстым』이라는 이름으로 도덕경의 축약본이 출판된다(Суровцева 2010:85~86). 톨스토이 생전에 출판된 도덕경의 러시아어 완역본은 일본인 고니시 마스타로小西增太郎의 번역본이다. 이 번역본은 1894년 출판되었다(이 번역본은 톨스토이 생전 러시아어로 완역된 유일한 『도덕경』 번역이다. 하지만 그렇게 뛰어나지는 않았던 것 같다. 톨스토이 자신도 『도덕경』에 깊이 빠져들수록 고니시 번역본의 불충분함이 느껴진다고 말했다. 그의 비서 마코비츠키가 기록한 것을 보면, "톨스토이는 고니시가 노자를 피상적으로 번역했고, 내용을 뚫고 들어가지는 못했다라고 말했다"고 한다.101)). 102)

101) Суровцева, М.Е.. "Лев Толстой и философия Лао-цзы", Вестник Центра международного образования Московского государственного университета. Филология. Культурология. Педагогика. Методика 1, 2010, p.86.
102) 문준일, 같은 논문, 464~5쪽.

이 내용을 정리하면 다음과 같다.

○ **제1차 번역 시도**(1877): 톨스토이가 '1877년'에 노자의 『도덕경』을 알게 되고, 스트라호프에게 부탁을 하여 그의 영지 야스나야 폴랴나로 몇 권을 부쳐 받아 번역을 시도했다고 한다. 그러나 중국어를 모르는 그로서는 번역 작업은 어려워 일단 중단한다.

○ **제2차 번역 시도**(1884): 그 6년 뒤 1884년, 그는 다시 번역 작업을 시도한다. 이것은 ① 스타니슬라스 줄리엥의 프랑스어 번역본(파리, 1841), ② 빅토르 슈트라우스의 독일어 번역본(라이프치히, 1870), ③제임스 레게의 영어 번역본(런던, 1875), ④ 기타 2권의 영역본(1888년 시카고에서 발간, 1898년 필라델피아에서 발간)의 총 5권의 『노자 도덕경』을 읽고 난 다음이었다. 세 종류의 번역본(프랑스본·독어본·영어본)을 일일이 대조하면서 진행했으나 만족스런 진척은 없었다. 그래서 다시 작업은 중단된다. 제2차 시도였다.

○ **제3차 번역 시도**(1893): 이어서 1893년 톨스토이는, 그의 친구 포포프가 그가 번역한 『노자 도덕경』을 검토·편집해 달라는 부탁을 받고서 『노자 도덕경』 번역을 다시 시도한다. 하지만 여러 가지 이유로 포포프의 번역은 간행되지 못하고, 그 대신 1910년 『톨스토이가 선별한 중국 현자 노자의 잠언집』이라는 이름의 『노자 도덕경』 선역본103)이 출판된다.

---

103) 본서 「부록」(=『톨스토이가 고른 중국 현자 노자의 말』)을 참조할 것.

○ 제4차 번역 시도(1892~3): 위의 서술 가운데 이 대목은 약간 부정확한 것이 있어 약간의 설명을 보태기로 한다. 같은 해 (1893) ― 사실은 그 전해인 1892년 ― 톨스토이는 그로트의 소개로 일본인 유학생 고니시 마스타로와 『노자 도덕경』 번역을 진행하여 이해(1893)에 완성한다. 다시 말해서 1892년 11월 그로트 교수의 소개로 톨스토이와 고니시가 처음 만나 러시아어로 『노자 도덕경』을 공동 번역하기 시작하여, 1893년 3월 완성한다. 앞서 이미 언급한 대로, 1893년 5월호에 고니시는 논문 「노자의 철학」(前篇)을, 1894년 5월호에는 「노자의 철학」(後篇)과 「노자 도덕경」을 당시 러시아에서 유명했던 철학 잡지 『철학과 심리학의 제문제Вопросы философіи и психологіи』에 발표한다. 그 외에 『노자의 철학』(레프 톨스토이 감수, 일본인 엠M 고니시 역譯 및 서론, 국판菊判 80여 면, 본문 78면)으로서 공간公刊한다. 이것이 러시아어 최초 완역본 『노자 도덕경』이다.

그렇다면 이 4차 번역 시도는 앞의 포포프보다 빠르기에 3차로 보아야 하며, 포포프와의 작업은 4차로 보아야 옳다. 따라서 본서의 「톨스토이·고니시 연보」에서는 고니시와의 번역 시도를 '3차', 포포프와의 번역 시도를 '4차'라고 적었다.

이처럼 톨스토이는 자신의 정신적 위기를 『노자 도덕경』 번역과 연구라는 형태로 돌파해 가고자 했던 것처럼 보인다. 톨스토이는 『노자 도덕경』에 사상적으로 공명하며, 자신이 추구하는 사상에 도달해 갔다고 할 수 있다. 그것은 바로 노자 사상의 핵심인 '도道'와 '무위無爲'였다.

2) 톨스토이에게 미친 『노자 도덕경』의 영향

'도道'와 '무위無爲': 이항재는 「노자의 '무위'와 그리스도의 사랑: 톨스토이의 <무위>를 중심으로」라는 논문에서, 노자에 대한 톨스토이의 관심과 존경이 1890년대 초에 최고조에 이르렀고, 1893년 9월 9일에 노자 사상의 핵심인 「무위無爲(неделание)」를 집필하였는데, 그 중요도만큼 주목받지 못했다고 기술한다.

노자에 대한 톨스토이의 관심과 존경은 1890년대 초에 최고조에 이른다. 이즈음에 톨스토이는 젊은이들에게 과학наука을 신봉하고 노동труд에 헌신하라는 에밀 졸라Emile Zola(1840~1902)의 연설문(1893.5)과 이 연설문에 대한 알렉상드르 뒤마Alexanare Dumas(1824~1895)의 비판적 편지(1893.6.1)를 읽게 된다. 톨스토이는 노자 사상의 핵심인 '무위無爲(неделание)'의 관점에서 노동만이 인류를 구원하고 행복하게 만든다는 졸라의 관점을 비판하고, 인간의 삶에서 언제나 사랑과 빛과 진리를 향하는 영혼을 강조하는 뒤마의 입장에 공감했다. 이런 상황에서 톨스토이는 「무위неделание」(1893.9.9)를 집필하면서 당시 서구 지성을 대표했던 졸라와 뒤마와 함께 과학·노동·종교·영혼·진리·사랑·박애 등의 문제에 대한 담론에 간접적으로 참여하게 된다.

여덟 번이나 고쳐 쓸 정도로 심혈을 기울인 「무위」는 노자 사상의 핵심인 '무위'에 대한 깊이 있는 이해와 진실한 삶에 대한 통찰을 보여 주는 중요한 논문임에도 불구하고 90권짜리 톨스토이 전집에만 실렸을 뿐, 22권짜리 톨스토이의 선집(모스크바, 1985)이나 여타의 선집물에는 한 번도 포함되지 못할 만큼 주목을 받지 못했다.104)

아울러 김려춘의 『톨스토이와 동양』이란 책의 한 서평에서도 저자의 논지에 근거하여 '무위'를 강조하고 있다.

톨스토이는 인생 말년에 『노자 도덕경』 번역을 통해 노자의 무위사상에 본격적으로 접하게 된다. 노자의 무위론은 그의 학문적 세계관에 일대 전환을 일으킨다. 무엇보다도 노자의 자유로운 사고방식, 표현의 간결성, 단편적인 구상 등은 톨스토이가 독자적인 사고를 하는 데 자극제가 됐다. 심지어 톨스토이는 1891년 자기 생애에 큰 영향을 끼친 11권의 서적 리스트를 엄선할 때, 『복음서』와 함께 『도덕경』을 가장 감명 깊게 읽은 책으로 꼽을 정도였다.
톨스토이는 노자로부터 배운 무위의 삶을 이렇게 말한다. "만일 내가 사람들에게 충고할 수 있다면, 가장 중요하다고 생각하는 단 한 가지를 말하고 싶다. '한순간이라도 좋으니 일을 중지하고 주위를 살펴보라. 즉 무위의 삶을 살아 보라. 그리고 나란 무엇이며 어떻게 살아야 하는가'를 생각해 보라고 하고 싶다."105)

104) 이항재, 「노자의 '무위'와 그리스도의 사랑: 톨스토이의 <무위>를 중심으로」, 『러시아어문학연구논집』 제48집, 한국러시아문학회, 2015, 88쪽.
105) 김철우, 「동서양인東西洋人'의 삶을 산 톨스토이」, 『현대불교』, 2005.1.5;

이처럼 톨스토이는 『노자 도덕경』에서 '도道'와 '무위無爲'라는 두 가지 핵심적인 개념에 주목하였고 또한 영향을 입었다고 할 수 있다. 그러나 톨스토이는 이들 개념을 그의 문학과 사상을 펼칠 때 일관되게 사용하지는 않았다.

톨스토이가 쓴 노자 관련 5편의 글: 톨스토이는, 문준일의 논문에 따르면, 『노자 도덕경』에 관련한 다섯 가지의 글을 썼다고 한다.

노자의 사상을 탐구하면서 톨스토이는 '도'와 '무위'라는 두 가지 핵심적인 개념에 주목하였다. '도'는 노자뿐만이 아니라 중국의 거의 모든 철학들에서 쓰이는 개념이다. 흥미로운 것은 톨스토이가 노자의 가르침 속에서 도에 대해서 이야기할 때 이 개념에 대한 해석이 다양하게 변하는 것을 볼 수 있다는 것이다. 이 과정을 살펴보기 위해 톨스토이가 노자에 대해 썼던 글들을 시간대별로 나열해 보면 다음 5개 정도로 대별해 볼 수 있다.

1) 『중국의 현자 노자가 쓴 길과 진리의 책Книга пути и истины, написанная китайским мудрецом ЛАОЦЫ』, 1884

2) 『무위Неделание』, 1893

3) 『톨스토이가 모은 매일을 위한 현인들의 사상들Мысль мудрых людей на каждый день. Собраны Л.Н. Толстым』, 1903

---

http:// www.hyunbulnews.com/news/articleView.html?idxno=205456(검색일: 2020. 12.6)

4) 『중국인들에게 보내는 편지Письмо к китайцу』, 1906

5) 『톨스토이가 선별한 중국 현자 노자의 잠언집Изречения к итайского мудреца Лао-Тзе, избранные Львом Толстым』, 1910.

1884년 톨스토이는 스타니슬라스 줄리엥의 프랑스어 번역 『도덕경』을 읽었다. 줄리엥이 '길la Voie'이라고 번역한 '도'의 개념을 톨스토이는 '신'으로 받아들였다. 이러한 해석이 나오게 된 맥락은 아마도 톨스토이가 당시에 기독교 신앙의 교의를 한참 연구하고 있던 것과 관련이 있을 것 같다. 『교의신학 비판Критика догматического богословия』(1879~1884), 『4복음 서의 주해와 해석Соединение и перевод четырех Евангелий』 (1880~1881), 『나의 신앙В чём моя вера?』(1882~1884) 등이 당시 이 시기(1880~1884)와 관련되는 그의 저작들로 전통 신앙의 교의에 대한 연구, 복음서의 이성적인 해석, 이성적 신앙의 근거에 대한 내용을 다루고 있다.106)

즉, ① 『중국의 현자 노자가 쓴 길과 진리의 책』(1884), ② 「무 위無爲」(1893), ③ 『톨스토이가 모은 매일을 위한 현인들의 사상 들』(1903), ④ 「중국인들에게 보내는 편지」(1906), ⑤ 『톨스토이가 선별한 중국 현자 노자의 잠언집』(1910)이 그것이다.107)

도道, 무위無爲에 공명하다: 톨스토이는 노자의 도, 무위에 공감

---

106) 문준일, 같은 논문, 466쪽.
107) 이 글들에 대한 진위의 확인은 추후 과제로 남겨 둔다.

하게 된다. 톨스토이는 '도'를 '이성'으로 해석하는 등 그의 절실한 사상 탐구 속에서 『노자 도덕경』을 이해해 간다.

문준일은 도와 무위 사상이 톨스토이 문학과 사상에 어떻게 공명했는지를 다음과 같이 자세히 밝히고 있다.

> 톨스토이 종교 도덕적 사상의 기본은 기독교의 기본적 원칙을 이용하여 인간은 삶의 고귀한 의미 없이는 살아갈 수 없으며 그 삶의 의미는 신의 이념과 연결되어 있다는 것이다. 이 바탕에서 1884년의 톨스토이는 노자의 사상을 기독교 사상의 유사물로 받아들였다.
>
> 1893년 톨스토이는 그의 가까운 친구인 포포프에게 노자의 도덕경을 번역해 달라고 부탁한다. 포포프는 유럽어 판본들로 도덕경을 러시아어로 번역하였다. 이 번역본을 읽고 톨스토이는 그해 「무위」라는 글을 쓴다. 톨스토이는 이때 도를 신으로 받아들였던 이전의 입장에서 새로운 개념으로 도를 받아들이는데, 이때의 해석은 도는 '길', 덕, 진리라는 것이다. 노자의 가르침의 핵심은 이것이다. 지고의 선은 개별적 인간이든 특히 인간의 총합인 인민이든 '도'를 앎으로만이 획득할 수 있다. (중략) 행위를 하지 않으면 도를 알게 되고, 도를 알게 되면 지고의 선을 획득한다. 지향해야 할 목표는 지고의 선이고 거기에 이르는 수단이 도이다. 그리고 도를 얻기 위한 수단이 '무위'이다. 1893년까지 톨스토이는 「무위」라는 글 말고도 「요약복음서」(1885~1886), 「신의 왕국은 당신 안에 있다」(1890~1893), 「우리는 무엇을 해야만 하는가?」(1882~1886), 「인

생에 대하여」(1887) 등의 글을 썼다. 이러한 글들이 당시 톨스토이의 도에 대한 개념에 영향을 미쳤을 것이다. (중략) 1884년 톨스토이는 그를 매혹시켰던 노자의 가르침에 대한 글을 「무위Неделание」라는 제목으로 발표한다. 톨스토이의 노자 이해를 볼 수 있는 이 글에서 그는 노자의 가장 중요한 사상으로 '무위'를 꼽는다.

1903년 『톨스토이가 모은 매일을 위한 현인들의 사상들』이라는 책이 나온다. 1월 1일부터 12월 31일까지 매일 동서양 현인들의 경구를 짧게 모아 놓은 이 책에 노자의 글이 35편 들어가 있는데, 여기서 톨스토이는 '도'를 '이성'으로 해석한다. 이 책 2월 14일에 노자의 경구가 있는데 내용은 다음과 같다. "이해할 수 있는 이성은 영원한 이성이 아니다. 이름 지을 수 있는 이름은 영원한 이름이 아니다(Разум, который можно уразуметь, не есть вечный разум. Имя, которое можно назвать, не есть вечное имя)." 이것은 『도덕경』 1장 '道可道非常道, 名可名非常名'의 번역이다. 이렇게 1903년의 톨스토이는 도와 이성을 같은 뜻으로 받아들이고 있다. 이 시기 톨스토이의 도는 두 가지 의미를 가진다. 첫 번째는 모든 생물에 본질적인 불가해한 정신적인 원칙이고, 두 번째는 다양한 살아 있는 존재들에 여러 가지 모습으로 굴절되어 깃들어 있는 이 정신적 원칙의 법칙이다. 인간에게 이 법칙은 정신적이고 이타적인 것을 위해 개인적이고 육체적인 것을 거부하는 것이다. 이후 전개되는 톨스토이의 도의 해석에서도 이 두 가지 의미는 계속 유지된다.108)

무위사상, '비폭력 무저항주의'의 기원: 위와 같이 톨스토이의 '비폭력 무저항주의'에 미친 노자의 무위사상의 영향은 적지 않은 것 같다.

노자 가르침의 기본적인 방향 중의 하나는 행복을 얻기 위해서는 내적으로 자기완성을 도모해야 하고, 외적으로는 '무위'를 행해야 한다는 것이다.

이런 방향은 톨스토이가 가지고 있던 도덕적 자기완성, 박애의 사상과 맞아떨어지는 것이었다. 톨스토이는 민중을 압박하는 국가 체제를 혐오하였지만, 동시에 혁명가들의 잔혹성에도 반대하였다.

톨스토이는 "현자는 자연에 순응하며 행동하고, 자신의 행위를 우주의 힘과 질서에 역행하지 않는다."라는 사상이 노자의 가르침에서 가장 중요하다고 생각하였고, 이것을 인간과 주위 세계와의 관계를 규정하는 윤리적 규칙으로 해석하였다. 이러한 무위사상에서 톨스토이의 '비폭력 무저항주의Непроти вление злу насилием'가 기원하였다는 것이 여러 연구자들의 일반적 의견이다. 실제로 톨스토이의 '비폭력 무저항주의'는 노자의 철학과 가깝다. 『신의 나라는 네 안에 있다Царство Бо жие внутри вас』라는 저작을 통해 톨스토이는 국가가 개인에게 가하는 다양한 폭력의 형태들을 분석한 후 '악과 죄로서의 폭력Насилие как зло и грех'이라는 공식을 제기한다. 그는 악에 악으로 맞서지 말 것을 호소한다. 톨스토이의 관점에서는

---

108) 문준일, 앞의 논문, 467~8쪽.

폭력으로서 악을 근원부터 제거하는 것은 불가능하다고 보기 때문이다. 그래서 악에 폭력으로 맞서지 말자는 그의 명제가 지켜진다면 세상은 행복해질 것이라고 그는 믿는다.

노자 가르침의 기본적인 방향 중의 하나는 행복을 얻기 위해서는 내적으로 자기완성을 꾀해야 하고, 외적으로는 '무위'를 행해야 한다는 것이다. 이런 방향은 톨스토이가 가지고 있던 도덕적 자기완성, 박애의 사상과 맞아떨어지는 것이었다. 톨스토이는 민중을 압박하는 국가체제를 혐오하였지만, 동시에 혁명가들의 잔혹성에도 반대하였다. (중략) 『도덕경』에서 우리는 톨스토이의 비폭력 무저항주의와 조응하는 사상의 일면들을 발견할 수 있다. (중략) 도덕경의 핵심 사상 중 하나는 무위이다. 이 무위 개념은 다음의 경구들과 항상 동반된다. "아무것도 하지 마라. 모든 사물은 스스로 움직일 것이다." "도는 행하지 않는다. 하지만 그것이 하지 않는 것도 또한 아무것도 없다." 하지만 '무위'는 '아무것도 하지 않는 것'을 의미하는 것이 아니라, '분별없이 행하지 말라'는 것이다. (중략) 이러한 무위의 사상은 톨스토이의 무저항주의와 기본적인 사상에서 매우 흡사하다.

톨스토이가 무위를 받아들이는 과정은 다음의 예에서 다시 확인할 수 있다. 노자는 무위의 의미를 설명하기 위해 형태가 없는 물과 비교를 한다. (중략) 1884년 3월 10일 톨스토이의 일기를 보면 이런 구절이 있다. "노자가 말하기를 물과 같아야 한다. 방해물이 없으면 물은 흐른다. 둑을 만나면 멈춘다. 둑이 무너지면 물은 다시 흐른다. 사각 용기에 들어가면 사각

형이 되고, 둥근 용기에 들어가면 둥글게 된다. 이런 연유로 물은 어떤 것보다도 중요하고 어떤 것보다도 강하다"109). "천하에서 가장 유약한 것이 천하에서 가장 굳센 것을 뚫을 수 있다"는 노자의 가르침은 톨스토이에게서 '악을 폭력으로 저항하지 않는다'는 비폭력 무저항주의의 이념적 기원이 되고 있다.

아시아의 다른 나라와 달리 중국의 경우, 톨스토이가 중국에 미친 영향만큼이나 중국(고대철학)이 톨스토이에 미친 영향이 결정적이었다. 특히 노자의 '무위'사상은 참회 이후 형성된 톨스토이 평화주의의 핵심적 원칙, 즉 무저항이나 비폭력·병역거부·납세거부·재판거부 등 국가에 불복하는 '비행위非行爲'의 도덕적 근거가 되었다는 점에서 매우 중요하다.110) 하지만 톨스토이는 『도덕경』의 가장 중요한 덕목이 최고의 도덕적 가치를 확립하는 것에 있다고 이해했다.111)

노자의 '무위'사상이 톨스토이의 평화주의가 지향하는 핵심적 원칙인 '무저항·비폭력·병역거부·납세거부·재판거부' 등과 같은 국가에 불복하는 '비행위非行爲(행위하지 않음; 무행위)'의 도덕적 근거가 되었다는 점은 매우 흥미롭고 시사하는 바가 크다.

---

109) Лю, Минь.. "Л.Н. Толстой и китайская мудрость: Даосизм иконфуциа нство", Русский язык в межкультурной коммуникации материалы Международной научно-практической конференции, посвященной 30-летию кафедры практического русского языка ИвГУ. 2012, p. 184.
110) 이문영, 『톨스토이와 평화』, 모시는 사람들, 2016, 140쪽.
111) 문준일, 앞의 논문, 471~3쪽.

10. 남는 과제

이번에 처음 한글로 소개되는, 톨스토이·고니시 공역, 러시아 최초 완역본 『노자 도덕경』이 톨스토이의 문학과 사상을 연구하는 경우 반드시 살펴보아야 할 자료임을 확인할 수 있다.

이제 이 해설에서 다루지 못한 과제를 밝혀 두는 것으로 마무리하고자 한다.

먼저, 톨스토이가 가졌던 『노자 도덕경』에 대한 관심과 그것이 그의 작품에 어떻게 반영되었는가 하는 점이다.

다음으로, 톨스토이가 쓴 『노자 도덕경』 관련 글들, 즉 ① 『중국의 현자 노자가 쓴 길과 진리의 책』(1884), ② 「무위」(1893), ③ 『톨스토이가 모은 매일을 위한 현인들의 사상들』(1903), ④ 「중국인들에게 보내는 편지」(1906), ⑤ 『톨스토이가 선별한 중국 현자 노자의 잠언집』(1910)을 번역하고 검토하는 작업이 필요하다는 점이다.

마지막으로, 톨스토이의 저작 속에 반영된 동양철학의 고전들 — 여기서 다루지 못한 공자·붓다·묵자墨子 등 — 을 정리해 볼 필요가 있다는 점이다.

이러한 작업을 통해서 톨스토이의 『노자 도덕경』에 기울였던 관심의 전모는 물론 나아가 그의 의식 속에 들어 있던 '동양'에 대한 관점도 보다 명확해질 것으로 본다.

쟁기질하는 톨스토이 일리야 레핀 작(1887), 트레차코프 미술관 소장.
톨스토이는 세계적 문호가 된 뒤 만년에 이르기까지 농사일에 힘을 쏟았다.
『노자 도덕경』이 대지大地의 철학 사상이듯이 톨스토이 또한 '대지'의 작가
이자 사상가였다.

곡괭이질하는 역주자 밭농사를 시작한 지 꽤 오래되었다. 노동은 힘들지만
스스로 먹거리를 마련하고 건강한 글을 쓰는 데 도움이 된다.

노자 도덕경

ЛАО-СИ ТАŎ-ТЕ-КИНГЪ

일러두기

1. 이 책은, 아래와 같이, 레프 니콜라예비치 톨스토이Лев Николаевич Толст ой, Lev Nikolayevich Tolstoy(1828~1910)와 고니시 마스타로小西增太郎 (1861~1939) 공역의 러시아어본『노자 도덕경, 또는 도덕에 관한 글ТАŎ-ТЕ -КИНГЪ, или писаніе о нравственности』(모스크바, 피차트노에 젤라 출판사, 1913; 레닌도서관 소장: '서문·본문 1~46쪽'+'해설·주석 47~72쪽' 총 72쪽)을 모두 한글로 번역하여 실은 것이다.

   Лао Си, «ТАŎ-ТЕ-КИНГЪ, или писаніе о нравственности». Под реда кціей Л.Н. Толстого, перевелъ съ китайскаго профессоръ университ ета въ Кіото Д. П. Конисси, примечаніями снабдилъ С. Н. Дурылинъ. (Москва: Печатное дело, 1913)

   영어로 옮기면: Lao Xi, "TAO-TE-KING, or writing about morality." Under the editorship of L.N. Tolstoy, translated from the Chinese by university professor in Kyoto D.P. Konissi, provided notes by S.N. Durylin. (Moscow: Pechatnoye delo, 1913)

2. 내용은 원역자 고니시의 서문, 제1책ПЕРВАЯ КНИГА(1장~37장), 제2책ВТ ОРАЯ КНИГА(38장~ 81장), 두릴린의 각 장별 주석으로 구성되어 있다.

3. 톨스토이와 고니시 공역『노자 도덕경』 총 81장의 내용적 특징을 부각시키기 위해, 저본으로 삼았으리라 추정되는 81장 체제 왕필본『노자 도덕경』의 한글 번역을 대비시켜 두었다.

   예) 톨스토이·고니시 역본(왼쪽) vs 왕필본(오른쪽)

4. 톨스토이·고니시 공역『노자 도덕경』은 본문에 한글 번역을 싣고 부록에 러시 아어 원문을 따로 실었다. 왕필본『노자 도덕경』은 본문에 한문 원문을 적은 다음 그 아래에 바로 한글 번역을 함께 배치하였다. 그러나 편집 체제상 제25 장처럼 러시아어 원문을 본문에 추가한 경우도 있다.

5. 제15, 16, 27, 41, 55, 56, 64장은 편집상 한문 원문의 행을 구분하지 않았다.

6. 톨스토이·고니시본은 원문의 미주에 각주를 달고, 왕필본은 본문의 괄호 안에 간주를 넣었다.

노자 도덕경 또는 도덕에 관한 글

ЛАО СИ ТАО-ТЕ-КИНГЪ или ПИСАНІЕ О НРАВСТВЕННОСТИ

레프 니콜라예비치 톨스토이 편집

Под редакціей Л.Н. ТОЛСТОГО

중국어 원전으로부터 교토대 교수 고니시 마스타로 번역

перевелъ съ китайскаго профессоръ университета въ Кіото

Д.П. КОНИССИ

세르게이 니콜라예비치 두릴린 주석

примечаніями снабдилъ С.Н. ДУРЫЛИНЪ

모스크바 Москва 1913

소장처 레닌도서관 도서 직인

Государственная	국립
Ордена Ленина	레닌훈장을 받은
Библиотека СССР	도서관 소련(USSR)
им. В.И. Ленина	블라디미르 일리치 레닌의 이름을 딴

피차트노에젤라출판사 기술문서 Тип. Т/Д. Печатное дѣло
모스크바 Москва 가제트니 Газетн 9

원역자 서문

Предисловiе переводчика

　　1895년 11월, 레프 니콜라예비치 톨스토이Л.Н. Толстой는 내가 유명한 노자의 『도덕경』을 중국어에서 러시아어로 번역하고 있다는 소식을 들었다. 니콜라이 야코블레비치 그로트Н.Я. Грот를 통해 나를 그의 집으로 초대했다. 그는 말했다. "러시아가 노자 『도덕경』의 최고 번역본을 갖게 하기 위해 나는 당신을 도와 번역의 정확성을 확인할 준비가 되어 있다." 당연히 나는 기쁘게 톨스토이의 친절한 제안을 받아들였다. 나는 4개월에 걸쳐 『도덕경』의 번역본을 들고 그에게 갔다. 톨스토이는 나의 번역본을 영어 번역본, 독일어 번역본 및 프랑스어 번역본과 비교하여 각 장의 번역 텍스트를 확정했다. 이렇게 나의 번역은 끝이 났고 처음으로 『철학과 심리학의 제문제』라는 학술저널에 인쇄되었다.

모스크바, 1912년 2월 25일

고니시 마스타로

(세례명, 다닐 페트로비치 고니시Daniil Petrovich Konisi)

원역자 일러두기

이 번역은 모스크바의 루미안체프 박물관 No.40 중국관에 보관 중인 귀한 중국 어판 텍스트를 기반으로 했다. 번역가는 그의 작업에 노자에 관한 여러 일본어판 출판물과 1842년 파리에서 상트 줄리엔옴St. Julien'oMb에 의해 출판된 책의 텍스트를 이용했다.

제 1 책

ПЕРВАЯ КНИГА

제1장

진정한 것이어야 하는 도는 보통의 도가 아니다. 진정한 것이어야
하는 이름은 보통의 이름이 아니다.

이름이 없는 것은 하늘과 땅의 시작이다. 이름이 있는 것은 모든
사물의 어머니이다.

그러므로 모든 두려움으로부터 자유로운 이는 위대한 도의 등장
을 보지만, 어떤 두려움의 영향 아래 있는 이는 도의 하찮은 등장
만 본다.

이 두 가지는 하나의 같은 시작에서 나오지만, 이름만은 다르다.

이 둘은 이해할 수 없음이라 불린다. 이해할 수 없는 것들 중의 이
해할 수 없는 것은 모든 비밀의 문이다.

一章

道可道, 非常道; 名可名, 非常名.
無名天地之始, 有名萬物之母.
故常無欲, 以觀其妙;
常有欲, 以觀其徼.
此兩者, 同出而異名, 同謂之玄, 玄之又玄, 衆妙之門.

도道라 말할 수 있는 도는 항상된 도가 아니고, 이름으로 부를 수
있는 이름은 항상된 이름이 아니다.
무명無名은 천지의 시작이요, 유명有名은 만물의 어미이다.
그러므로 항상 무욕無欲으로 그 신묘함妙을 바라보고,
항상 유욕有欲으로 그 돌아가는 끝徼을 본다.
이 둘은 같이 나왔으되 이름이 다르다. 다 같이 현묘하다玄고 부르
니, 현묘하고 또 현묘하여 뭇 현묘함의 문門이다.

제2장

하늘 아래 모든 사람은 아름다운 것이 아름답다는 것을 알고 있다. 다만 그것은 추할 뿐이다.

또한 모든 사람은 선이 선하다는 것을 안다. 그러나 그것은 단지 악할 뿐이다.

모든 것은 존재와 비존재에서 발생한다.

실행은 불가능한 것과 가능한 것에서 발생한다.

형태는 긴 것과 짧은 것에서 발생한다.

높은 것은 가장 낮은 것에 복종한다.

더 높은 목소리는 가장 낮은 목소리와 함께 조화를 이룬다.

이전에 온 것들은 다음에 오는 것들에 복종한다.

성자는 행하지 않고 그의 가르침을 전파한다.

모든 것은 그에게 순종하며 그의 뜻을 실행하는 것을 절대 거부하지 않는다.

그는 많은 것을 행하지만 행한 것을 자랑하지 않는다.

그는 공헌을 하지만, 자신의 공적으로 삼지 않는다.

그는 어디에서도 멈추지 않으므로 그가 원하지 않는 어디든 피할 필요가 없다.

하늘 아래 모든 이(사람)들은 붉은 것(아름다운 것)은 붉은 것(아름다운 것)이란 것을 안다.

二章

天下皆知美之爲美, 斯惡已; 皆知善之爲善, 斯不善已. 故有
無相生, 難易相成, 長短相較, 高下相傾, 音聲相和, 前後相
隨.
是以聖人處無爲之事,
行不言之敎, 萬物作焉而不辭, 生而不有, 爲而不恃,
功成而弗居.
夫唯弗居, 是以不去.

천하가 모두 아름다운 것을 아름다운 줄로 알지만 이것은 추한 것
일 뿐이다. 천하가 모두 선善한 것을 선한 줄로 알지만 이것은 선
하지 않을 뿐이다. 그러므로 유有와 무無는 서로를 낳고, 어려움과
쉬움은 서로를 이루며, 길고 짧음은 서로 비교되며, 높고 낮음은
서로 기울며, 음音과 성聲은 서로 어울리고, 앞과 뒤는 서로를 따
른다.
그러므로 성인은 무위無爲의 일에 처하고,
말없는 가르침을 행하니, 만물이 일어나더라도 (이렇다 저렇다) 말하
지 않으며, 살게 놔두되 소유하지 않으며, (무언가를) 하되 뽐내지
않으며,
공功이 이루어지되 (거기에) 거하지 않는다.
대저 거하지 않으니, 그래서 떠나가지 않는다.

제3장

사람들 사이에 다툼이 없도록 현자를 존중하지 않을 필요가 있다. 사람들을 도둑으로 만들지 않기 위해 얻기 어려운 (가치 있는) 물건에 어떤 의미도 부여하지 않는 것이 필요하다. 왜냐하면, 사람들은 자신의 마음을 즐겁게 해 주는 그런 물건을 가지고 있지 않을 때 결코 그것들을 즐기지 않을 것이기 때문이다.

여기에서, 성자가 나라를 다스리면 그의 마음은 비어 있고 그의 몸은 가득 차 있다.

(그는) 욕망을 약화시키고, (자신의) 뼈를 강화시킨다.

그는 사람들이 무지하고 열정 없이 되게 하기 위해 노력한다.

또한 그는 현명한 사람들이 어떤 일도 감히 하지 못하게 하려고 노력한다.

모든 사람이 행하지 않으면 (이 땅은) 완전히 조용해질 것이다.

三章

不尙賢, 使民不爭; 不貴難得之貨, 使民不爲盜; 不見可欲,
使民心不亂.
是以聖人之治, 虛其心, 實其腹;
弱其志, 强其骨.
常使民無知無欲,
使夫智者不敢爲也.
爲無爲, 則無不治.

현자賢를 숭상하지 않으면 백성들을 다투지 않게 할 수 있고, 얻기
어려운 재화를 귀하게 여기지 않으면 백성들이 도둑질하지 않게
할 수 있으며, 욕심낼 만한 것을 보이지 않으면 백성의 마음을 어
지럽지 않게 할 수 있다.
그러므로 성인의 다스림은 그 마음을 비우게 하고 그 배를 채워
주며,
그 뜻을 약하게 하고 그 뼈를 강하게 한다.
항상 백성들로 하여금 무지無知하고 무욕無欲하게 하고,
저 지혜롭다 하는 자들智者로 하여금 감히 무언가 하지 못하게 한
다.
무위無爲를 하면 다스리지 못할 것이 없다.

제4장

도는 비어 있지만, 사용할 때는 한이 없는 듯 보인다.

아, 얼마나 심오한가? 그것은 모든 만물의 시작이다.

그것은 자신의 예리함을 무디게 하고, 매듭을 풀고, 광택을 부드럽게 내고, 마침내 그 사이의 가장 작은 부분을 연결한다.

아, 얼마나 깨끗한가!

그것은 영원히 존재하지만, 나는 모른다. 그것이 누구의 아들인지, 그리고 첫 번째 황제(짜르)의 선조였는지.

四章

道沖而用之或不盈, 淵兮似萬物之宗.
挫其銳, 解其紛, 和其光, 同其塵.
湛兮似或存, 吾不知誰之子, 象帝之先.

도道는 텅 비어 있는데 쓰더라도 혹여 차오르지는 않는다. 깊고 깊
음이 만물의 으뜸인 듯하다. 그 날카로움을 꺾고, 그 엉킴을 풀고,
그 빛남을 누그러뜨리고, 그 티끌과 같이하니, 침침하여 어쩌다가
或 있는 것 같기도 하다. 나는 그가 누구의 자식인지 알지 못하나,
상제上帝보다 앞서는 듯하다.

제5장

하늘과 땅은 본질적으로 사랑의 존재가 아니다.

그것들은 모든 사물을 짚으로 만든 개처럼 대한다.

성자는 사랑하는 존재가 아니다. 그는 농민들을 짚으로 만든 개처럼 다룬다.

하늘과 땅 사이의 모든 것은 대장장이의 풀무와 같다. 그것(대장장이의 풀무)은 비어 있지만 무한하다. 불어 넣으면 넣을수록, 더 많은 공기가 나온다.

말을 많이 하는 자는 자주 실패한다.

따라서 중간을 지키는 것이 가장 좋다.

五章

天地不仁, 以萬物爲芻狗;
聖人不仁, 以百姓爲芻狗.
天地之間, 其猶橐籥乎? 虛而不屈, 動而愈出.
多言數窮, 不如守中.

천지天地는 어질지 않아 만물을 (제사 지낼 때 쓰고 버리는) 짚으로 만
든 개芻狗로 삼고,
성인聖人은 어질지 않으니 백성을 짚으로 만든 개로 삼는다.
하늘과 땅 사이가 그 풀무나 피리 같지 않은가? 비어 있되 쪼그라
들지 않고 움직일수록 더욱 더 무언가가 나온다.
말이 많으면 자주 막히니 중中을 지키는 것만 못하다.

제6장

순수한 영혼은 불멸이다. 그것은 신비로운 어머니(암컷)라고 불린다.
신비로운 어머니의 문은 하늘과 땅의 뿌리라고 불렸다.
그는(즉, 순수한 영혼은) 끝없이 존재할 것이다.
그것을 이용하고 싶은 사람은 지치지 않는다.

六章

谷神不死, 是謂玄牝. 玄牝之門, 是謂天地根, 綿綿若存, 用
之不勤.

골짜기의 신谷神은 죽지 않으니 이것을 신비한 암컷玄牝이라고 한
다. '신비한 암컷'의 문을 천지天地의 뿌리라고 한다. 면면히 이어
지는 듯하며, 그것을 써도 써도 수고롭다 하지 않는다.

제7장

하늘과 땅은 영원하다.
천지가 영원한 이유는 그것들이 자기 스스로를 위해 존재하는 것이
아니기 때문이다.
이것이 그들이 영원한 이유이다.
성자는 다른 사람을 먼저 돌보고 자신을 돌본다. 따라서 그는 쉽게
안전에 도달한다.
그는 자신의 몸을 돌보지 않기 때문에 오래 살 것이다.
자신을 돌보지 않는 사람은 자신의 일을 매우 성공적으로 끝낸다.

七章

天長地久. 天地所以能長且久者, 以其不自生,
故能長生. 是以聖人後其身而身先, 外其身而身存. 非以其無
私邪! 故能成其私.

하늘天은 오래가고久 땅地은 크다長. 하늘과 땅이 크고 또한 오래
갈 수 있는 까닭은 그들이 스스로 낳지 않기 때문이니,
그러므로 오래가고 클 수 있다. 그래서 성인은 자신의 몸을 뒤로
물리지만 오히려 몸이 앞서게 되고, 스스로의 몸을 도외시하지만
그 몸이 보존된다.
그에게 사사로움이 없기 때문이 아니겠는가! 그러므로 (자신의) 사
사로움을 이룰 수 있는 것이다.

제8장

최고의 미덕은 물과 같다.
물은 모든 존재를 풍성하게 해 주지만, 어떤 것에도 저항하지 않는다.
물은 사람들이 보지 못하는 곳에 있다. 그러므로 그것은 도와 같다.
잘 사는 것은 땅을 위해
심장은 심연을 위해
연합은 사랑을 위해
단어(말)들은 신뢰를 위해
통치는 (국가의) 안녕을 위해
일은 능력을 위해
움직임은 생존을 위해 존재한다.
다투지 않으면 비난받지 않는다.

八章

上善若水. 水善利萬物而不爭, 處衆人之所惡.
故幾於道.
居善地, 心善淵, 與善仁, 言善信, 正善治, 事善能, 動善時.
夫唯不爭,
故無尤.

최고의 선上善은 물과 같다. 물은 만물을 잘 이롭게 하면서 다투지 않고, 뭇사람들이 싫어하는 곳에 처한다.
그래서 도道에 가깝다.
땅처럼 낮은 곳에 거하기를 잘하고, 마음은 연못처럼 고요하고 깊게 잘하며, 더불어 사귐에 아주 어질게 잘하고, 말을 할 때에는 믿음직스럽게 잘하며, 바로 잡을 때에는 다스리기를 잘하고, 일함에는 능력 있게 잘하며, 움직임에는 때맞춰 하기를 잘한다. 대저 오직 다투지 않는다. 그래서 허물이 없다.

제9장

그릇에 뭔가를 채우려면 (가장 작은 움직임도 없이) 단단히 그리고 수평으로 잡아야 한다.

칼날을 예리하게 하려면, 오랫동안 갈아야 한다.

집이 금과 귀금속으로 가득 차 있을 때, 잃지 않고 전체를 온전히 보전하는 것은 불가능하다

명예를 성취하고 부를 얻은 이는 자만한다.

그는 (범죄에 대한) 처벌이 있다는 것을 쉽게 잊어버린다.

일이 눈부신 성공으로 압도되고, 좋은 이름을 얻게 될 때, (심각하게) 피하는 것이 무엇보다도 좋다.

이것이 바로 하늘의 도이고, 자연의 도이다.

九章

持而盈之, 不如其已,
揣而梲之, 不可長保.
金玉滿堂, 莫之能守.
富貴而驕, 自遺其咎,
功遂身退, 天之道.

가지고 있으면서 더 채우려는 것은 그만두느니만 못하다.
다듬어 뾰족하게 하려는 것은 오래 보존할 수가 없다.
금金과 옥玉이 집안에 가득 차면 그것을 잘 지킬 수가 없고,
부유하고 고귀하면서 교만하면 스스로 허물을 남기게 된다.
공이 이루어지면 몸이 물러나는 것이 하늘의 도道이다.

제10장

영혼은 하나이므로 (부분으로) 나눠지지 않는다.

완전히 영적인 사람은 어린아이처럼 온순하다.

어떤 종류의 지식으로부터도 자유로운 사람은 결코 아프지 않을 것이다.

사람들을 사랑하고 그들을 통치하는 사람은 무위 상태여야 한다.

하늘의 문을 열고자 하는 자는 암컷처럼 되어야 한다.

많이 알고 모든 것을 할 수 있는 것처럼 보이는 자는 아무것도 알지 못하고 어떤 것도 할 수 없다.

(물건)을 생산하여 그것을 끊임없이 가지고 있는 자는 어떤 것도 가지지 못한다.

이루어진 것에 대해 자랑하지 말고, 다른 사람을 뛰어넘어 군림하지 않는 것, 이것이 하늘의 미덕으로 불린다.

十章

載營魄抱一, 能無離乎?
專氣致柔, 能嬰兒乎?
滌除玄覽, 能無疵乎?
愛民治國, 能無知乎?
天門開闔, 能無雌乎?
明白四達, 能無爲乎?
生之, 畜之, 生而不有, 爲而不恃, 長而不宰, 是謂玄德.

늘 머무는 곳에 살면서 하나—를 안고서 떠나지 않을 수 있겠는가?
기氣에 맡겨서 부드러움을 이루어 어린아이처럼 될 수 있겠는가?
현묘한 거울에 낀 때를 깨끗이 씻고 닦아 내어 흠 없이 할 수 있겠는가?
백성을 아끼고 나라를 다스리는 데에 잔꾀를 쓰지 않을 수 있겠는가?
하늘의 문이 열리고 닫히는데 암컷과 같이할 수 있겠는가?
사방에 통달하여 함이 없게 할 수 있겠는가?
(도는 만물을) 낳아 주고, 길러 주되, 낳으면서 소유하지 않고, 하면서도 의존하지 않고, 키워주지만 주재하지 않으니 이것을 현묘한 덕玄德이라고 한다.

제11장

서른 개의 바퀴살이 하나의 바퀴통(이륜 전차)에 연결되어 있지만, 의도한 목적에 적합하지 않으면, 다른 용도(수레)로 사용할 수 있다. 찰흙으로 가정용 그릇을 만든다. 그러나 알려진 목적에 충분하지 않은 경우, 다른 용도로 쓰여진다.

창틀과 문을 연결하여 집을 짓는다. 그러나 그것들이 이것에 충분하지 않다면, 그것들로부터 가구를 만들 수 있다

이로부터 명백해진다. 사물이 한 가지 목적에 적합하지 않은 경우, 다른 목적으로 사용할 수 있다.

十一章

三十輻共一轂, 當其無, 有車之用.
埏埴以爲器, 當其無, 有器之用. 鑿戶牖以爲室, 當其無, 有
室之用. 故有之以爲利, 無之以爲用.

서른 개의 바퀴살輻이 하나의 바퀴통轂에 모이는데, 그 바퀴통의
비어 있는 곳無이 있기에 수레로서의 쓰임用이 있다.
진흙을 이겨 그릇을 만듦에 그 그릇 속이 비어 있는 곳無이 있으
므로 그릇으로서의 쓰임이 있다. 창문을 뚫어 집을 만듦에 그 방 속
이 비어 있는 곳無이 있으므로 집으로서의 쓰임이 있다. 그러므로
유有가 이로움이 되는 까닭은 무無가 쓰임새用가 되기 때문이다.

제12장

다섯 가지 색이 사람의 눈을 멀게 한다.
다섯 가지 소리가 사람의 귀를 멀게 한다.
다섯 가지 맛이 사람을 포화시킨다.
승마와 사냥은 사람의 영혼(심장)을 바보로 만든다.
희귀한 귀금속을 차지하려는 열망은 사람을 범죄로 이끈다.
이로부터 성자는 전적으로 도덕적인 행동을 한다. 그러나 이것은
눈을 위해서가 아니다.
따라서 그는 그로부터 멀어지고 이것에 접근한다.

十二章

五色令人目盲, 五音令人耳聾, 五味令人口爽, 馳騁畋獵令
人心發狂,
難得之貨令人行妨.
是以聖人爲腹不爲目, 故去彼取此.

오색五色(青·赤·黃·白·黑)은 사람의 눈을 어둡게 하고, 오음五音(宮·商·
角·徵·羽)은 사람의 귀를 멀게 하며, 오미五味(酸·苦·甘·辛·鹹)는 사람의
입맛을 상하게 한다. 말달리며 들판에서 사냥질하는 것은 사람의
마음을 미치게 만든다.
얻기 어려운 재화는 사람의 행실을 잘못되게 한다.
이 때문에 성인은 배부르게 하지, 보는 것을 위하지 않으므로, 저
것(바깥의 것)을 버리고 이것(내실)을 취한다.

제13장

(현자에게) 세상의 힘 있는 자들로부터 받는 명예와 수치는 어느 것이나 똑같이 이상하다.

뭔가를 할 수 있는 육체는 커다란 짐처럼 그를 짓누른다.

(현자에게) 세상의 힘 있는 자들로부터 받는 명예와 수치는 똑같이 이상한가? 이것은 무엇을 의미하는가? 세상의 강자들로부터의 명예는 (현자를 위한) 굴욕이다. 그러므로 명예가 (그에게) 다가오면 (현자는) 그것을 완벽한 유령처럼 대한다.

그것을 상실했을 때도 (현자는) 그것을 경멸적으로 다룬다.

이것이 바로 세상의 강자들의 명예와 수치를 유령처럼 대하는 것이다.

뭔가를 할 수 있는 육체는 커다란 짐처럼 현자를 짓누른다. 이것은 무엇을 의미하는가?

나는 육체를 가지고 있다는 큰 슬픔이 있다.

육체를 상실할 때 나는 어떤 슬픔도 가지지 않을 것이다.

그러므로 현자가 우주를 지배하는 것을 두려워할 때 그에게 슬픔을 내려 줄 수 있다.

그가 우주를 지배하는 것을 후회할 때 그때도 그에게 슬픔을 줄 수 있다.

十三章

寵辱若驚, 貴大患若身. 何謂寵辱若驚? 寵爲下, 得之若驚,
失之若驚,
是謂寵辱若驚.
何謂貴大患若身?
吾所以有大患者, 爲吾有身.
及吾無身,
吾有何患! 故貴以身爲天下, 若可寄天下;
愛以身爲天下, 若可託天下.

총애를 받거나 욕을 당하는 데에 놀란 듯이 하고, 큰 환란을 (당해도
놀라워하며 그것을) 제 몸처럼 귀하게 여기라.
무슨 총애를 받고 어떠한 욕을 당하는 데에 놀란 듯이 하라는 것
인가? 총애가 변하여 아래가 되니 얻어도 놀란 듯이 하고 잃어도
놀란 듯이 하는 것을 일컬어 총애 받음과 욕을 당함에 놀란 듯이
하라고 한 것이다.
큰 환란을 제 몸처럼 귀하게 여기라는 것이 무슨 말인가? 내게 큰
환란이 있는 까닭은 내가 몸을 가지고 있기 때문이다.
내게 몸이 없다면, 나에게 무슨 환란이 있겠는가! 그러므로 자기
몸을 천하와 같이 귀하게 여기면 (그런 사람에게) 천하를 맡길 수 있
고, 자기 몸을 천하와 같이 아낀다면 (그런 사람에게) 천하를 줄 만하
다.

제14장

우리가 보는 그러나 사실 우리가 보지 못하는 (물체는) 무색이라고
불린다.

우리가 듣지만 사실 듣지 못하는 (소리는) 무음이라 불린다.

우리가 잡지만 사실은 잡을 수 없는 사물은 사소한 것이라 불린다.

이 세 가지 (물체는) 찾을 수 없다. 따라서 그들이 서로 섞이면 하나
가 된다.

위는 명확하지 않고 아래는 어둡지 않다.

아, 무한! 그것은 이름으로 부를 수 없다.

그것은 존재하지만 무존재로 돌아간다.

그것은 형식이 없는 형식 (또는 형체)로 불린다.

그것은 또한 무정형이라 불린다.

그와 만나면, 그의 얼굴을 보지 말고, 그를 따르면, 그의 등을 보지
마라.

고대 도를 통해 현재의 삶을 통제할 수 있다.

모든 것의 (또는 고대의 시작의) 기원을 탐구하는 것은 도의 실이라
불린다.

十四章

視之不見名曰夷，聽之不聞名曰希，搏之不得名曰微．此三
者不可致詰，
故混而爲一．
其上不曒，其下不昧，繩繩不可名，復歸於無物，是謂無狀之
狀，無物之象，
是謂惚恍．
迎之不見其首，隨之不見其後．執古之道，以御今之有，
能知古始，是謂道紀．

보아도 볼 수 없으므로 이夷라고 하고, 들으려 해도 들을 수 없으
므로 희希라고 이름하며, 잡으려 해도 얻지 못하므로 미微라고 부
른다. 이 세 가지는 따져서 캐물을 수 없으므로 뭉뚱그려서 하나
[일一]라고 해 두자.
그 위는 밝지 않고 그 아래는 어둡지 않다. 끊임없이 이어지는데
이름 붙일 수 없으며 다시 아무것도 없는 상태로 돌아가니, 이를
모양이 없는 모양이며無狀之狀, 사물이 없는 형상無物之象이라고 하
며,
이것을 황홀恍惚이라고 이른다.
맞이해도 그 머리를 볼 수 없고, 뒤따라가도 그 뒤를 볼 수 없다.
옛날의 도道를 잡아 지금의 유有를 다스리니,
옛날의 시작을 알 수 있음을 일러 도의 벼리道紀라고 한다.

제15장

군중보다 우월한 고대의 사람들은 사소하지만 경이롭고 성취할 수
없는 것을 알았다.

그것들은 깊다. 그것들을 극복하는 것은 불가능하다.

그것들은 성취할 수 없기 때문에 그것들의 외형은 거대했다.

아, 그것들은 얼마나 느린가. 겨울에 강을 건너는 것처럼!

아, 그것들은 얼마나 주저하는가. 이웃을 두려워하는 것처럼!

아, 그것들은 얼마나 당당한가. 다른 사람의 집을 방문한 것처럼!

아, 그것들은 얼마나 조심스러운가. 녹는 얼음 위를 걷는 것처럼!

아, 그것들은 얼마나 단순한가. 미숙한 나무처럼!

아, 그것들은 얼마나 공허한가. 비어 있는 계곡처럼!

아, 그것들은 얼마나 검은가. 진흙탕의 물처럼!

누가 그것들을 막고 그것들을 명확하게 할 수 있을까?

누가 그것들을 진정시키고 그것들의 조용한 삶을 연장시킬 수 있
을까?

도를 실천하는 자는 만족함을 원하지 않는다.

그는 어떤 것에도 만족하지 않는다. 따라서 늙어 가고 (영혼을) 새
롭게 하지 않고도 완벽함을 성취한다.

十五章

古之善爲士者, 微妙玄通, 深不可識. 夫唯不可識, 故强爲
之容. 豫焉若冬涉川, 猶兮若畏四鄰,
儼兮其若客, 渙兮若氷之將釋, 敦兮其若樸, 曠兮其若谷, 混
兮其若濁.
孰能濁以靜之徐淸? 孰能安以久動之徐生?
保此道者不欲盈,
夫唯不盈, 故能蔽不新成.

옛날에 잘 일처리를 하던 사람(도를 터득한 사람)은 미묘하고 그윽이
통달하여, 깊이를 알 수 없었다. 알 수 없으므로 억지로 형용하자
면 다음과 같다;
머뭇거리는 모습이 겨울에 얼어붙은 시내를 건너는 것 같고, 망설
이는 모습이 사방이 두려워 살피는 것 같고, 엄숙한 모습이 손님과
같고, 풀어지는 모습이 얼음이 녹는 것 같고, 두터운 모습이 다듬
지 않은 통나무와 같고, 텅 빈 모습이 계곡과 같고, 혼탁한 모습이
흙탕물과 같다.
누가 혼탁한 것을 고요히 해서 차츰차츰 맑게 할 수 있으며, 누가
안정시켜서 오래도록 움직여서 서서히 살릴 수 있을까?
이 도道를 간직하고 있는 사람은 가득 채우려고 하지 않으니,
무릇 채우려 하지 않기 때문에 만물을 뒤덮고 있을 뿐 새로 이루려
하지 않는다.

제16장

공허함이 최종 한계에 도달할 때, 그때 가장 깊은 고요함이 있을 것이다.

만물은 성장한다. 나는 그 속에서 회귀 (또는 원)을 본다.

사실, 사물은 극단적으로 다양하지만, 모든 것은 자신의 시작으로 돌아간다.

자신의 시작으로의 사물의 회귀는 고요함이다.

고요함은 생명으로의 회귀이다.

생명으로의 회귀는 변함이 없음이다.

변함이 없음(영원함)을 아는 자는 현자이다.

변함이 없음을 아는 자는 자의적으로 행동할 것이다. 따라서 그는 자신에게 어려움을 불러온다.

변함이 없음을 아는 자는 모든 것을 포괄하는 영혼을 가진다.

모든 것을 포괄하는 영혼을 가진 자가 공정한 자가 될 것이다.

공정한 자가 황제가 될 것이다.

하늘과 하나가 되는 자가 영원함에서 존재하는 도와 같이 될 것이다.

그의 육신은 죽을 것이다. (때가 되면 죽을 것이다.) 그러나 (그의 영혼은) 결코 파괴되지 않을 것이다.

十六章

致虛極, 守靜篤.
萬物竝作, 吾以觀復, 夫物芸芸, 各復歸其根.
歸根曰靜, 是謂復命, 復命曰常, 知常曰明, 不知常, 忘作凶.
知常容, 容乃公, 公乃王, 王乃天, 天乃道, 道乃久, 沒身不殆.

허虛를 이루면 지극해지고, 정靜을 지키면 돈독해진다.
만물이 함께 일어남에,
나는 (만물의) 돌아감을 볼 뿐이다.
저 만물은 무성하지만 각기 그 뿌리로 다시 되돌아간다.
뿌리로 돌아가는 것을 정靜이라 하며, 이를 일러 명命을 회복하는
것이라 하고, 명을 회복하는 것을 상常이라 하며,
상常을 아는 것을 명明이라 한다. 상常을 알지 못하면 망령되게 흉
한 일을 저지르게 되나
상常을 알면 포용하게 되니,
포용하면 이에 공평하게 되고,
공평하면 이에 왕이 되고,
왕이 되면 이에 천天과 같게 되고,
천天과 같으면 이에 도道를 얻게 되고,
도道를 얻으면 오래갈 수 있으니,
죽을 때까지 위태롭지 않다.

제17장

가장 높은 존재가 있는지 없는지 나는 모른다.

그러나 (영혼에 의해) 그에게 가까이 다가가서, 그를 칭송하고, 그런 다음에는 — 그를 두려워하고, 그다음에 — 그를 무시할 수 있다.

믿음의 부족에서 불신이 나온다.

아, 무게 있게 말하고 의미가 있는 말들은 얼마나 느린가!

봉사가 끝나고 위업이 이루어질 때, 모든 농민들은 그것이 자연적인 사물의 과정에 의해 이루어졌다고 말할 것이다.

十七章

太上下知有之,
其次, 親而譽之,
其次, 畏之,
其次, 侮之.
信不足焉, 有不信焉.
悠兮其貴言, 功成事遂, 百姓皆謂我自然.

대인大人이 (위에서 다스릴 때에는) 아래 백성들이 그가 있음을 알 뿐
이요,
그 다음 사람은 아래 백성들이 그를 친근히 여기고 기리며,
그 다음 사람은 백성들이 그를 두려워하며,
그 다음 사람은 백성들이 업신여긴다.
(윗사람의) 미더움이 부족하면, (백성들에게) 믿지 않음이 생겨난다.
한 듯 만 듯 윗사람은 말 한마디 한마디를 아끼므로 공功이 이루
어지고, 일이 다 수행되어도 백성들은 모두 '나 스스로 그렇게 하
였다'我自然고 말한다.

제18장

위대한 도가 폐기될 때, 진정한 인간성과 정의가 등장할 것이다.
지혜가 광범위하게 퍼질 때, 커다란 슬픔이 나타날 것이다.
여섯 명의 가장 가까운 친척들이 논쟁을 할 때, 부모에 대한 효와
자식들에 대한 애정이 나타날 것이다.
서로 죽이는 증오와 싸움이 국가를 통치할 때, 충실한 종이 등장
할 것이다.

十八章

大道癈, 有仁義;
慧智出, 有大僞.
六親不和, 有孝慈; 國家昏亂, 有忠臣.

큰 도道가 없어지니 인의仁義가 있게 되고,
지혜가 나타나니 큰 거짓도 있게 되었다.

육친六親(부자父子·형제兄弟·부부夫婦)이 화목하지 못하므로 효도와 자
애가 있게 되었고, 국가가 혼란하니 충신이 있게 되었다.

제19장

거룩함과 지혜가 남아 있을 때, 민중들의 이익은 수백 배로 늘어날 것이다.

인간애와 정의가 남아 있을 때, 아이들은 자신들의 부모를 공경하고 부모는 자신들의 자녀를 사랑할 것이다.

모든 종류의 교활함과 혜택이 사라지면, 도둑이 사라질 것이다.

이 세 가지 (요소)를 하나의 단지 외형만으로 달성하는 것은 불가능하다.

이를 위해서는 더 단순하고 덜 유능하고 덜 열정적일 필요가 있다.

十九章

絶聖棄智, 民利百倍; 絶仁棄義, 民復孝慈; 絶巧棄利, 盜賊
無有. 此三者, 以爲文不足, 故令有所屬, 見素抱樸, 少私寡
欲.

성聖을 끊고 지智를 버리면 백성들의 이익이 백배가 된다. 인仁을
끊고 의義를 버리면 백성이 다시 효성스럽고 자애로워진다. 기교
를 끊고 이익을 버리면 도적들이 없어진다. 이 세 가지만으로는
문장이 부족하나 그래서 다음과 같이 (사람들이 귀속할 말을) 붙인다.
"소박함을 보고 간직하며, 사욕을 줄이고 적게 가져라!"

제20장

가르침이 파괴될 때, 슬픔은 없을 것이다.

단순함과 복잡함의 차이는 얼마나 큰가!

선과 악의 차이는 얼마나 큰가!

사람들이 두려워하는 것을 두려워해야 한다.

아, 여전히 중간까지는 멀다.

많은 사람들이 거만하다. 마치 제물로 바쳐진 고기를 받는 것처럼, 봄날 탑으로 올라가는 것처럼.

아, 나는 얼마나 단순한가!

내 안에 아직도 유년기를 끝내지 못한 어린 시절처럼 확실한 것은 아무것도 없다.

나는 오고 가고 있는 듯 보이지만, 어디로 가야 할지 어디에서 멈출지 모른다.

많은 사람들이 부자지만, 나는 모든 것을 잃은 것처럼 아무것도 없다.

나는 어리석은 남자의 영혼처럼 단순하지만, 빛의 사람들은 빛난다.

나는 홀로 어둠이지만, 빛의 사람들은 밝다.

나는 홀로 영적으로 괴로워한다.

나는 바다처럼 물결친다.

나는 걷는다. 그러나 어디에 머물러야 할지 알지 못한다.

많은 사람들이 자신이 할 수 있는 일을 한다. 그러나 나는 홀로 어리석고 거칠다.

二十章

絶學無憂. 唯之與阿, 相去幾何? 善之與惡, 相去何若? 人
之所畏, 不可不畏.
忙兮其未央哉!
衆人熙熙, 如享太牢, 如春登臺,
我獨泊兮其未兆, 如嬰兒之未孩,
儽儽兮若無所歸.
衆人皆有餘, 而我獨若遺,
我愚人之心也哉!
沌沌兮!
俗人昭昭,
我獨昏昏, 俗人察察,
我獨悶悶. 澹兮其若海,
飂兮若無止.
衆人皆有以,
而我獨頑似鄙.
我獨異於人, 而貴食母.

배움學을 끊으면 근심憂이 없어진다. (공손하게 대답하는) '예'와 반말
투로 하는 '응'의 차이남이 얼마인가? 선善과 악惡의 차이남이 얼
마인가? (그러나) 사람들이 두려워하는 것을 (나 또한) 두려워하지
않을 수 없다.

어머니와 함께 먹는 것을 좋아한다는 점에서 나는 홀로 다른 사람들과 다르다.

* 톨스토이본 한글 번역

황량하구나, 그 끝없음이여!

뭇사람들은 희희낙락 큰 잔치를 즐기는 듯하고, 봄날에 대臺에 오른 듯하다.

나 홀로 담박하여, 그 아무런 조짐이 없는 것이 웃을 줄도 모르는 갓난아기 같으며,

고달픔이여, 돌아갈 곳이 없는 듯하구나.

사람들은 모두 넘치고 남으나 나만 홀로 잃어버린 듯하니,

나는 어리석은 이의 마음이로다!

혼돈스럽다.

세상 사람들은 똑똑하나,

나만 홀로 멍하고, 세상 사람들은 하나하나 살피고 따지는데,

나만 홀로 어리석도다. 담담하여 바다 같고,

바람이 몰아침이 그침이 없는 듯하구나.

사람들은 모두 쓰임이 있는데,

나는 홀로 완고하고 고루하다.

나만 홀로 사람들과 달라 (만물을) 먹이는 어미食母를 귀하게 여긴다.

 * 왕필본 한글 번역

제21장

아주 도덕적인 사람들은 오직 하나의 도에만 순종할 것이다.

도의 본질은 빛의 반짝임 같다.

아, 잡을 수 없는 빛의 반짝임! 그러나 그것에는 형체가 있다.

아, 그것은 얼마나 빛나는가!

그것은 확실히 붙잡을 수 없지만, 그 안에 사물이 있다.

아, (도는) 얼마나 유령 같고, 얼마나 신비스러운가!

그것에는 진실한 본질이 있다.

고대로부터 지금까지 (그의) 이름은 결코 사라지지 않았다.

나는 많은 시작을 살펴보았지만, 다른 것도 아닌 그런 시작은 어디서 왔는지 알지 못한다.

二十一章

孔德之容, 惟道是從.

道之爲物, 惟恍惟惚,

惚兮恍兮, 其中有象; 恍兮惚兮, 其中有物,

窈兮冥兮, 其中有精;

其精甚眞, 其中有信,

自古及今, 其名不去.

以閱衆甫,

吾何以知衆甫之狀哉? 以此.

텅 빈 덕德의 모습은 오직 도道를 따를 뿐이다.

도道라는 것은 오직 황홀恍惚하다.

황홀함이여, 그 안에 형상象이 있고, 황홀하나, 그 가운데 무언가
物 있으며,

그윽하고 아득하도다! 그 가운데 정기精가 있으며, 그 정기가 매우
참되다. 그 가운데 징험信이 있다.

예부터 지금에 이르기까지 그 이름이 떠나지 않았다.

이로써 만물의 시작을 살필 수 있다.

내가 어떻게 만물이 처음 모습을 알겠는가? 이(도)로써 알 뿐이다.

제22장

불완전한 것에서 전체가 나온다.

곡선에서 직선.

깊은 곳에서 부드러움.

낡은 것에서 새로운 것.

많지 않다면, 가지기 쉽고, 많으면 쉽게 혼란스럽다.

그러므로 성자는 오직 하나만 가지지만, 이 하나는 온 세상을 위한 본보기가 된다.

그는 자신의 생각을 공개적으로 알리지 않기 때문에 결코 실수하지 않는다(명확하다).

그는 결코 자신을 알리지 않으므로 항상 알려져 있다.

그는 스스로 결코 싸우지 않으므로 장점이 있다.

그는 아무것도 자랑스러워하지 않으므로 탁월하다.

그는 누구와도 논쟁하지 않으므로 온 우주가 결코 그에게 대항하지 않는다.

여기에서 고대인들이 말한 "불완전한 것에서 전체가 나온다. 곡선에서 직선이 나온다"는 말이 잘못된 격언이라 말할 수 있겠는가?

二十二章

曲則全,
枉則直,
窪則盈,
弊則新,
少則得, 多則惑.
是以聖人抱一, 爲天下式.
不自見故明, 不自是故彰, 不自伐故有功, 不自矜故長. 夫惟
不爭, 故天下莫能與之爭. 古之所謂曲則全者, 豈虛語哉! 誠
全而歸之.

굽으면 온전해지고
구부리면 곧아지고,
패이면 채워지고,
헤지면 새로워지고.
적으면 얻게 되고, 많아지면 미혹된다.
이래서 성인聖人은 일一(하나; 도)을 품어 천하의 모범이 된다.
스스로 드러내지 않으므로 밝아지고, 스스로 옳다고 하지 않으므로
드러나고, 스스로 자랑하지 않으므로 공功이 있고, 스스로 자만하
지 않기에 오래간다. 대저 오직 다투지 않기에 천하가 그와 더불어
다툴 수 없다. 옛날에 이른바 "굽으면 온전해진다"는 말이 어찌
헛된 것이겠는가! 참으로 온전해지면 그에게로 돌아가게 된다.

제23장

드문 단어들에 가장 진실한 생각이 담겨 있다.

드문 격언은 그 스스로 진실이다.

아침의 센 바람은 한낮까지 계속되지 않는다. 많은 비는 하루 종일
오지 않는다.

하늘이나 땅은 영원히 존재할 수 없다.

점점 더 많은 사람들이 도를 따르고 도에 따라 사는 자들은 도와
동등하다.

도덕적인 사람은 덕과 동등하다.

모든 것을 잃은 사람은 상실과 동등하다.

도는 자신과 동등한 것을 찾는 것을 좋아한다.

도덕적인 사람은 덕과 동등하다.

상실한 사람도 상실과 동등하다.

믿음이 약한 곳에는 믿음이 없다.

二十三章

希言自然.
故飄風不終朝, 驟雨不終日. 孰爲此者? 天地. 天地尙不能
久, 而況於人乎?
故從事而道者, 道者同於道,
德者同於德,
失者同於失.
同於德者, 道亦樂得之; 同於德者, 道亦樂得之; 同於失者,
失亦樂得之,
信不足焉, 有不信焉.

말이 들리지 않는 것이 스스로 그러한 것(지극한 말)이다.
그래서 사나운 바람이 아침을 넘기지 못하고, 소나기는 하루를 다
하지 못한다. 누가 이렇게 하는가? 천지天地이다. 천지도 오래 갈
수 없거늘 하물며 사람에게 있어서랴?
그래서 도道에 따라 일처리하는 자는 도를 행함에 도와 같아지고,
(행위를 줄여서) 얻는 자得者는 줄여서 얻음得에 같아지고,
(道를) 잃어버린 자는 잃음과 같아진다.
도道와 같아진 자는 도도 기꺼이 그를 얻을 것이고, (줄여서) 얻음과
같아진 자는 (줄여서) 얻음 또한 기꺼이 그를 얻을 것이며, 잃음과
같아진 자는 잃음 또한 기꺼이 그를 얻을 것이다.
믿음이 부족하면, 불신이 있게 된다.

제24장

다리에 힘이 없는 자는 일어설 수 없다.

앉아 있는 자는 걸을 수 없다.

모든 것을 알았다고 생각하는 자는 아무것도 모른다.

자신에게 만족하는 자는 영광을 누릴 수 없다.

넘쳐나는 자는 공을 세울 수 없다.

자랑스러워하는 자는 일어날 수 없다.

도의 관점에서 이러한 자들은 과하게 먹고 아무런 도움이 안 되는 자들이라 부른다.

따라서 그들이 도를 찾아도 확실히 그 안에 머물 수 없다.

二十四章

企者不立,
跨者不行, 自見者不明,
自是者不彰,
自伐者無功,
自矜者不長,
其在道, 曰餘食贅行.
物或惡之, 故有道者不處.

발꿈치를 들고 서는 자는 제대로 서 있지 못하고,
가랑이를 떡 벌리고 걷는 자는 앞으로 나아갈 수 없고, 스스로 드
러내는 자는 밝지 않고,
스스로 옳다고 하는 자는 드러나지 않고,
스스로 뽐내는 자는 공功이 없고,
스스로 자랑하는 자는 오래가지 못한다.
그것은 도道에 있어서는 먹다 남은 음식이요, 군더더기 행동이라
한다.
만민이 혹 그것을 싫어하기에 도道를 가진 이는 그렇게 처신하지
않는다.

제25장

Вещество произошло изъ хаоса.

Есть бытіе, которое существуетъ раньше, нежели нбо и земля.

Оно недвижимо, безтѣлесно, самобытно и не знаетъ переворота.

Оно идетъ, совершая безконечный кругъ, и не знаетъ предѣла.

Оно одно только можетъ быть матерью (самкой) неба и земли.

Я не знаю его имени, но (люди) называютъ его Тао.

Могущество его называется величіемъ; величіе его — безграничнымъ; безграничное — безконечнымъ; безконечное — возвращеніемъ.

Тао велико, небо велико, земля велика и, наконецъ, царь великъ.

Итакъ, въ мірѣ существуютъ четыре величія, одно изъ которыхъ составляетъ царь.

Земля несетъ людей; небо несетъ землю; Тао несетъ небо и, наконецъ, естественность несетъ Тао.

二十五章

有物混成, 先天地生,
寂兮寥兮, 獨立不改,
周行而不殆, 可以爲天下母.
吾不知其名,
字之曰道,
强爲之名曰大.
大曰逝,
逝曰遠, 遠曰反.
故道大, 天大, 地大, 王亦大.
域中有四大,
而王居其一焉.
人法地, 地法天, 天法道, 道法自然.

사물은 혼돈에서 나온다.

하늘과 땅 이전에 존재한 존재가 있다.

그것은 움직이지 않고 육신이 없으며 독특하다. 그것은 돌아섬을 알지 못한다.

그것은 끝없는 원을 만들며 움직이고 한계를 모른다.

아마 그것은 오직 하늘과 땅의 어머니(암컷)일 수 있다.

나는 그것의 이름을 모르지만, (사람들은) 그것을 도라 부른다.

그것의 힘은 대단하다고 한다.

그것의 위대함은 무한하다고 한다.

그것의 무한함은 끝이 없다고 한다.

그것의 끝이 없다고 함은 순환이라고 한다.

도는 위대하고, 하늘도 위대하고, 땅도 위대하다. 그리고 마침내 황제도 위대하다.

그래서, 이 세상에는 네 개의 위대함이 있다. 그중 하나가 황제이다.

땅은 사람을 품고, 하늘은 땅을 품는다. 도는 하늘을 품고 마침내 자연(자연의 이치)이 도를 품는다.

   * 톨스토이본 한글 번역

무엇인가 있었는데 뒤섞여 이루어져 있었다. 천지天地보다 먼저
생겨났다.

고요하고 텅 비었구나! 홀로 우뚝 서서 바뀌지 않는다.

두루 운행하지만 위태롭지 않으니, 천하의 어미가 될 수 있다.

나는 그 이름을 알지 못하여,

자字(별명)를 붙여 도道라고 하고,

억지로 이름을 지어 '크다'大고 한다.

커지면 가고,

가면 멀어지고, 멀어지면 되돌아온다.

그러므로 도道가 크고, 하늘天이 크고, 땅地가 크고, 왕王 또한 크다.

무한 우주에 사대四大가 있으니

왕王은 그중의 하나의 자리를 차지한다.

사람은 땅을 본받고法, 땅은 하늘을 본받고, 하늘은 도道를 본받으
며 도는 스스로 그러한 것自然을 본받는다.

  * 왕필본 한글 번역

제26장

무거운 것은 가벼운 것의 바닥에 놓인다.

침묵은 움직임을 지배한다.

현자는 하루 종일 바쁘지만, 자신의 일을 신중하고 아주 조심스럽게 처리한다.

그가 영광스럽고 외형적으로 위대할지라도, 그는 그것들로 기뻐하지 않는다. 왜냐하면, 그는 그것들 위에 있기 때문이다.

만 대의 마차를 가지고, 자신의 왕국을 돌보기를 경멸하며, 자신의 만족만을 생각하는 황제에게 무슨 일이 벌어지는가?

자신의 왕국에 대한 보살핌을 경멸하는 자는 최고의 봉사, 즉 백성의 지지를 잃는다.

백성들이 쉽게 생각하고 움직이는 곳에 황제가 쉽게 득세할 것이다.

二十六章

重爲輕根, 靜爲躁君.
是以聖人終日行, 不離輜重,
雖有榮觀, 燕處超然;
奈何萬乘之主, 以身輕天下? 輕則失臣, 躁則失君.

무거움은 가벼움의 근본이 되고, 고요함은 조급함의 군주가 된다.
이 때문에 성인聖人은 종일토록 길을 다녀도 무거운 짐을 실은 수레를 떠나지 않으며,
비록 영화로운 누대에 있어도 편안히 처하며 초연하다.
만승萬乘의 주인이면서 그 몸을 천하에 가볍게 처신하겠는가? 가볍게 처신하면 근본을 잃고, 조급하게 굴면 군주의 지위를 잃는다.

제27장

도덕적인 사람은 자신의 흔적을 남기지 않는다.

말을 잘하는 사람은 그의 연설에서 실수를 하지 않는다.

승리하는 사령관은 어떤 술책도 쓰지 않는다.

군건하게 잠겨 있다면, 자물쇠가 없어도 열리지 않는다.

강력하게 연결되어 있으면, 잘 고안된 매듭이 없어도 풀리지 않는다.

현자는 죽어 가는 자를 구하고, 무엇인가 필요한 자를 도움 없이 떠나지 않는다.

현자는 항상 모든 것을 매우 조심스럽게 유지하고 버리지 않는다.

이것은 이중 깨달음이라 부른다.

여기에서 도덕적인 사람은 부도덕한 자의 선생(또는 지도자)이다.

부도덕한 사람들은 도덕적인 사람들의 도구이다.

자신의 선생을 존중하지 않는 자와 자신의 도구를 좋아하지 않는 자는 똑똑하지만 실수를 한다.

이것은 도의 중요한 도입부라 불린다.

二十七章

善行無轍迹, 善言無瑕謫, 善數不用籌策,
善閉無關鍵而不可開, 善結無繩約而不可解.
是以聖人常善救人, 故無棄人;
常善救物, 故無棄物, 是謂襲明. 故善人者, 不善人之師;
不善人者, 善人之資.
不貴其師, 不愛其資, 雖智大迷, 是謂要妙.

길을 잘 다니는 자는 흔적이 없고,
말을 잘하는 자는 흠 잡힐 일이 없고,
수를 잘 헤아리는 자는 산가지(계산기)를 쓰지 않고,
잘 닫는 자는 빗장으로 잠그지 않아도 열 수 없고, 잘 묶는 자는
밧줄로 묶지 않아도 풀 수 없다.
그래서 성인은 늘 사람을 잘 구한다. 그러므로 사람을 버리지 않
는다.
늘 사물을 잘 구한다. 그러므로 버려지는 사물이 없다. 이를 일러
'밝음을 간직하고 있다'襲明고 한다. 그러므로 선한 사람은 선하지
않은 사람의 스승이요,
선하지 않은 사람은 선한 사람이 취하는 바이다.
그 스승을 귀하게 여기지 않고, 그 취하는 것을 아끼지 않으면 비
록 총명하다 하더라도 크게 미혹된다.
이것을 일러 '긴요하고도 신묘하다'要妙고 한다.

제28장

자신의 힘을 알고 자신의 약점을 보호하는 사람은 우주의 골짜기
가 된다.

그가 우주의 골짜기가 될 때, 영원한 미덕이 그 안에 머물 것이다.

사람은 한 번 더 아기 상태 (도)로 회귀한다.

자신의 깨달음의 깊이를 알고 무지 속에 남아 있는 자는 온 세상의
모범이 된다.

온 세상의 모범이 될 사람은 영원한 미덕을 바꾸지 않고 완전함
(도)으로 돌아갈 것이다. 그는 도의 영광을 인식한다.

경멸 속에서 그는 우주의 골짜기가 된다.

우주의 골짜기가 되는 자는 미덕으로만 만족하고 완전한 단순성
으로 회귀한다.

이 단순성이 제거되면 그것으로부터 완벽한 용기가 나온다.

성자가 그것을 사용하면 장이 된다.

이것이 바로 훌륭한 건축물이 결코 파괴되지 않는 이유이다.

二十八章

知其雄, 守其雌, 爲天下谿, 爲天下谿, 常德不離, 復歸於嬰兒.
知其白, 守其黑, 爲天下式,
爲天下式, 常得不忒,
復歸於無極.
知其榮, 守其辱, 爲天下谷. 爲天下谷, 常得乃足, 復歸於樸.
樸散則爲器, 聖人用之則爲官長.
故大制不割.

수컷스러움을 알고 암컷스러움을 지키면 천하의 계곡이 된다. 천
하의 계곡이 되면 늘 덕德이 떠나지 않아 어린아이로 되돌아간다.
그 흼을 알고, 그 검음을 지키면 천하의 모범天下式이 되니,
천하의 모범이 되면 늘 덕이 어긋나지 않아,
다함이 없는 데無極로 돌아간다.
그 영화로움을 알고 그 욕됨을 지키면 천하의 계곡이 되니, 천하의
계곡이 되면 늘 덕이 넉넉하여 다시 통나무로 돌아간다.
통나무가 흩어져 그릇이 되니, 성인聖人은 그것을 써서 모든 관리의
우두머리官長(즉 사회제도와 관직)를 만든다.
그러므로 크게 재단하는 것은 자르지 않는다.

제29장

우주를 강력하게 소유하고 싶어 행동을 하는 자는 결코 원하는 것을 성취하지 못한다. 왜냐하면 우주는 신성한 도구이기 때문에 누구도 우주의 운명을 명령할 권리가 없기 때문이다.

따라서 이것을 시도하는 자는 세상의 질서를 위반한다.

우주를 소유하고자 하는 자는 즉시 그것을 잃을 것이다.

통상 사물은 앞으로 또는 뒤로 이동한다. 통상 사물은 (소리로) 짖거나 (바람으로) 분다. 통상 사물은 강하거나 약하다. 통상 사물은 달려가거나 한 곳에 멈춘다.

따라서 현자는 어떤 극단적인 것, 어떤 고급스러운 것, 어떤 위대한 것도 피한다.

二十九章

將欲取天下而爲之, 吾見其不得已. 天下神器,
不可爲也. 爲者敗之, 執者失之.
故物或行或隨, 或噓或吹, 或强或羸, 或挫或隳. 是以聖人去
甚, 去奢, 去泰.

장차 천하를 취하고서 이것을 조작하려고 한다면, 나는 그것이 불
가능함을 안다. 천하는 신령한 그릇神器이니,
조작할 수가 없다. 조작하려 하는 자는 실패하고 잡으려 하는 자는
잃어버린다.
그러므로 만물이 혹 앞서가기도 하고 혹 뒤따르기도 하며, 혹 내
쉬기도 하고 혹 들이쉬기도 하며, 혹 강하게 하기도 하고 혹 약하
게 하기도 하며, 혹 꺾기도 하고 혹 무너뜨리기도 한다. 그래서 성
인聖人은 지나친 것, 사치스러운 것, 태만한 것을 버린다.

제30장

도에 따라 황제를 돕는 자는 군사력을 통한 국가의 번영에 대해 신경 쓰지 않을 것이다. 당신이 사람들에게 무엇을 하든지, 그들은 당신에게 똑같은 것을 돌려줄 것이다.

군대가 서 있는 곳에서 (곡식 대신) 가시 잡초가 자랄 것이다.

위대한 전쟁 이후에는 흉년이 따른다.

여기에서 도덕적인 사람이 (국가를) 통치하면, 그는 결코 거친 무력으로 달려가지 않고, 허영심을 찾지 않고, 투쟁하지도 않고, 어떤 일에도 자부심을 느끼지 않으며, 어디에서도 멈추지 않으며, 강해지지도 않는다.

사물이 발전의 완성에 도달하면 약해지고 무너질 것이다.

도가 아닌 것은 빠르게 파괴된다.

三十章

以道佐人主者, 不以兵强天下,
其事好還.
師之所處, 荊棘生焉. 大軍之後, 必有凶年.
善有果而已, 不敢以取强,
果而勿矜, 果而勿伐, 果而勿驕.
果而不得已, 果而勿强.
物壯則老, 是謂不道, 不道早已.

도道로써 임금을 보좌하는 이는 군사로 천하를 강압하지 않으니,
그런 일들은 되돌리기를 좋아한다.
군대가 머물던 자리에는 가시덤불만 자라난다. 큰 군사가 일어난
뒤에는 반드시 흉년이 온다.
(용병을) 잘하는 자는 구제해 줄 뿐 감히 (용병으로) 강자가 되려 하지
않고,
구제하면서 자랑하지 않고, 구제하였다고 교만하지 않으며, 구제
하지만 부득이하게 한 것이며, 구제하지만 강자가 되려 하지 않는
다.
사물은 장성해지면 곧 노쇠하게 되니 이것을 도道에 맞지 않는다
고 한다. 도에 맞지 않으면 일찍 끝난다.

제31장

잘 조직된 군대는 옳지 않은 무기이며, 본질적으로 악한 것이다.

현자는 왼쪽을 선호하지만, 군대를 이용하는 자는 오른쪽을 선호한다.

군대는 옳지 않은 무기이므로, (진정한) 현자를 위한 도구가 될 수 없다.

따라서 군대는 불가피한 경우에만 사용된다.

비록 전쟁이 고요함을 목표로 할지라도 악인 것은 분명하다.

만약 전쟁이 선이라면 그것을 반겨야 하겠지만, 그것을 반기는 것은 오직 사람들을 죽이는 자이다.

사람들을 죽이는 자는 세상에 그의 좋은 계획을 실현할 수 없다.

좋은 일에서는 왼쪽이 선호되고, 어려운 일이 닥쳤을 때는 오른쪽이 선호된다.

부하 장군들은 왼쪽에 머물고, 책임자는 오른쪽에 머문다.

승리가 알려지면 장례식과 함께 이 소식을 접해야 한다. 왜냐하면 전쟁에서 죽어 가는 사람이 아주 많기 때문이다.

전쟁에서 죽어 가는 사람이 아주 많기 때문에 전쟁을 기억해야 한다.

전쟁이 승리로 끝날 때 (국가) 전체적인 애도를 선언해야 한다.

三十一章

夫佳兵者, 不祥之器. 物或惡之, 故有道者不處. 君子居則貴
左, 用兵則貴右. 兵者, 不祥之器, 非君子之器. 不得已而用
之, 恬淡爲上, 勝而不美. 而美之者, 是樂殺人. 夫樂殺人者,
則不可以得志於天下矣. 吉事尙左, 凶事尙右. 偏將軍居左,
上將軍居右, 言以喪禮處之. 殺人之衆, 以哀悲泣之. 戰勝,
以喪禮處之.

대저 뛰어난 군대는 상서롭지 못한 기물이다. 사람들이 간혹 그것
을 싫어하므로 도道에 따르는 자는 거기에 머물지 않는다. 군자는
평소에 거처할 때에는 왼쪽을 귀하게 여기고, 군대를 쓸 때는 오
른쪽을 귀하게 여긴다. 군대는 상서롭지 못한 기물이므로 군자의
기물이 아니다. 부득이해서 군대를 쓸 뿐이며, 편안함과 담담함恬
淡을 으뜸으로 삼고, 이기더라도 아름답게 여기지 않는다. 그런데
도 이기는 것을 좋아하는 사람은 사람 죽이기를 즐기는 것이다. 저
사람 죽이기를 즐기는 자는 천하에 뜻을 얻을 수가 없다. 길한 일
에는 왼쪽을 숭상하고 흉한 일에는 오른쪽을 숭상하니, 편장군偏
將軍은 왼쪽에 자리하고 상장군上將軍은 오른쪽에 자리한다. 이것은
상례喪禮로써 처리하고 있는 것을 말한 것이다. 많은 사람을 죽이
게 되면 비애의 마음으로 울고, 전쟁에 이기더라도 상례喪禮로써
처리한다.

제32장

영원한 도는 이름이 없다.

그것은 나무조각처럼 중요하지 않지만 세상은 그것을 자신에게 복종시킬 수 없다.

황제와 공후들이 (나라의) 안보를 걱정할 때, 자연 스스로가 그들을 도울 것이다.

하늘이 땅과 하나로 합쳐질 때, 이슬이 땅으로 내려왔는데, 이것은 인간이 만들 수 없었다.

도가 부분으로 분리되었을 때 이름이 생겼다.

이름이 알려지면 물러나야 한다.

모든 이는 어디에 머물러야 하는지 알아야 한다.

물러나야 하는 것을 알고 물러나는 자는 (도덕적인) 타락을 알지 못할 것이다.

이것이 바로 전 우주에 존재하는 도이다.

三十二章

道常無名, 樸雖小, 天下莫能臣也. 侯王若能守之, 萬物將自
賓.
天地相合以降甘露, 民莫之令而自均.
始制有名, 名亦旣有, 夫亦將知止. 知止, 可以不殆.
譬道之在天下, 猶川谷之於江海.

도道는 언제나 이름이 없다無名. 통나무樸는 비록 보잘것없지만 천
하의 누구도 신하로 삼을 수 없다. 제후나 왕이 만약 이것(도道)을
지킬 수 있다면 만물이 스스로 손님으로 찾아올 것이다.
천지天地가 서로 합하면 단 이슬이 내려오니, 백성은 명령하지 않
아도 스스로 고르게 된다.
마름질을 시작하면 이름이 있게 된다. 이름이 이미 있게 된다면
장차 멈출 줄 알아야 한다. 멈출 줄을 알아야 위태롭지 않다.
비유하건대 도道가 천하에 있는 것은 마치 시내와 골짜기川谷가 강
과 바다江海로 흘러드는 것과 같다.

제33장

사람들을 아는 자는 이성적이고, 자신을 아는 자는 현명하다.
다른 사람을 이기는 자는 강하고, 자신을 이기는 자는 강력하다.
자신에게 만족하는 자는 부유하다.
자신의 행동에 확고한 자는 확고한 의지를 가지고 있다.
자신의 목적에서 물러나지 않는 자는 오래 산다.
죽음 이후에도 파괴되지 않는 자는 영원하다.

三十三章

知人者智, 自知者明,
勝人者有力, 自勝者强.
知足者富,
强行者有志,
不失其所者久,
死而不亡者壽.

남을 아는 자는 지혜롭고, 스스로를 아는 자는 밝으며,
남을 이기는 자는 힘이 있고, 스스로를 이기는 자는 강하다.
만족할 줄 아는 자는 부유하고,
힘써 행하는 자는 뜻이 있다.
제자리를 잃지 않는 자는 오래가고,
죽더라도 사라지지 않는 자라야 오래 사는 것이다.

제34장

아, 무한하게 거대한 도!

그것은 오른쪽이자 왼쪽이다.

도를 칭송하며 모든 생명체가 빛에서 나타났다. 도는 모든 생명체를 자신에게서 밀치지 않는다.

도의 장점은 대단하지만, 도는 그것을 자랑하지 않는다.

도는 모든 사물을 사랑으로 접하지만, 그것들의 주(하느님)가 되기를 원하지 않는다.

도는 어떤 욕망도 없기 때문에 어떤 것도 아님이라 불린다.

도는 작은 것이라 부를 수 있다. 왜냐하면 작은 것은 도에게로 돌아오기 때문이다.

모든 존재가 그에게 복종하지만, 도는 스스로를 그들의 주(하느님)이라고 생각하지 않는다.

따라서 도는 위대함이라 부를 수 있다.

현자는 위대한 자라 절대 부를 수 없다. 그가 얼마나 대단한 일을 했을지라도.

성인이 위대함을 쉽게 성취하는 이유는 자기 스스로를 칭송하지 않기 때문이다.

三十四章

大道汎兮, 其可左右.
萬物恃之而生而不辭, 功成不名有, 衣養萬物而不爲主. 常
無欲, 可名於小;
萬物歸焉而不爲主, 可名爲大.
以其終不自爲大, 故能成其大.

대도大道가 넘쳐흐름에, 그 왼쪽으로도 오른쪽으로도 갈 수 있다.
만물이 (도에) 의지하여 생겨나지만 (도는 무어라고) 말하지 않으며,
공功이 이루어지지만 이름 붙이려 하지 않고, 만물을 입히고 기르
지만 주인 노릇을 하지 않는다. 언제나 무욕無欲하니 작다小고 이
름할 수 있다.
만물이 (그에게로) 돌아가지만 주인 노릇을 하지 않으니, 크다大고
할 수 있다.
끝내 스스로 크다고 하지 않음으로써 그 큼을 이룰 수 있는 것이다.

제35장

(성인은) 커다란 코끼리를 데리고 전 세계를 다닌다.

다니지만 어떤 해도 끼치지 않는다.

즐거움, 고요함, 침묵 및 위대함으로부터 그에게 음식을 (평화를) 제공한다.

지나가는 길손이 멈췄다.

그가 도에 대해 말할 때, 그의 말은 얼마나 단순한가!

그의 말이 내뱉어질 때, 그것은 어떤 맛도 없다.

(사람들은) 그를(도를) 보지만, 그것을 보지 못한다. (사람들은) 그를(도를) 듣지만, 그것을 듣지 못한다. (사람들은) 그를(도를) 보지만, 그것을 보지 못한다. (사람들은) 그를(도를) 이용하지만, 도는 줄어들지 않는다.

三十五章

執大象, 天下往;
往而不害, 安平太.
樂與餌, 過客止. 道之出口, 淡乎其無味, 視之不足見, 聽之
不足聞, 用之不可旣.

위대한 형상大象을 잡고서 천하에 나아가니,
(천하에) 나아가서도 해되지 않아 편안하고 태평하다.
음악과 음식은 과객을 멈추게 하나, 도道를 입으로 말하면 담백하
여 아무 맛이 없고, 보려 해도 볼 수 없고, 들으려 해도 들을 수 없
으나, 이것을 씀에 다함이 없다.

제36장

수축되는 것은 확장된다.
약화되는 것은 강화된다.
파괴되는 것은 복원된다.
모든 것을 잃는 것은 모든 것을 가진 것이다.
이 모든 것이 숨겨져 있다. 그러나 명백하다
부드러움이 강함을 이기고, 약한 것이 강한 것을 이긴다.
물고기가 깊이를 떠날 수 없듯이, 국가는 무기 없이 유지될 수 없다.
강력한 통치 도구는 백성들에게 보여져서는 안 된다.

三十六章

將欲歙之, 必固張之; 將欲弱之, 必故强之; 將欲癈之, 必固
興之; 將欲奪之, 必固與之, 是謂微明.
柔弱勝剛强. 魚不可脫於淵, 國之利器不可以示人.

장차 움츠러들게 하려면 반드시 먼저 펴게 해 주어야 하고, 장차
약하게 하려면 반드시 먼저 강하게 해 주어야 할 것이다. 장차 없
애려 하면 반드시 먼저 일으켜 주어야 하고, 장차 빼앗으려 하면
반드시 먼저 주어야 할 것이다. 이것을 '은미하게 밝은 것'微明이라
한다.
부드럽고 약한 것이 굳세고 강한 것을 이기는 법이다. 물고기는
연못을 벗어날 수 없으며, 나라를 이롭게 하는 기물利器은 사람들
에게 보여 주어서는 안 된다.

제37장

도는 아무것도 하지 않지만 하지 않은 일이 없다.

황제와 제후가 국가를 잘 통치한다면, 모든 존재는 그들이 원하는 대로 변할 것이다.

모든 존재가 강하게 움직이면, 나는 이름 없는 단순함으로 그들을 붙잡을 것이다.

이름 없는 단순함은 욕망이 없다.

(세상에서) 욕망이 없을 때, 보편적인 평화로움이 있을 것이고, 온 땅에 진실이 있을 것이다.

三十七章

道常無爲,
而無不爲,
侯王若能守之, 萬物將自化. 化而欲作, 吾將鎭之以無名之樸.
無名之樸, 夫亦將不欲,
不欲以靜, 天下將自定.

도道는 언제나 하는 것이 없지만,
하지 못하는 것이 없으니,
후왕侯王이 만약 그것을 지킨다면 만물이 장차 스스로 교화될 것이다. (스스로) 교화되었는데도 억지로 하려는 마음이 일어난다면 나는 장차 이름 없는 통나무無名之樸로 그것을 진정시킬 것이다. 이름 없는無名 통나무로 (진정시키면) 욕심이 없어질 것이니, 욕심내지 않음으로 고요해지면, 천하가 스스로 안정될 것이다.

제 2 책
ВТОРАЯ КНИГА

제38장

도덕성이 높은 사람들은 자신을 도덕적이라고 생각하지 않는다. 그러므로 그는 높은 도덕성을 가진다.

도덕성이 낮은 사람들은 자신의 도덕성을 잃을 조건에 있지 않다. 따라서 부도덕하다.

도덕성이 더 높은 사람들은 행동하지 않지만, 아무것도 하지 않는 것은 아니다.

도덕성이 낮은 사람들은 그들이 하는 일을 한다.

인간을 아주 사랑하는 사람들은 행동하지 않지만, 일을 완성한다. 그러나 그 일을 자신이 한 일이라 말하지 않는다.

아주 정의로운 사람들은 자신이 하는 일을 한다.

아주 존경하는 사람들은 다른 사람들을 존중하지만, 다른 사람들은 그들을 존중하지 않는다. 따라서 그들은 다른 사람들을 강요하여 강제로 존경하게 만든다.

여기에서 도를 상실하면 도덕성이 나타난다.

도덕성이 잊혀질 때 인간애가 나타난다.

인간애가 버려질 때 정의가 나타난다.

정의를 포기할 때 존경이 나타난다.

이것이 바로 (하느님에 대한) 충성심과 헌신이 약화된 결과이자 국가에서 모든 종류의 혼란이 시작된 이유이다.

따라서 위대한 사람은 중요하지만, 아무것도 남기지 않는다.

그는 모든 것을 진실로 행하지만 결코 법에 의존하지 않을 것이다.

최초를 취하고 마지막을 던져라.

三十八章

上德不德, 是以有德; 下德不失德, 是以無德. 上德無爲而無
以爲, 下德爲之而有以爲. 上仁爲之而無以爲, 上義爲之而
有以爲, 上禮爲之而莫之應, 則攘臂而仍之. 故失道而後德,
失德而後仁, 失仁而後義, 失義而後禮. 夫禮者, 忠信之薄而
亂之首. 前識者, 道之華而愚之始. 是以大丈夫處其厚, 不居
其薄; 處其實, 不居其華. 故去彼取此.

높은 덕德은 덕스럽게 여기지 않는다. 이 때문에 덕이 있고, 낮은
덕은 덕을 잃으려 하지 않는다. 이 때문에 덕이 없다. 높은 덕을
지닌 사람은 무위無爲하여 일부러 하지 않고, 낮은 덕을 지닌 사람
은 작위하되 일부러 한다. 높은 인仁은 작위하지만 일부러 하지 않
고, 높은 의義는 작위하면서 일부러 하며, 높은 예禮는 자기의 행
위에 응답이 없으면 팔을 걷어붙이고 억지로 시킨다. 그러므로 도
道를 잃어버린 후에야 덕이 있고, 덕을 잃어버린 후에야 인仁이 있
으며, 인仁을 잃어버린 후에야 의義가 있고, 의를 잃어버린 후에야
예가 있다. 저 예라는 것은 진실함과 믿음이 얇아서 어지러워지는
첫머리이다. 앞서서 안다는 것은 도의 꽃道之華(화려한 겉모양)으로
어리석음의 시작이다. 그래서 대장부는 그 두터운 곳에 처하지 엷
은 데에 머물지 않으며, 그 열매(실질)에 처하지 꽃(화려한 겉모양)에
머무르지 않는다. 이 때문에 저것을 버리고 이것을 취한다.

제39장

고대에는 모든 존재가 하나를 이루었다.

하나를 이루자, 하늘이 깨끗해졌다.

하나를 이루자, 땅이 조용해졌다.

하나를 이루자, 영혼이 온전해졌다.

하나를 이루자, 계곡이 꽉 찼다.

하나를 이루자, 모든 사물이 존재하기 시작했다.

하나를 이루자, 황제와 제후가 세상을 위한 모범이 되었다.

이 모든 것은 하나를 이룸으로 가능했다.

하나를 이루는 것은 이 모든 것에서 똑같다.

하늘이 맑지 않았다면, 폭발을 두려워했을 것이다.

땅이 고요함을 잃었다면, 파괴의 위험에 처했을 것이다.

영혼이 온전함을 잃었다면, 영혼이 있는 존재가 되지 않을 뻔했을 것이다.

계곡의 공허함이 무엇인가로 채워졌다면, 계곡은 계곡이 될 수 없었을 것이다.

모든 사물이 성장을 멈추었다면 소멸되었을 것이다.

황제와 제후가 (신하들의) 충성심과 헌신을 잃어버렸다면 무시당했을 것이다.

여기에서 고귀한 사람들은 자신의 시작을 보듯이 미천한 사람들을 바라본다. 높은 사람들은 자신의 기반을 보듯이 낮은 사람들을 바라본다.

三十九章

昔之得一者,
天得一以淸, 地得一以寧, 神得一以靈, 谷得一以盈, 萬物得
一以生, 侯王得一以爲天下貞, 其致之.
天無以淸將恐裂,
地無以寧將恐發, 神無以靈將恐歇, 谷無以盈將恐竭, 萬物
無以生將恐滅, 侯王無以貴高將恐蹶. 故貴以賤爲本, 高以
下爲基. 是以侯王自謂孤寡不穀. 此非以賤爲本耶邪? 非乎?
故致數輿無輿. 不欲琭琭如玉, 珞珞如石.

예부터 일一(하나됨; 도道, 근본)을 얻은 것들이 있다.
하늘은 일一을 얻어서 맑아지고, 땅은 일一을 얻어서 안정되고, 신
령神靈은 일一을 얻어서 영험하게 되고, 계곡은 일一을 얻어서 차
고, 만물은 일一을 얻어서 생겨나고, 후왕侯王은 일一을 얻어서 천
하가 바르게 되니, (모두 일一을 얻어서) 그렇게 된 것이다.
(일一을 얻음으로써) 하늘이 맑지 못하다면 장차 찢어질까 두렵고,
땅이 안정되지 못하다면 장차 꺼질까 두렵고, 신령神靈이 영험스
럽지 못하다면 그 영험함이 다할까 두렵고, 골짜기가 차지 못하다
면 말라 버릴까 두렵고, 만물이 생겨나지 않는다면 장차 소멸될까
두렵고, 후왕侯王이 고귀함이 없다면 장차 넘어질까 두렵다. 그러
므로 귀함은 천함을 근본으로 삼고, 높음은 낮음을 기반으로 삼는
다. 이 때문에 왕은 스스로를

황제와 제후는 가난한 고아들과 과부를 돌본다.
이것은 정말로 사실이 아닌가?
수레를 분해하면 수레가 남아 있지 않는다.
나는 귀금속처럼 자랑스러워하고 싶지 않다.
또한 야생 돌처럼 학대당하고 싶지 않다.

   * 톨스토이본 한글 번역

고孤(외롭거나, 부모 없이 홀로됨)와 과寡(덕이 적거나 남편을 잃어 홀몸이 됨),
불곡不穀(좋지 않거나, 여물지 않거나, 머슴처럼 천함) 이라 하니 이것이
천함을 근본으로 삼는 것이 아니겠는가? 그렇지 아니한가? 그러
므로 자주 명예를 얻으면 명예가 없어지니, 옥玉처럼 반짝반짝 빛
나거나 돌처럼 거칠거칠하게 드러내기를 바라지 않(고 드러냄을 감
춘)다.

　* 왕필본 한글 번역

제40장

도의 운동은 (모든 물질적인 것에 대한) 저항에서 비롯된다.

약한 것은 도의 행동의 독특한 특징이다.

모든 사물은 존재(무엇)에서 생성되고, 존재는 무존재(아무것도 없음)

에서 생성되었다.

四十章

反者, 道之動,
弱者, 道之用.
天下萬物生於有, 有生於無.

되돌아가는(혹은 반복 순환하는, 반대 대립하는) 것이 도道의 움직임이고,
유약한 것이 도道의 쓰임이다.
천하의 만물은 유有에서 생겨나고, 유는 무無에서 생겨난다.

제41장

학자가 도에 대해 듣게 되면, 그는 들은 것을 (삶에서) 구현하려고
할 것이다.

중간 수준의 사람이 도에 대해 듣게 되면, 생이 끝날 때까지 그것
을 지키려 하지 않을 것이다.

학문이 짧은 사람들이 도에 대해 듣게 되면, 그것을 비웃을 것이다.

만약 도가 비웃음을 당하지 않았다면, 도는 그 이름을 가질 자격
이 없었을 것이다.

따라서 다음과 같이 말한다.

도를 명백하게 아는 사람은 어둠의 옷을 입고 있는 것처럼 보인다.

도를 지키며 앞으로 나아가는 사람은 뒤로 가는 사람처럼 보인다.

도의 높은 경지에 있는 사람은 보통의 죽은 사람처럼 보인다.

덕이 아주 높은 사람은 계곡과 같다.

아주 깨끗한 사람은 비난을 받는 사람과 같다.

도덕성이 높은 사람은 무능한 사람과 같다.

덕을 베푸는 사람은 도둑과 같다.

진실을 시험하는 것은 물건을 훔치는 것과 같다.

커다란 사각형에서는 각이 보이지 않는다.

큰 용기는 순식간에 만들어지지 않는다.

가장 큰 목소리는 들리지 않는다.

커다란 이미지에는 모양이 없다.

도는 우리로부터 숨겨져 있다. 따라서 도에는 이름이 없다.

도는 모든 존재에 (힘을) 제공하고 그것들을 완성으로 이끈다.

四十一章

上士聞道, 勤而行之;

中士聞道, 若存若亡; 下士聞道, 大笑之, 不笑不足以爲道.

故建言有之; 明道若昧, 進道若退, 夷道若纇, 上德若谷, 大

白若辱, 廣德若不足, 建德若偸, 質眞若渝, 大方無隅, 大器

晩成, 大音希聲, 大象無形, 道隱無名, 夫唯道, 善貸且成.

뛰어난 사람은 도道를 들으면 부지런히 행하고,

평범한 사람은 도道를 들으면 긴가민가 하고,

못난 사람은 도를 들으면 크게 비웃는다. (그렇게) 비웃지 않으면 도라 하기에 부족하다. 그래서 격언에 다음과 같은 말이 있게 되었다.

밝은 도는 어두운 듯하고, 앞으로 나아가는 도道는 물러서는 듯하고, 평평한 도道는 어그러진 것 같고,

높은 덕德은 골짜기와 같고, 아주 결백한 것은 욕된 것 같고, 넓은 덕은 부족한 것 같고,

떳떳한 덕은 구차하게 맞춘 것 같고.

질박한 참됨은 더러운 것 같고, 큰 모는 모서리가 없고, 큰 그릇은 느지막이 이루어지고,

큰 소리는 들리지 않고, 큰 형상은 형체가 없다.

도道는 은미하여 이름이 없으니 오직 저 도만이 잘 빌려주고 또 잘 이루어 준다.

제42장

도는 하나를 생산하고, 하나는 둘을, 둘은 셋을, 셋은 모든 사물을 생산했다.

모든 사물은 음을 지니고 양을 품는다.

완전한 상태에 있는 자는 쉽게 평온해진다.

사람들은 고아나 가난한 사람들을 돕지 않는 사람들을 싫어한다.

따라서 똑똑한 황제와 제후들은 고아와 가난한 자들을 돕는다. 그들은 (백성들의) 칭송의 대상이 될 것이다.

손실은 번영의 시작이며, 많음은 상실의 시작이다.

다른 사람들이 공정함에 의해 배우고 가르침을 받는 것을 나는 사람들에게 가르칠 것이다.

아주 강한 자는 자연적인 죽음으로 죽지 않는다.

나는 가르침의 아버지가 될 것이다.

四十二章

道生一, 一生二, 二生三, 三生萬物. 萬物負陰而抱陽, 沖氣
以爲和. 人之所惡, 唯孤寡不穀, 而王公以爲稱. 故物或損之
而益, 或益之而損.
人之所敎, 我亦敎之,
强梁者不得其死, 吾將以爲敎父.

도道는 일一을 낳고, 일一은 이二를 낳으며, 이二는 삼三을 낳고, 삼
三은 만물을 낳는다. 만물은 음陰을 지고 양陽을 품으며, 충기沖氣
로써 조화를 이룬다. 사람들이 싫어하는 것은 (외롭거나 부모 없이)
홀로 되고孤, (덕이 적거나, 남편을 잃어) 홀몸이 되고寡, (좋지 않거나, 여
물지 않거나, 머슴처럼) 천한 것不穀인데, 왕공王公은 이것을 칭호로 삼
는다. 그러므로 사물은 혹 덜어내도 더해지며, 혹 더하는 데도 덜
어진다.
다른 사람들이 가르치는 것을 나 또한 가르치니,
강하고 굳센 자는 제명에 죽지 못한다는 것, (이것을 나는) 장차 가
르침의 어버이敎父로 삼으리라.

제43장

세상은 평온하다. 모든 사람들이 자신의 요새에서 먹고 뛰고 있다.
무존재는 중재자 없이 흡수된다.
그러므로 나는 무위가 높은 가치를 가지고 있음을 알고 있다.
말없는 가르침과 무위는 하늘과 땅 사이에 존재하는 어떤 것보다
더 유용하다.

四十三章

天下之至柔, 馳騁天下之至堅,
無有入無間, 吾是以知無爲之有益.
不言之教, 無爲之益, 天下希及之.

천하에서 가장 유약한 것이 천하에서 가장 견고한 것을 부리고,
있지 않는 것無有는 틈이 없는 데까지 들어가니 내가 이로써 함이
없는 것이 유익함을 안다.
말 없는 가르침과 함이 없음無爲의 유익함은 천하에 미치는 자가
드물다.

제44장

자신에게 더 가까운 것은 무엇인가? 자신의 이름인가 아니면 자신의 몸인가?

무엇이 더 큰가? 자신의 몸인가 아니면 자신의 재산인가?

당하기 더 힘든 것은 무엇인가? 얻는 것인가 아니면 잃는 것인가?

즐기는 자는 큰 손실을 입을 것이다.

많은 것을 가진 자는 적게 가진 자보다 더 많이 잃을 수 있다.

인간이 무엇으로 만족해야 하는지를 아는 자는 결코 창피를 당하지 않을 것이다.

자신의 활동의 경계를 아는 자는 위험에 처하지 않고 살 것이다.

四十四章

名與身孰親?
身與貨孰多?
得與亡孰病?
是故甚愛必大費, 多藏必厚亡,
知足不辱, 知止不殆, 可以長久.

명성과 몸 중에서 어느 것이 소중한가?
몸과 재화 중에서 어느 것이 중요한가?
(명성과 재화를) 얻음과 (몸을) 잃음에서 어느 것이 병통인가?
이러므로 너무 아끼면 반드시 크게 쓰고, 많이 쌓아 두면 반드시
크게 잃으니,
만족할 줄 알면 치욕을 당하지 않고, 그칠 줄 알면 위태롭지 않으니
오래오래 갈 수 있다.

제45장

위대한 완벽함은 불완전함처럼 보이지만, (비록 끊임없이 이용되지는 않지만) 무궁무진하다.

위대한 충만은 공허처럼 보이지만, 그 혜택은 측정할 수 없다.

위대한 직선은 직선처럼 보이지 않는다.

위대한 장인은 둔해 보인다.

위대한 연설가는 어둔하게 말하는 사람처럼 보인다.

야단법석이 (침묵을) 극복할 때, 차가워진다.

침묵이 야단법석을 극복할 때, 따뜻해진다.

완전한 침묵은 세상의 모범이다.

四十五章

大成若缺, 其用不弊;
大盈若沖, 其用不窮,
大直若屈,
大巧若拙,
大辯若訥.
躁勝寒, 靜勝熱, 淸靜爲天下正.

크게 이룬 것은 결함이 있는 듯하나 써도 닳지 않고,
크게 찬 것은 비어 있는 듯하나 다 쓰지 못하고,
아주 곧은 것은 굽은 듯하고,
뛰어난 기교는 서툰 듯하며,
잘하는 말은 어눌한 듯하다.
몸을 부지런히 움직이면 추위를 이기고, 고요히 가만있으면 더위를
이기니, 맑고 고요히 가만있으면 천하가 바르게 된다.

제46장

온 세상에서 도가 지켜진다면, 준마는 잊혀지고 모든 밭이 경작될 것이다.

온 세상에서 도가 지켜지지 않으면, 군마가 도시에서 길러질 것이다.

욕망보다 더한 죄는 없다.

만족을 모르는 것보다 더 큰 불행은 없다.

더 많은 것을 얻고자 하는 욕심보다 더 무거운 죄는 없다.

이것이 바로 한계를 아는 자가 자신의 상황에 만족하는 이유이다.

四十六章

天下有道, 卻走馬以糞;
天下無道, 戎馬生於郊.
禍莫大於不知足, 咎莫大於欲得, 故知足之足, 常足矣.

천하에 도道가 있으면 (전장에서) 달리던 말을 되돌려 농사일에 쓰고,
천하에 도道가 없으면 군마가 성 밖에서 새끼를 낳는다.
화禍는 만족할 줄 모르는 것보다 큰 것이 없고, 허물咎은 얻기만
바라는 것보다 큰 것이 없다. 그러므로 만족할 줄 아는 데서 얻는
만족知足之足이야말로 항상 만족하는 것常足이다.

제47장

(현자는) 집을 떠나지 않고도 세상에서 무슨 일들이 벌어지는지를 안다.
(현자는) 창밖을 보지 않아도 천국의 도를 본다.
집에서 더 멀리 멀어질수록 아는 것은 적어진다.
따라서 성스러운 남자(현자)는 어디로든 떠나지 않아도 지식을 얻는다.
(현자는) 사물을 보지 않아도 그 이름을 알고 있다.
(현자는) 아무것도 하지 않아도 많은 일을 한다.

四十七章

不出戶, 知天下; 不窺牖, 見天道,
其出彌遠, 其知彌少.
是以聖人不行而知, 不見而名,
不爲而成.

문을 나가지 않아도 천하를 알고, 들창을 엿보지 않아도 천도天道를
아니,
그 나감이 멀어지면 멀어질수록 그 앎이 더욱 더 적어진다.
이로써 성인은 돌아다니지 않아도 알고, 보지 않아도 이름 지으니,
하지 않고서도 이룬다.

제48장

가르침은 날마다 늘어나고 있지만, 도는 날마다 잃어버린다.
이 손실은 증가하고 무위의 욕망에 도달한다.
사람이 무위에 도달하면, 이루어지지 않을 일이 없을 것이다.
세상에서 모든 것이 제자리에 있다면, 그것을 소유해야 하겠지만,
그렇지 않다면, 그럴 필요가 없다.

四十八章

爲學日益,
爲道日損.
損之又損, 以至於無爲, 無爲以無不爲.
取天下常以無事,
及其有事,
不足以取天下.

배움을 추구하는 것은 날로 더하는 것이요.
도道를 추구하는 것은 날로 덜어 내는 것이다.
덜어 내고 또 덜어 내어 무위無爲에 이르면, 하는 것이 없으나 하지
못하는 것이 없다.
천하를 취하는 것은 늘 일삼음이 없음으로 하니,
일삼음이 있게 되면,
천하를 취하기에는 부족하다.

제49장

성스러운 사람들은 특정한 (느낌을) 갖지 않는다. 왜냐하면 평범한 사람들의 느낌을 자신의 것으로 받아들이기 때문이다.

나는 선한 사람들을 받아들인다. 그들이 선한 사람들이라는 이유 하나만으로.

나는 악한 사람들도 선한 사람들을 받아들이는 것처럼 받아들인다.

나는 진실한 사람들을 믿는다.

나는 또한 진실하지 않는 사람들도 믿는다.

왜냐하면, 여기에 진실 이상의 것이 있기 때문이다.

성스러운 사람들이 세상에 살면, 그들은 단순하고 조용한다.

그들은 모든 것에 같은 느낌을 갖는다.

세상의 (선을) 위해 그들은 자신들의 심장을 어둡게 만든다.

단순한 사람들은 그것들을 (자신들의 선생을 쳐다보듯이) 쳐다보고, 그들의 작품에 대한 이야기를 들을 것이다.

성스러운 자들은 백성을 어린아이 바라보듯 바라본다.

四十九章

聖人無常心, 以百姓心爲心.
善者, 吾善之; 不善者, 吾亦善之,
德善,
信者, 吾信之; 不信者, 吾亦信之, 德信. 聖人在天下歙歙,
爲天下渾其心, 百姓皆注其耳目.
聖人皆孩之.

성인聖人은 고정된 마음常心이 없으니, 백성의 마음百姓心을 (자신의)
마음으로 삼는다.
착한 것은 나도 착하다 하고, 착하지 않는 것도 나는 또 착하게 여
기니,
덕 있는 자의 착함이다.
미더운 것은 나도 믿고, 미덥지 않은 것도 나는 또 믿으니 믿는다.
덕 있는 자의 믿음이다. 성인聖人은 천하에 있으면 (의지와 욕심을)
거두어들여 천하를 위하여 자신의 마음을 (천하 백성들과) 뒤섞으니,
백성이 모두 그 자신들의 이목에 집중할 뿐이다.
성인聖人은 (백성을) 모두 어린아이로 여긴다.

제50장

(모든 존재는), 생명을 떠나 죽음으로 들어간다.

생은 13단계의 진행 과정이 있다. 죽음에도 13단계가 있다.

끊임없이 죽음을 향해 나아가는 인간 삶의 단계도 13단계이다.

이것은 왜 그럴까?

왜냐하면 생에 대한 욕망이 너무나 강하기 때문이다.

나는 절제된 삶을 이끌어 가면 코뿔소나 호랑이, 또는 군사 장비 없이 전장에 있는 것을 두려워하지 않는다고 들었다. 왜냐하면 코뿔소가 자신의 뿔로 들이받거나 호랑이가 자신의 날카로운 발톱을 휘두르거나 군인이 칼을 내려칠 여지가 없기 때문이다.

이것은 왜 그럴까?

왜냐하면 절제된 삶을 이끄는 사람에게 죽음이 없기 때문이다.

五十章

出生入死,
生之徒十有三, 死之徒十有三. 人之生動之死地, 亦十有三.
夫何故? 以其生生之厚. 蓋聞善攝生者, 陸行不遇兕虎, 入
軍不被甲兵, 兕無所投其角, 虎無所措其爪, 兵無所容其刃.
夫何故? 以其無死地.

삶에서 나와 죽음으로 들어가니,
삶의 무리가 열에 셋이요, 죽음의 무리가 열에 셋이며, 사람이 살
아서 움직이다가 죽는 곳으로 가는 것이 열에 셋이다. 무슨 까닭
인가? 살고 또 살려고 하는 뜻이 강하기 때문이다. 대저 들건대
삶을 잘 기르는 이는 뭍으로 다녀도 외뿔소나 호랑이를 만나지 않
고, 군대에 가도 갑옷과 무기를 착용하지 않는다. 외뿔소의 뿔에
떠받힐 일이 없고, 호랑이는 발톱에 할퀼 일이 없고, 병기의 칼날
에 베일 일이 없다. 무슨 까닭인가? (삶을 잘 기르는 자에게는) 죽음으
로 갈 일이 없기 때문이다.

제51장

도는 존재를 생산하고, 덕은 그것들을 먹여 살린다.

도와 덕은 존재들에게 실질적인 형태를 제공하고, 도와 덕의 힘은 사물을 완성시킨다.

따라서 모든 존재는 도와 덕을 존경한다.

누구도 도에게 도의 존엄을 말하지 않지만, 도의 가치는 덕이다.

도와 덕은 그 스스로 영원히 그것들을 가지고 있다.

따라서 도는 사물을 생산하고, 먹이를 주고, 성장시키고, 완성시키고, 완숙시키고, 보호한다.

도는 사물을 생산하지만, 그것들을 자신의 것으로 소유하지 않는다. 그것들을 있는 그대로 유지하고 그것들을 자랑스러워하지 않는다.

도는 그것들을 지배하지만, 그것들을 자유롭게 풀어놓는다.

이것을 바로 심오한 덕이라고 부른다.

五十一章

道生之, 德畜之, 物形之, 勢成之.
是以萬物莫不尊道而貴德.
道之尊, 德之貴, 夫莫之命而常自然.
故道生之, 德畜之; 長之育之, 亭之毒之, 養之覆之.
生而不有, 爲而不恃,
長而不宰, 是謂玄德.

도道는 낳고 덕德은 기르니, 물物은 형체를 갖추게 하고 세勢는 만
물을 이루어 준다.
이 때문에 만물은 도道를 받들고 덕德을 귀하게 여기지 않음이 없
다.
도道가 높고 덕德이 귀한 것은 명령하지 않아도 언제나 스스로 그
러한 것이다.
그러므로 도道는 (만물을) 낳고 덕德은 기르며, 키우고 길러 주며,
형체를 주고 바탕을 이루어 주며, 먹여 주고 덮어 준다.
낳되 소유하지 않고, 하되 의지하지 않으며,
키워 주되 주재하지 않으니, 이를 '신묘한 덕'이라고 한다.

제52장

우주는 시작이 있고, 이 시작은 온 세상의 어머니이다.

어머니를 통해 아들을 알 수 있다.

아들이 알려지면 어머니는 무사히 보호된다.

몸은 죽지만, (그것의 본질은) 결코 파괴되지 않는다.

귀와 눈을 닫는 자는 평생 이용당하지 않을 것이다.

모든 멋진 것을 듣고 욕망을 만족시키고자 하는 자는 결코 구원받지 못할 것이다.

가장 작은 것을 판별할 수 있는 자는 투시력 있는 자라 불린다.

부드러움을 유지하는 자는 강력한 자라 불린다.

빛을 이용하는 자는 뛰어난 자라 부른다.

몸은 소비되고, 그 후에는 아무것도 남지 않는다.

이것은 영원함의 유산이다.

五十二章

天下有始, 以爲天下母.

旣得其母, 以知其子; 旣知其子, 復守其母, 沒身不殆.

塞其兌, 閉其門,

終身不勤,

開其兌, 濟其事, 終身不救.

見小曰明, 守柔曰强.

用其光,

復歸其明,

無遺身殃, 是爲習常.

천하에 시작이 있으면 천하의 어미로 삼을 만하다.

이미 그 어미를 얻었으니 그로써 자식을 알고, 이미 그 자식을 안
것으로 다시 그 어미를 지키면, 평생토록 위태롭지 않다.

(감각·지각이 나오는) 그 구멍을 막고, (욕망이 나오는) 그 문門을 닫으면,

죽을 때까지 수고롭지 않겠으나,

그 구멍을 열고 일을 해결하려 하면 죽을 때까지 구제받지 못한다.

작은 것을 보는 것을 '밝다'明고 하고, 부드러움을 지키는 것을 '강
하다'强고 하니,

그 빛을 써서, 다시 (작은 것을 보는) '밝음'明으로 되돌려야

몸에 재앙을 남기지 않으니, 이것이 '늘 그러함'常을 익히는 것이다.

제53장

나는 걱정거리가 없다. 그러나 지혜는 있다. 따라서 위대한 도 안에 살고 있다.

나는 커다란 두려움 속에 선행을 한다.

(도의) 커다란 길이 매끄럽고 평탄하게 나 있지만, 사람들은 좁은 길 위를 걷는 것을 좋아한다.

정부가 백성의 안녕을 돌보기를 중단할 때, 평야는 비워지고 나라의 곡식창고는 절대 채워지지 않는다.

사람들은 다양한 색상의 옷을 입고 날카로운 칼을 차고 고급스러운 요리를 먹는다.

이 모든 것은 완전히 자부심이라고 불린다.

이것이 정말 도인가?!

五十三章

使我介然有知, 行於大道, 唯施是畏.
大道甚夷, 而民好徑,
朝甚除,
田甚蕪, 倉甚虛,
服文綵, 帶利劍, 厭飮食, 財貨有餘, 是謂盜夸. 非道也哉!

설령 내가 조금이라도 아는 것이 있어 (천하 만물에) 대도大道를 행
한다면, (이것을 잘못 행할까 봐) 오직 이것을 베푸는 것이 두려울 뿐
이다.
큰길은 아주 평탄하나 백성들은 샛길 (또는 지름길)을 좋아하며,
조정이 아주 깨끗이 치워져 있으면,
(농사짓는) 밭은 잡초만 무성하고, (백성의) 창고는 텅텅 비며,
오색 비단옷을, 입고 잘 드는 칼을 차고, 물리도록 먹고, 재화가
남아돌아간다면, 이것을 일러 도적질하여 사치 부리는 것이라고
하니, 도道가 아니다!

제54장

굳건하게 서 있는 것은 뽑을 수 없다.

잘 연결된 것은 풀지 못한다.

조상의 제삿날은 자손에 의해 기려진다.

자신을 위해 이를 하는 자는 자기 혼자만을 위해 선을 행한 것이다.

집안을 위해 이를 하는 자는 자신의 집안을 위해 선을 행한 것이다.

마을을 위해 이를 하는 자는 마을의 장이 된다.

나라를 위해 이를 하는 자는 나라를 위해 선을 행한 것이다.

온 세상을 위해 이를 하는 자는 온 세상을 위해 선을 행한 것이다.

나는 몸을 통해 몸, 집안을 통해 집안, 마을을 통해 마을, 나라를
통해 나라, 그리고 마침내 온 세상을 통해 온 세상을 연구한다.

그러나 나는 알지 못한다. 우주가 왜 이런지 아니면 저런지를.

五十四章

善建者不拔,
善抱者不脫,
子孫以祭祀不輟.
修之於身, 其德乃眞; 修之於家, 其德乃餘;
修之於鄕, 其德乃長; 修之於國, 其德乃豐; 修之於天下, 其
德乃普. 故以身觀身, 以家觀家, 以鄕觀鄕, 以國觀國,
以天下觀天下.
吾何以知天下之哉? 以此.

잘 심어 세운 것은 뽑히지 않고,
잘 끌어안은 것은 벗겨지지 않으니,
(자손에 이러한 도를 전하면) 자손이 제사를 그치지 않고 이어갈 것이다.
이 도를 몸에서 닦으면 그 덕德이 참되고, 이 도를 집에서 닦으면
그 덕이 넉넉해지고,
이 도를 마을에서 닦으면 그 덕德이 자라날 것이고, 나라에서 닦으면
그 덕이 풍성해질 것이며, 이 도를 천하에 닦으면 그 덕이 곧 널리
퍼질 것이다. 그러므로 몸(의 도)로써 몸을 보고, 집(의 도)로써 집을
보고, 마을(의 도)로써 마을을 보고, 나라(의 도)로써 나라를 보며,
천하(의 도)로써 천하를 본다.
내가 어떻게 천하가 그러한 줄 알았겠는가? 이(앞서 말한 내용)으로
써이다.

제55장

도덕적인 완성을 성취한 자는 어린 아기와 같다.

해로운 곤충은 어린 아기를 물지 않는다. 야생 짐승은 그를 해치지 않는다. 맹금류도 그들의 발톱으로 어린 아기를 습격하지 않는다.

어린 아기의 뼈는 부드럽고 근육은 약하지만, 물체를 매우 단단하게 잡을 수 있다.

어린 아기는 암컷과 수컷이 어떻게 짝을 짓고 어울리고 자궁 속의 배아가 어떻게 형성되는지는 알지 못하지만 세상에서 벌어지는 모든 일에 대해 자세히 알고 있다.

그는 하루 종일 울지만, 그의 울음소리는 결코 작아지지 않는다. 왜냐하면 그것은 (목소리는) 조화를 이루고 있기 때문이다.

조화에 대한 지식은 일관성이라고 불린다.

일관성에 대한 지식은 명백함이라 불린다.

육체만을 위한 즐거움은 불결함이라 불린다.

자신의 기분을 지배할 수 있는 영혼은 강한 영혼이다.

일반적으로 피는 것은 진다. 왜냐하면 그것은 도가 아니기 때문이다.

도가 없는 곳에는 조만간 끝이 온다.

五十五章

含德之厚, 比於赤子. 蜂蠆虺蛇不螫, 猛獸不據, 玃鳥不搏.
骨弱筋柔而握固,
未知牝牡之合而全作,
精之至也. 終日號而不嗄,
和之至也. 知和曰常, 知常曰明.
益生曰祥, 心使氣曰强.
物壯則老, 謂之不道, 不道早已.

덕德을 두텁게 품은 사람은 갓난아기에 견줄 수 있다. (갓난아기는)
벌과 전갈, 도마뱀과 뱀도 쏘지 않고, 맹수도 덮치지 않고, 독수리
도 움켜채지 않는다.
뼈가 약하고 근육이 부드러운데도 움켜쥠은 단단하고,
암수의 교합을 알지 못하는데도 온전히 자라는 것은,
정기精가 지극하기 때문이요, 종일토록 울어도 목이 쉬지 않는 것은,
조화和가 지극하기 때문이다. 조화를 아는 것을 '늘 그러함'常이라
하고,
늘 그러함 상常을 아는 것을 '밝음'이라고 한다.
삶을 보태는 것을 '상서롭다'고 하며,
마음이 기氣를 부리는 것을 '강하다'고 한다.
만물物은 장성해지면 노쇠하니, 이를 도道답지 못하다고 한다. 도
답지 못하면 일찍 끝난다.

제56장

많은 것을 아는 자는 침묵하고, 말을 많이 하는 자는 아무것도 알지 못한다.

도는 자신의 눈을 감고, 문을 닫고, 날카로운 것을 무디게 하고, 매듭을 풀고, 빛을 부드럽게 하고, 작은 것을 모은다.

이것은 성취될 수 없는 단일성이라 불린다.

도와 친숙해지는 것은 불가능하다.

도를 이용하는 것은 불가능하다.

누구도 도를 해할 수 없다.

도를 칭송할 근거가 없다.

도를 경멸할 이유는 더더구나 없다.

여기서 도가 세상에서 가장 고귀한 존재라는 사실이 명백해진다.

五十六章

知者不言, 言者不知.
塞其兌, 閉其門, 挫其銳; 解其紛, 和其光, 同其塵,
是謂玄同. 故不可得而親, 不可得而疏;
不可得而利, 不可得而害;
不可得而貴, 不可得而賤,
故爲天下貴.

아는 자는 말하지 않고,
말하는 자는 알지 못한다.
(성인은 감각·지각이 나오는) 구멍을 막고, (욕망이 나오는) 문을 닫으며,
날카로움을 꺾고,
엉킴을 풀며,
빛을 누그러뜨리고,
더러움에, 같아지니,
이를 일러 '현묘하게 같아짐'이라고 한다. 그러므로 가까이할 수
도 없고, 멀리할 수도 없으며,
이롭게 할 수도 없고, 해롭게 할 수도 없으며,
귀하게 여길 수도 없고 천하게 여길 수도 없다.
그러므로 천하의 귀함이 되는 것이다.

제57장

정의 없이는 국가를 통치할 수 없다.

전쟁을 성공적으로 이끌기 위해서는 유연성이 필요하다.

국가에 (여전히) 무질서가 없다면, (그때) 무질서를 잡아야 한다.

나는 이 사실을 어떻게 받아들일 수 있는가? 세상에 왜 그런 또는 다른 질서가 있는지?

국가에 파괴되어야 할 것들이 많이 있을 때 백성들은 가난해진다.

국가에 편리한 기계들이 많이 있을 때 백성들은 일하기를 멈춘다.

백성들 사이에 실력 있는 장인들이 많이 있을 때 이상한 물건의 수가 늘어날 것이다.

국가에 법과 법령이 많이 있을 때 범죄자가 늘어난다.

여기에서 성자가 다음과 같이 가르친다.

"내가 아무것도 하지 않으면(즉, 내가 새로운 것을 받아들이지 않으면), 백성들은 더 좋아진다."

"내가 조용하면, 백성들은 공정해진다."

"나에게 어떤 욕망도 없으면, 백성들은 단순해질 것이다."

五十七章

以正治國, 以奇用兵, 以無事取天下.
吾何以知其然哉？ 以此. 天下多忌諱, 而民彌貧; 民多利器,
國家滋昏,
人多伎巧, 奇物滋起;
法令滋彰, 盜賊多有.
故聖人云, 我無爲而民自化, 我好靜而民自正, 我無事而民
自富, 我無欲而民自樸.

올바름으로 나라를 다스리고 기이한 계책으로 군사를 운용해야
하나, 일을 만들지 않음으로 천하를 취할 수 있는 것이다.
내가 어떻게 그런 줄을 알겠는가? 이 때문이다: "천하에 꺼리고
피해야 할 것이 많아지면 백성은 더욱 가난해지고, 백성에게 이로
운 기물이 많아지면 국가는 더 혼란해지고,
사람에게 기교(지혜)가 많아지면 기이한 일들이 더욱 일어나고,
법령이 많아지면 도적이 늘어난다."
그러므로 성인은 "내가 부위無爲하면 백성들이 스스로 교화되어
지고, 내가 고요함을 좋아하면 백성이 스스로 바르게 되며, 내가
일을 만들지 않으니 백성들이 스스로 부유해지며, 내가 무욕無欲을
바라면 백성이 스스로 소박해진다"고 하였다.

제58장

국가를 통치함에 있어, 사소한 것들이 없을 때, 백성들은 부유해
진다.

그러나 국가를 통치하는 것이 사소하게 되면, 백성들은 가난해진다.

아, 슬픈 일이네! 복이 있는 곳에 불행이 있나니.

아, 좋은 일이네! 불행이 있는 곳에 행복이 있나니.

그러나 나는 알지 못한다. 불행이 어디에서 끝나고 행복이 어디에
서 시작되는지를.

진실이 없는 곳에서 사람들은 진실에 대해 뭔가 이상한 것에 접근
하듯이 접근하고, 선에 대해서는 유령에게 접근하듯이 접근한다.

오랜 시간 동안 사람들은 미혹되었다. 따라서 성자는 결코 그들에
게 양보하지 않을 것이다.

그는 욕심이 없지만, 그들에게 아무것도 주지 않을 것이다.

그는 성스러운 사람이다. 따라서 그는 어떤 것도 자의로 하지 않
는다.

비록 그가 온 세상을 위해 빛을 비추지만, 그는 빛을 좋아하지 않
는다.

五十八章

其政悶悶, 其民淳淳;
其政察察, 其民缺缺.
禍兮福之所倚, 福兮禍之所伏. 孰知其極? 其無正,
正復爲奇,
善復爲妖.
人之迷, 其日固久.
是以聖人方而不割,
廉而不劌,
直而不肆,
光而不燿.

(통치자의) 정치가 어리숙하면 백성은 순박해지고,
정치가 깐깐하게 살피면 백성은 이지러든다.
화禍여 복福이 거기에 기대어 있도다. 복이여 화가 거기에 숨어 있
도다. 누가 그 기준을 알겠는가? 아마도 그 바름이 없을 것이다.
바름은 다시 기이함이 되고,
착함은 다시 요사함이 된다.
사람들이 미혹된 지가 참으로 오래되었구나.
이래서 성인은 방정하지만 (만물을) 해치지 않고,
청렴함으로 (만물을) 상하게 하지 않고,
곧지만 방자하지 않으며,
밝게 비추지만 그것을 밖으로 드러내어 번쩍대지 않는다.

제59장

하늘을 섬기고 사람들을 통제하기 위해서는 절제를 지키는 것이
제일 좋다.
절제, 이것은 도덕적 완전성의 시작인 미덕의 첫 번째 단계이다.
도덕성이 높은 사람은 모든 어려움을 극복할 것이다.
어떤 어려움도 그것을 극복하는 힘의 깊이와 크기는 헤아릴 수 없
다.
그는 세상의 주인이 될 수 있다.
세계의 하느님은 우주의 어머니이다.
우주의 어머니는 영원히 살 것이다. 왜냐하면 그녀는 깊은 뿌리와
강력한 기반을 가지고 있기 때문이다.

五十九章

治人事天莫若嗇,
夫唯嗇, 是謂早服.
早服謂之重積德.
重積德則無不剋, 無不剋則莫知其極,
莫知其極, 可以有國,
有國之母, 可以長久.
是謂深根固柢, 長生久視之道.

사람을 다스리고 하늘을 섬기는 것으로 농사보다 나은 것이 없다.
오직 농사만이 일찍 (도를) 따른다 하며
일찍 좇는 것을 일러 거듭 덕德을 쌓는다고 한다.
거듭 덕德을 쌓으면 이기지 못할 것이 없고, 이기지 못할 것이 없
으면 그 끝을 알지 못한다.
그 끝을 알지 못하면 나라를 가질 수 있다.
나라의 어미됨을 가지게 되면 오래갈 수 있다.
이를 일러 뿌리를 깊고 단단하게 하며, 오래 살고 오래 보는 도道
라고 한다.

제60장

거대한 나라를 통치하는 것은 작은 물고기로 맛있는 음식을 요리하는 것과 같다.

성자가 국가를 통치하면, 사악한 영이 신이 되는 것을 멈출 것이다.

그런데, 이것은 사악한 영이 신 (또는 영)이 되는 것을 그만둘 것이라는 것을 의미하지는 않는다. 그러나 사람들은 그로부터의 해악을 참지 않을 것이다.

성자는 누구에게도 해를 끼치지 않는다. 또한 누구도 성자에게 해를 끼치지 않는다.

따라서 성자의 도덕성은 점점 더 완성되어 간다.

六十章

治大國若烹小鮮,
以道莅天下, 其鬼不神,
非其鬼不神, 其神不傷人;
非其神不傷人, 聖人亦不傷人.
夫兩不相傷, 故德交歸焉.

큰 나라를 다스리는 것은 작은 물고기를 삶듯이 해야 한다.
도道로써 천하에 다스리면 그 귀신조차도 영험스럽지 않게 된다.
그 귀신이 영험하지 못한 것이 아니라 그 영험함이 사람을 해치지
못하는 것이요,
그 영험함이 사람을 상하게 하지 못하는 것만이 아니라 성인聖人도
사람을 상하게 하지 않는다.
저 (귀신이 영험함과 성인의 성스러움) 둘이 서로 해치지 않는다. 그래서
덕德이 서로서로에게 돌아가는 것이다.

제61장

대국은 강의 하류와 같다.

우주의 합은 온 세상의 시작이다.

암컷은 항상 수컷을 이긴다. 왜냐하면 암컷은 조용하고 평화롭게 수컷 아래에 서 있기 때문이다.

큰 국가가 작은 국가 아래에 있으면, 큰 국가는 작은 국가를 지배한다.

작은 국가가 큰 국가 아래에 있으면, 작은 국가는 큰 국가를 지배한다.

여기에서 다른 국가보다 아래에 있는 국가가 다른 모든 국가를 지배할 것이라는 사실이 명백해진다.

그렇다면, 큰 국가와 작은 국가란 무엇인가?

큰 국가는 많은 백성들이 사는 곳이고, 작은 국가는 적은 백성들이 사는 곳이다.

만일 국가의 통치자가 다른 사람보다 아래에 있으면, 그의 좋은 계획을 실현할 것이다.

여기에서 위대해지기를 원하는 자는 모두 사람의 아래에 있어야 한다는 사실이 명백해진다.

六十一章

大國者下流,
天下之交,
天下之牝.
牝常以靜勝牡, 以靜爲下.
故大國以下小國,
則取小國;
小國以下大國, 則取大國.
故或下以取, 或下而取,
大國不過欲兼畜人, 小國不過欲入事人. 夫兩者各得其所欲,
大者宜爲下.

큰 나라는 (아래쪽에 처하는) 하류와 같으니,
천하 사람들이 모여드는 곳이요,
천하 사람들이 (스스로 찾아서 돌아오는) 암컷이다.
암컷은 항상 고요함으로 수컷을 이기며 고요함으로 아래가 된다.
그러므로 큰 나라로서 작은 나라 아래에 낮추면,
작은 나라를 취하고,
작은 나라로서 큰 나라에 낮추면 큰 나라에게 취해지니,
그러므로 혹은 낮춤으로써 취하고 혹은 낮추어서 취해지니,
큰 나라는 다른 사람들을 다 거느리기를 바랄 뿐이고, 작은 나라는
다른 사람 밑에 들어가 섬기기를 바랄 뿐이다. 저 (큰 나라와 작은 나라)
둘이 각기 바라는 바를 얻으려면 큰 나라는 마땅히 낮추어야 한다.

제62장

도는 존재의 깊이이다.
그것은 좋은 사람들의 보물이다.
그것은 또한 사악한 사람들도 가지는 것이다.
우아한 말들은 돈으로 살 수 있다.
선행은 모든 사람들이 할 수 있다.
사람들은 사악하지만 그들을 완전히 버릴 수 없다.
황제와 세 명의 위대한 대신을 선택한다.
그들은 손에 귀중한 돌을 들고, 마차를 타고 이리저리 왔다갔다하지만, 그것은 한 곳에 앉아 도를 가르치는 것보다 훨씬 더 나쁘다.
고대에 도가 그렇게 깊이 존경을 받은 이유는 무엇일까?
그것은 도 덕택에 범죄자가 떠났다는 이유 때문이 아닐까?
여기에서 고대에는 아마 도가 온 세상에서 칭송을 받았을 것이다.

六十二章

道者萬物之奧,
善人之寶,
不善人之所保.
美言可以市, 尊行可以加人,
人之不善, 何棄之有!
故立天子, 置三公,
雖有拱璧以先駟馬, 不如坐進此道.
古之所以貴此道者何? 不曰以求得, 有罪以免邪? 故爲天下貴.

도道란 만물을 덮어서 가리고 있는 것이니,
착한 사람이 보배로 여기는 것이고,
착하지 않은 사람도 간직하고 있는 것이다.
말을 멋지게 하면 (시장에서) 팔 수가 있고, 행실을 사람에게 뛰어
나게 하면 영향을 미칠 수 있으니,
사람이 착하지 않다고 해서 어찌 그 사람을 버릴 수 있겠는가!
그러므로 천자를 세우고 삼공三公을 두어,
비록 보석을 끌어안고 네 마리 말이 끄는 마차를 앞세워 바치더라
도, 가만히 앉아서 이 도道를 진상하는 것만 못하다.
옛날에 이 도道를 귀하게 여겼던 까닭은 무엇인가? 구하면 얻을 것
이요 죄가 있어도 사면 받을 것이라고 말하지 않았던가? 그러므
로 천하에서 귀하게 여겨지는 것이다.

제63장

모든 사람은 무위 상태여야 한다.

모든 사람은 완전한 고요함을 지켜야 한다.

모든 사람은 가장 간단한 음식을 먹어야 한다.

큰 것은 작고, 많은 것은 많지 않다.

당신을 싫어하는 자에게 선으로 복수하라.

커다란 불행은 하찮은 불행으로부터 시작되는 것처럼, 당신이 잘 살고 있을 때, 힘이 들 때 무엇을 해야 할지를 생각하라.

온 세상의 불행은 마치 커다란 일이 작은 일로부터 시작되듯이, 작은 불행에서 시작된다.

성자는 세상에서 위대해지기를 바라지 않는다. 그렇기 때문에 위대한 일을 한다.

쉽게 얻은 동의는 신뢰받지 못한다.

쉬운 일이 많은 곳에 어려운 일이 많다.

이것이 바로 성자가 불행 속에 사는 것처럼 사는 이유이다. 따라서 그에게는 불행이 없다.

六十三章

爲無爲, 事無事, 味無味,
大小多少, 報怨以德,
圖難於其易, 爲大於其細. 天下難事, 必作於易, 天下大事,
必作於細, 是以聖人終不爲大, 故能成其大. 夫輕諾必寡信,
多易必多難, 是以聖人猶難之,
故終無難矣.

무위無爲를 행하고, 무사無事를 일삼고, 무미無味를 맛있게 여기고,
작은 것을 크게 여기고 적은 것을 많게 여기며(혹은 크든 작든 많든 적
든 간에), 원한을 덕德으로써 갚으며,
쉬운 데서 어려운 것을 도모하고, 작은 데서 큰일을 한다. 천하의
어려운 일은 반드시 쉬운 일에서 일어나고, 천하의 큰일은 반드시
작은 일에서 일어난다. 그래서 성인聖人은 끝내 큰일을 꾀하지 않
으므로 큰 것을 이룰 수 있다. 무릇 가벼운 승낙은 반드시 믿음이
적고, 쉬운 게 많으면 반드시 어려움도 많아진다. 이 때문에 성인은
오히려 가볍고 쉬운 일을 어렵게 여긴다.
그래서 끝내 어려움이 없게 된다.

제64장

가벼운 물건은 잡기 쉽다.

완전하게 탐지하기까지 (불행을) 예방하기는 쉽다.

약한 것은 깨지기 쉽고, 작은 것은 흩어지기 쉽다.

아직 필요가 없을 때(즉, 적이 없을 때), 방어를 구축해야 한다.

모든 것이 여전히 괜찮을 때, 국가의 안녕에 주의해야 한다.

두 손으로 안을 수 없을 정도로 큰 나무도 작은 것에서부터 시작했다.

구층탑도 한 줌의 흙으로 만들어졌다.

천 리 길을 가기 위해서는 한 걸음부터 시작한다.

만들 수 있는 자는 파괴할 수 있다.

가진 자는 잃을 수 있다.

성자는 아무것도 만들지 않는다. 따라서 어떤 것도 파괴하지 않는다.

그는 아무것도 가지고 있지 않으므로 아무것도 잃지 않을 것이다.

일에 착수하면서 빨리 성과를 내기 위해 서두르는 자는 아무 일도 하지 못한다.

시작처럼 조심스럽게 자신의 일을 끝내고자 하는 자는 실패하지 않는다.

따라서 성자는 항상 공정하고, 어려운 일에 가치를 부여하지 않고, 의미 없는 가르침을 듣지 않기 위해 노력한다.

그는 많은 사람들이 한 일을 반복하고 있다.

그는 사물의 자연스러운 흐름을 증진시키려고 노력하지만, 어떤 경우에도 그것을 방해하지 않는다.

六十四章

其安易持，其未兆易謀，其脆易泮，其微易散．爲之於未有，
治之於未亂．合抱之木，生於毫末；九層之臺，起於累土；千
里之行，始於足下．爲者敗之，執者失之，是以聖人無爲故無
敗；無執，故無失．民之從事，常於幾成而敗之．愼終如始，
則無敗事．是以聖人欲不欲，不貴難得之貨，學不學，復衆人
之所過，以輔萬物之自然，而不敢爲．

편안할 때 유지하기 쉽고 조짐이 드러나지 않을 때 도모하기 쉬우며,
무를 때 쪼개기 쉽고 작을 때 흩어버리기 쉽다.
아직 드러나지 않았을 때에 하고, 아직 어지러워지지 않았을 때에
다스려야 한다.
한아름이나 되는 큰 나무도 털끝 같은 싹에서 생겨나고, 구층이나
되는 누각도 한 삼태기의 흙에서 세워지며, 천 리의 여행도 발아
래에서 (한걸음부터) 시작한다. 하려는 이는 실패하고 붙잡으려는
사람은 잃어버린다.
이 때문에 성인은 함이 없으므로 실패함이 없고 잡지 않으므로 잃
어버림이 없다. 백성들이 일하는 것을 보면 항상 거의 다 이룰 때
쯤에 실패한다.
마침을 신중하기를 시작할 때처럼 하는 일이 없다. 이 때문에 성
인은 바라지 않기를 바라고 어려운 재화를 귀하게 여기지 않으며,
배우지 않기를 배우고 뭇사람들이 지나치는 것을 되돌이키며,
만물이 스스로 그러하는 것을 돕되 감히 (억지로) 하지 않는다.

제65장

고대에, 도의 실천자들은 백성들을 깨우치려고 하지 않았다. 그들은 백성들을 무지하게 유지했다.

백성들을 다스리는 것이 어려운 이유는 백성들이 스스로 깨닫고, 그 안에서 많은 현명한 자들이 나오기 때문이다.

불필요하거나 매우 추상적인 추론으로 국가를 통치하는 자는 국가를 완전히 파괴할 것이다.

국가가 불필요하거나 매우 추상적인 추론 없이 통치될 경우, 국가는 안녕할 것이다.

이 두 가지 요소의 (본질을) 알고 있는 자는 (백성들에게) 도덕적 삶의 모범이 될 것이다.

그것은 (사람들에 의해) 상상할 수 없는 미덕이라고 불릴 것이다.

아, 깊고 상상할 수 없는 도덕이여!

그것은 자신의 존재, 모든 실존에 반대되지만, 결코 어떤 것에도 저항하지 않는다.

그것은 위대한 복종을 지키고 있다.

六十五章

古之善爲道者, 非以明民, 將以愚之.
民之難治, 以其智多,
故以智治國, 國之賊;
不以智治國, 國之福, 知此兩者, 亦稽式. 常知稽式, 是謂玄
德. 玄德, 深矣, 遠矣,
與物反矣,
然後乃至大順.

옛날에 도道를 잘 행했던 자는 백성을 똑똑하게 만들지 않고 오히
려 어리석게 만들었다.
백성들을 다스리기 어려운 것은 백성이 꾀가 많기 때문이니,
그러므로 꾀로 나라를 다스리는 것은 나라를 해치는 일이고,
꾀로 나라를 다스리지 않는 것은 나라의 복福이다. 이 두 가지를
아는 것은 (예나 지금이나) 동일한 준칙이다. 늘 현묘한 덕玄德이라고
하니 현묘한 덕은 깊고도 아득하다.
만물과 함께 도로 돌아가니,
그러한 뒤에야 곧 크게 순응하는 데에 이른다.

제66장

강과 바다가 많은 계곡(그것을 통해 강이 흐르는)의 황제가 되는 이유
는 강과 바다가 계곡의 아래에 있기 때문이다.
이것이 바로 강과 바다가 계곡의 황제인 이유이다.
성자가 백성들을 높이고자 하면, 백성들을 낮춘다.
성자가 백성들을 앞세우고자 하면, 백성들을 뒤에 둔다.
여기에서 백성들이 높은 지위를 차지하더라도 자랑스러워하지 않
을 것이다.
여기에서 백성들이 앞으로 나아가더라도 누구에게도 해를 끼치지
않을 것이다.
내가 말한 모든 것이 실현될 때, 온 세상에 평화가 있을 것이다.
온 세상에 평화가 있을 때, 다툼은 없을 것이다.

六十六章

江海所以能爲百谷王者, 以其善下之, 故能爲百谷王. 是以
欲上民, 必以言下之, 欲先民, 必以身後之. 是以聖人處上而
民不重, 處前而民不害, 是以天下樂推而不厭, 以其不爭. 故
天下莫能與之爭.

강과 바다가 수많은 골짜기를 (거느리는) 왕王이 될 수 있는 까닭은
(그가) 잘 아래가 되기 때문이다. 이 때문에 (성인은) 백성들의 위에
오르고자 하면 반드시 말을 낮추고, 백성들의 앞에 나서고자 하면
반드시 그의 몸을 뒤로 물린다. 이렇게 해서 성인은 윗자리에 있
으되 백성들이 부담스러워하지 않고, 앞에 있으되 백성들이 해롭
다 여기지 않는다. 따라서 천하가 기꺼이 떠받들되 싫증난다 하지
않는다. (이처럼 성인은) 다투지 않는다. 그러므로 천하가 그와 더불
어 다툴 수가 없다.

제67장

모든 땅에서 사람들은 말한다. 나의 도가 위대하다고.
사실 그것은 광기처럼 보인다. 그러나 틀림없이 훌륭하다.
나에게는 보물처럼 지키는 세 가지 장점이 있다.
세 가지 보물 중 첫 번째는 인간애이다.
두 번째는 절약이다.
세 번째는 겸손 또는 내가 그것 때문에 온 세상의 지도자가 되고
싶지 않은 것이다.
인간을 사랑하는 자는 용감하다.
절약하는 자는 관대하다.
겸손한 또는 내가 그것 때문에 온 세상의 지도자가 되고 싶지 않
은 자는 오랫동안 유용할 것이다.
인간의 사랑을 알지 못하면서 용감한 자, 절약을 모르면서 관대한
자, 겸손함을 모르고 앞으로 나아가는 자는 죽을 것이다.
인간의 사랑을 위해 전쟁을 벌이는 자는 적을 이길 것이다.
그가 백성들을 보호한다면 방어는 강력할 것이다.
이것은 그와 유사한 사람들에 의해 보전되는 하늘이 그를 구하기
때문이다.

六十七章

天下皆謂我大, 似不肖. 夫唯大, 故似不肖. 若肖, 久矣其細
也夫. 我有三寶, 持而保之. 一曰慈, 二曰儉, 三曰不敢爲天
下先. 慈, 故能勇; 儉, 故能廣; 不敢爲天下先, 故能成器長.
今捨慈且勇, 舍儉且廣, 舍後且先, 死矣! 夫慈, 以戰則勝,
以守則固, 天將救之, 以慈衛之.

천하가 모두 나의 도道는 위대하여 닮은 것이 없는 듯하다고 한다.
오직 위대하기 때문에 닮은 것이 없는 것 같다. 만약 무언가를 닮
았다면 오래전에 (나의 도의 위대함은) 보잘것없는 것이 되었을 터이다.
나에게는 세 가지 보배가 있으니, 그것을 간직하여 지킨다. 첫째는
자애로움이고, 둘째는 검소함이고, 셋째는 감히 천하에 나서지 않
는 것이다.
자애로우므로 용감할 수 있고,
검소하므로 넉넉할 수 있고,
감히 천하에 나서지 않으므로 기물器物들의 우두머리가 될 수 있다.
오늘날에는 자애로움을 버리고 용맹만을 취하며,
검소함을 버리고 넉넉함을 취하며, 물러섬을 버리고 나섬만을 취
하니 죽게 될 것이다. 저 자애로움으로 전쟁을 하면 승리하고,
(자애로움으로) 지키면 견고하니, 하늘이 장차 이러한 사람을 그를
구원하는 것은 자애로움으로 그를 지켜 주기 때문이다.

제68장

참으로 깨달은 사람은 결코 싸우지 않는다.
뛰어난 전사는 절대 화내지 않는다.
승자는 절대 외부 지원을 요청하지 않는다.
사람들을 기꺼이 이용할 수 있는 사람은 저항 없는 덕, 사람들의
(서비스를) (신중하게) 이용하기 위한 수단, 하늘과의 합의라 불리는
낮은 곳에 자리를 잡는다.
이러한 것은 고대에 세워졌다.

六十八章

善爲士者不武,
善戰者不怒,
善勝敵者不與,
善用人者爲下. 是謂不爭之德, 是謂用人之力,
是謂配天, 古之極.

무사 노릇을 잘하는 자는 무용武勇을 뽐내지 않고,
싸움을 잘하는 자는 분노하지 않고,
적敵을 잘 이기는 자는 맞서지 않고,
사람을 잘 쓰는 자는 (자신을) 아래로 낮춘다. 이것을 "다투지 않는
덕"이라 하고, 이것을 "남을 쓰는 힘"이라고 하며, "하늘에 짝한
다"고 하니, 예로부터의 준칙이다.

제69장

'병법'에서 말하기를, 전쟁에서는 결코 적극적으로 움직이지 말고, 소극적으로 움직여라.

앞으로 나아가지 말고, 뒤로 한 걸음 물러나라. 이것은 저항하지 않고 적에게 논쟁거리를 주는 것을 의미한다.

적이 없으면 전쟁도 없다.

적을 경멸하는 것보다 더 심각한 문제는 없다.

적을 경멸하는 것은 어쨌든 아무 의미 없이 부를 버리는 것과 같다.

자신의 군대가 증가하는 것을 슬퍼하는 자는 항상 승자가 될 것이다.

六十九章

用兵有言, 吾不敢爲主而爲客, 不敢進寸而退尺. 是謂行無行,
攘無臂, 執無兵, 扔無敵.
禍莫大於輕敵, 輕敵幾喪吾寶.
故抗兵相若, 哀者勝矣.

군대를 부리는 사람(용병가)들에게는 이런 말이 있다. "나는 감히
주인이 되지 않고 손님이 되고, 감히 한 치도 나아가지 않고 한 자
를 물러선다."
이것을 "행군할 적에는 흔적이 없고, 팔뚝을 걷어붙이려 해도 팔
뚝이 없고, 잡으려고 해도 병기가 없고, 잡아들이려 해도 적이 없
다."고 한다. 적敵을 얕보는 것보다 더 큰 재앙이 없으니, 적을 얕
보다가는 나의 보물을 거의 잃을 것이다.
그러므로 군사를 동원한 것이 서로 대등할 때에는 (죽임을) 애통해하
는 쪽이 승리한다.

제70장

나는 말한다. 지식을 얻고 좋은 일을 하는 것은 매우 쉽다.
그런데, 온 세상에서 누구도 이것을 알지 못하고, 누구도 좋은 일을 하지 않는다.
말에는 원칙이 있어야 하고, 일에는 지배자가 있어야 한다.
지식이 없다. 이것이 바로 내가 아무것도 모르는 이유이다.
나를 아는 사람이 거의 없다. 그래서 나는 명예롭다.
여기에서 성자는 누더기 옷을 입고 있지만 그 자신에게는 소중한 돌을 품고 있다.

七十章

吾言甚易知, 甚易行, 天下莫能知, 莫能行.
言有宗, 事有君,
夫唯無知, 是以不我知.
知我者希, 則我者貴,
是以聖人被褐懷玉.

내 말은 매우 알기 쉽고 행하기 쉬우나 천하가 잘 알지 못하고 잘
행하지 못한다.
말에는 으뜸宗이 있고, 일에는 주인君이 있으나,
저것(으뜸과 주인)을 알지 못한다. 이 때문에 나를 알지 못한다.
나를 아는 자가 드물면 나는 귀해진다.
이 때문에 성인은 (겉에는) 거친 베옷을 입고 (속으로는) 보옥을 품는
다.

제71장

많이 알면서도 아무것도 모르는 것처럼 자신을 유지하는 사람은
덕이 있는 사람이다.
아무것도 모르면서 많이 아는 사람처럼 자신을 유지하는 사람은
병든 사람이다.
육체적인 병을 앓고 있는 사람은 정말 아픈 사람이 아니다.
성자는 결코 아프지 않는다. 왜냐하면 그는 비록 (몸이 아플지라도),
병을 알지 못하기 때문이다.

七十一章

知不知, 上; 不知知, 病.
夫唯病病, 是以不病. 聖人不病, 以其病病, 是以不病.

알고도 알지 못하는 체하는 것(혹은 알지 못하는 것을 아는 것)이 으뜸
이요, 알지 못하면서도 아는 체하는 것(혹은 안다는 것이 무엇인지 알지
못하는 것)이 병이다.
대저 오직 병을 병으로 여기는 까닭에 병이 되지 않는 것이다. 성
인聖人에게 병이 없는 것은 병을 병으로 여기는 까닭에 병이 되지
않는 것이다.

제72장

백성들이 강한 자에 대한 두려움을 멈출 때, 강한 자들이 그들을 공격할 것이다.

집이 어떤 것이든 성자에게는 비좁지 않다.

탄생의 장소가 어떤 곳이든 성자에게는 마찬가지이다.

어떤 사물도 그를 강요하지 못한다. 따라서 그는 누구도 강요하지 않는다.

성자는 자신의 존엄성을 잘 알고 있지만 결코 그것을 감지하지 않는다.

비록 그에게 자애가 낯설지 않지만, 그는 결코 그것을 자랑스러워하지 않는다.

이것이 바로 모든 사람들이 존엄성과 자애를 멀리하고 그것들을 감지하거나 자랑스러워하지 않아야 할 이유이다.

七十二章

民不畏威, 則大威至,
無狹其所居, 無厭其所生.
無狎其所居, 無厭其所生.
夫唯不厭,
是以不厭.
是以聖人自知, 不自見;
自愛, 不自貴.
故去彼取此.

백성들이 (통치자의) 위력을 두려워하지 않으면 (이때) 큰 위력이 생
김에 이르니, (백성들의) 가만히 있음居에 업신여김이 없고, 조용히
살아감生에 싫증남이 없어야 하는 법이다.
대저 오직 (통치자가) 싫증 내지 않으니,
이 때문에 (백성들도) 싫증 내지 않는다.
이래서 성인은 스스로 알고 있지만 스스로는 드러내지 않으며,
스스로 아끼지만 스스로는 귀하게 여기지 않는다.
그러므로 저것(스스로 드러내고, 귀하게 여김)을 버리고 이것(스스로 알고,
아낌)을 취한다.

제73장

강하고 대담한 자는 사람을 죽인다.

강하지만 대담하지 않은 자는 살린다.

이 둘은 유용하거나 유해하다.

왜 하늘이 하나만 사랑하고 다른 것은 사랑하지 않는지 아무도 모른다.

성자조차도 이 문제를 풀 수 없다.

하늘의 도는 결코 다투지 않는다. 따라서 그것은 모든 것을 이긴다.

비록 도가 말하는 것은 적으나, 말을 많이 하는 자보다 더 도움이 된다.

누구도 도를 부르지 않지만, 도는 어디에나 있다.

도가 아무것도 하지 않는 것처럼 보이지만, 실제로 그것은 무엇보다도 더 잘 작동한다.

하늘의 그물은 조밀하지 않아 모든 물체를 통과시키는 듯 보이지만, 어떤 것도 그것으로부터 벗어나지 못한다.

七十三章

勇於敢則殺,
勇於不敢則活,
此兩者, 或利或害,
天之所惡, 孰知其故? 是以聖人猶難之.
天之道, 不爭而善勝,
不言而善應,
不召而自來,
繟然而善謀,
天網恢恢, 疏而不失.

과감히 하는 데에 용감하면 죽을 것이고,
과감히 하지 않는 데 용감하면 살 것이다.
이 두 가지는 어떤 것은 이롭고, 어떤 것은 해로우나,
하늘이 싫어하는 이유를 누가 알겠는가? 이 때문에 그래서 성인은
오히려 그것을 어렵게 여긴다.
하늘의 도道는 다투지 않으면서 잘 이기고,
말하지 않으면서 잘 응답하고,
부르지 않아도 스스로 찾아오고
느긋하면서도 잘 도모한다.
하늘의 그물은 넓고 커서 성긴 듯하나 놓치는 것이 없다.

제74장

죽음을 두려워하지 않는 백성들을 죽음으로써 겁을 줄 수는 없다.
죽음을 두려워하도록 교육받은 백성들을 죽음을 초래할 수 있는
일로써 겁을 줄 수는 없다.
사람을 죽이는 업무를 하는 사람이 있다.
집행자 대신 사람을 죽이는 자는 사형 집행인(망나니)이라 불린다.
사형 집행인(망나니)은 살인을 저지르며 자신의 팔을 다친다.

七十四章

民不畏死, 奈何以死懼之! 若使民常畏死而爲奇者, 吾得執
而殺之, 孰敢?
常有司殺者殺, 夫代司殺者殺, 是謂代大匠斲. 夫代大匠斲
者, 希有不傷其手矣.

백성이 죽음을 겁내지 않는데, 어찌 죽음으로 그들을 두렵게 하겠
는가? 만약 백성으로 하여금 늘 죽음을 두려워하게 해 두고 기이한
짓을 하는 사람이 있다면 내가 그를 잡아서 죽일 수 있으니 누가
감히 그렇게 하겠는가?
늘 죽이는 일을 담당하는 자를 두어 죽이니 대저 죽이는 일을 담
당한 자를 대신하여 죽인다면, 이것은 훌륭한 목수를 대신하여 나
무를 다듬는 것이라고 한다. 훌륭한 목수를 대신하여 나무를 다듬
는 사람치고 그 손을 다치지 않는 경우는 드물다.

제75장

국가의 세금이 너무 많고 무거우면, 백성들이 굶주린다.
이것이 바로 백성들의 고통의 원인이다.
만약 정부가 백성들을 극도로 어렵게 하면 백성들은 불복종할 것이다.
이것이 바로 백성들의 불복종의 이유이다.
백성들이 너무나 강하게 생을 찾으면 죽음을 가장 쉬운 일로 바라볼 것이다.
이것이 바로 백성들이 죽음을 무시하는 태도의 이유이다.
이것이 바로 생을 찾지 않는 자가 생을 찾는 자보다 현명한 이유이다.

七十五章

民之饑, 以其上食稅之多, 是以饑. 民之難治, 以其上之有
爲, 是以難治. 民之輕死, 以其上求生之厚, 是以輕死. 夫唯
無以生爲者, 是賢於貴生.

백성이 굶주리는 것은 윗사람들이 받아먹는 세금이 많기 때문이다.
그래서 굶주리는 것이다. 백성을 다스리기 어려운 것은 윗사람들
이 무언가 일을 벌이기 때문이다. 그래서 다스리기 어려운 것이다.
백성이 죽음을 가볍게 여기는 것은 윗사람들이 자신들의 삶만을
소중히 하려 하기 때문이다. 그래서 죽음을 가볍게 여기는 것이
다. 오직 삶을 위함이 없는 것이 삶을 귀하게 여기는 것보다 현명
하다.

제76장

갓 태어난 아기는 부드럽고 약하다.
죽은 사람의 시체는 강하고 유연하지 않다.
막 싹이 난 식물은 부드럽고 약하다.
건조한 식물은 단단하고 유연하지 않다.
여기에서 부드럽고 약한 것이 살아남는다는 사실이 분명해진다.
강력한 군대가 승리하는 것은 아니다.
나뭇가지 묶음은 결코 부러뜨릴 수 없다.
강한 것은 아래에 있고, 약한 것은 위에 있다.

七十六章

人生之柔弱, 其死也堅强. 萬物草木之生柔脆, 其死也枯槁,
故堅强者死之徒, 柔弱者生之徒. 是以兵强則不勝,
木强則兵.
强大處下,
柔弱處上.

사람이 막 태어날 적에는 부드럽고 약하지만, 죽게 되면 딱딱하고
굳어진다. 만물과 초목이 막 태어났을 때에는 부드럽고 무르지만
죽게 되면 마르고 딱딱해진다. 그러므로 딱딱하고 굳은 것은 죽음
의 무리이고, 부드럽고 약한 것은 삶의 무리이다. 이 때문에 군대가
강하면 이기지 못하고,
나무가 강하면 베어지고
강하고 큰 것은 아래에 처하고,
부드럽고 연약한 것은 위에 처한다.

제77장

하늘의 도는 활의 현을 당기는 사람과 같다.
높은 사람은 활을 올리고, 낮은 사람은 시선을 올린다.
넉넉한 사람은 잃을 것이다.
부족한 사람은 얻을 것이다.
왜냐하면 하늘의 도는 항상 남아도는 사람의 것을 가져가고, 부족한 사람에게 주기 때문이다.
그런데, 인간의 도는 반대이다. 가지지 못한 자의 것을 빼앗고, 남아도는 자에게 보탠다.
따라서 온 세상에 자신의 잉여(남아도는 것)를 헌사하는 사람은 도가 있는 사람이다.
성자는 많은 일을 하지만 한 일에 대해 자랑하지 않는다.
공헌을 하지만, 인식하지 못한다. 왜냐하면 그는 자신의 지혜를 발견하고 싶지 않기 때문이다.

七十七章

天之道, 其猶張弓與! 高者抑之, 下者舉之; 有餘者損之, 不
足者與之. 天之道, 損有餘而補不足. 人之道則不然,
損不足以奉有餘. 熟能有餘以奉天下? 唯有道者. 是以聖人
爲而不恃, 功成而不處, 其不欲見賢.

하늘의 도道는 아마도其 활을 당기는 것 같구나! 높은 것은 누르고
낮은 것은 들어 올리며, 남으면 덜고 부족하면 보태 준다. 하늘의
도는 남는 것을 덜어 내어 부족한 것을 보태 주지만 사람의 도는
그렇지 않아, 부족한 것을 덜어 남는 곳을 반드시 누가 남는 것으
로 천하를 받들 수 있겠는가? 오직 도道가 있는 자만이 그럴 수 있
을 것이다. 이 때문에 성인은 하되 의지하지 않고, 공功을 이루되
(거기에) 있지 않으며, 아마도其 현명함을 드러내 보이려 하지 않을
것이다.

제78장

온 세상에서 물보다 더 약하고 부드러운 것은 없다. 그러나 물은 가장 단단한 것을 파괴할 수 있다.

세상에는 물을 이길 수 있는 것이 없다. 왜냐하면 물은 어떤 것보다 더 부드럽고 약하기 때문이다.

약함이 강함을 능가하고, 부드러움이 딱딱한 것을 능가한다는 사실은 잘 알려져 있다. 그러나 누구도 그것을 인식하지 못한다.

성자는 말한다. (황제로부터) 영지를 받은 자가 영주가 될 것이다. 그러나 스스로 국가의 감독을 맡은 자가 황제가 될 것이다.

진실의 목소리는 들리는 것과 반대이다.

七十八章

天下莫柔弱於水, 而攻堅强者莫之能勝, 以其無以易之.
弱之勝强, 柔之勝剛, 天下莫不知, 莫能行. 是以聖人云, 受
國之垢, 是謂社稷主; 受國不祥, 是謂天下王. 正言若反.

천하에 물보다 부드럽고 약한 것이 없으나 단단하고 강한 것을 공
격하는 데에 이것을 이길 것이 없다. 물其은 그렇게 부드럽고 약한
것之을 바꿈이 없기 때문이다.
연약한 것이 강한 것을 이기고 부드러운 것이 단단한 것을 이긴다
는 것은, 천하가 다 알고 있으나 행하지는 못한다. 그래서 성인은
"나라의 온갖 더러운 것을 받아들이는 자를 일러 사직社稷의 주인
이라 하고, 나라의 상서롭지 못한 일을 받아들이는 자를 일러 천하
의 왕王이라고 한다."고 했다. 바른말은 마치 반대되는 것과 같다.

제79장

심한 증오 후에 약한 증오가 남을 것이다.
비록 약할지라도 증오하는 자는 증오의 대상에게 선을 가져다주지
못한다.
성자는 모든 사람에게서 맹세한 증언을 받지만, 이것은 누구도 억
압하지 않는다.
도덕적인 사람은 맹세를 지키고, 비도덕적인 사람은 맹세를 깬다.
하늘의 도는 친척이 없다. 따라서 항상 착한 사람들에게 의지한다.

七十九章

和大怨, 必有餘怨,
安可以爲善? 是以聖人執左契,
而不責於人. 有德司契, 無德司徹.
天道無親, 常與善人.

큰 원한은 풀어주어도 반드시 (풀리지 않은) 남은 원한이 있게 되니,
어찌 잘했다고 할 수 있겠는가? 그래서 성인은 좌계左契(차용증서
부본)을 가지고 있어도, 다른 사람에게 (갚으라고) 요구하지 않는다.
덕이 있는 이는 계契(차용증서)를 잘 살피는 일을 담당하고(=관대하고)
덕이 없는 사람은 철徹(잘못)을 잘 살피는 일을 담당한다(=가혹하다).
하늘의 도天道는 사사로이 친함이 없으니 언제나 선한 사람善人과
함께한다.

제80장

작은 국가에는 사람들이 적기 때문에, 많은 최고의 무기가 있지만
사용하지 않고 필요 없이 그대로 보관된다.

그러한 국가의 백성들은 어떤 직업(일)도 잃고, 어느 곳으로도 움
직이지 않고, 자신이 태어난 곳에서 죽을 것이다.

만약 그(작은 국가)에게 많은 마차와 배가 있다 할지라도, 그것들은
사용되지 않고 그대로 보관될 것이다.

비록 그가 잘 조직된 군대를 가지고 있다 할지라도 그것들을 배치
할 곳이 없을 것이다.

그는 자신의 국가를 보호하기 위해 밧줄을 짤 것이다.

비록 그가 잘 먹고, 아름답게 옷을 입고, 가장 조용한 주택을 짓고,
즐겁게 살지만, 그의 존재는 아무 소용이 없을 것이다.

비록 그런 국가가 수탉의 울음소리와 개 짖는 소리를 들을 수 있을
정도로 이웃과 가까이 있을지라도, 그들 사이에는 결코 의사소통이
없을 것이다.

八十章

小國寡民,
使有什佰之器而不用,
使民重死而不遠徙.
雖有舟輿, 無所乘之; 雖有甲兵, 無所陳之; 使人復結繩而用
之. 甘其食, 美其服, 安其居, 樂其俗. 鄰國相望, 鷄犬之聲
相聞, 民至老死不相往來.

나라를 작게 하고 백성의 수를 적게 하며,
열 사람 백 사람이 쓸 만한 (이로운) 기물이 많이 있어도 쓰지 않게
하고,
백성으로 하여금 죽음을 중히 여겨, 멀리 옮겨다니지 않도록 한다.
배와 수레가 있지만 그것을 탈 일이 없고, 갑옷과 병기가 있지만
그것을 쓸 일이 없게 한다. 사람들로 하여금 다시 새끼를 엮어 (문
자로) 쓰게 하고 그들의 음식을 달게 여기게 하고, 그들의 옷을 아
름답게 여기게 하며, 그들의 사는 곳을 편안히 여기게 하고, 그들
의 풍속을 즐겁게 여기도록 해 주어라. 이웃 나라가 서로 바라보
이고, 닭 울고 개 짖는 소리가 서로 들려도 백성들이 늙어서 죽을
때까지 서로 왕래하지 않는다.

제81장

진실의 목소리는 우아하지 않다. 우아한 말은 거짓말이다.
도덕적인 사람은 말을 잘하지 못한다. 말을 잘하는 사람은 거짓말쟁이다.
현자는 많이 알지 못한다. 많이 아는 자는 현자가 아니다.
성자는 어떤 것도 저장하지 않는다.
만약 그가 무엇인가를 저장한다면 그것은 남을 위할 경우이다.
그가 무엇인가를 가지고 있을 때, 그는 모든 것을 다른 사람과 공유한다.
따라서 그의 저장고는 점점 더 커지고 있다.
하늘의 도는 유용하다. 그 자체로 사람들에게 해를 끼치는 어떤 것도 가지고 있지 않다.
성자의 도는 선을 창조하고 다투지 않는다.

八十一章

信言不美,
美言不信;
善者不辯, 辯者不善; 知者不博,
博者不知. 聖人不積,
旣以爲人, 己愈有;
旣以與人, 己愈多.
天之道, 利而不害.
聖人之道, 爲而不爭.

믿음직스러운 말은 아름답지 않고,
아름다운 말은 믿음직스럽지 않다.
착한 이는 말을 잘 못하고, 말을 잘하는 사람은 착하지 않다.
지혜로운 이는 박식하지 않고, 박식한 사람은 지혜롭지 않다.
성인은 (사사로이) 쌓아 두지 않는다.
이미 그렇게 함으로써 다른 사람을 위하는데 자신은 더 가지게 되고,
이미 그렇게 함으로써 다른 사람에게 주는데 자신은 더욱 많아진다.
하늘의 도道는 이롭게 하지 해롭게 하지 않고,
성인의 도道는 (무엇을) 하더라도 다투지 않는다.

레프 톨스토이·고니시 마스타로 완역

『노자 도덕경ЛАО-СИ ТАŎ-ТЕ-КИНГъ』 러시아어 원문

일러두기

1. 원문은 레프 니콜라예비치 톨스토이Лев Николаевич Толстой와 고니시 마
   스타로小西增太郎 공역의 러시아어본『노자 도덕경, 또는 도덕에 관한 글ТАО-
   ТЕ-КИНГЪ, или писаніе о нравственности』(모스크바; 피차트노에젤라,
   1913; 레닌도서관 소장, 총 72쪽)의 '서문·본문'(1~46쪽)을 실었다.
   Лао Си, «ТАО-ТЕ-КИНГЪ, или писаніе о нравственности». Под реда
   кціей Л.Н. Толстого, перевелъ съ китайскаго профессоръ университ
   ета въ Кіото Д. П. Конисси, примечаніями снабдилъ С. Н. Дурылинъ.
   (Москва: Печатное дело, 1913)

2. 원문에 달려 있는 세르게이 니콜라예비치 두릴린С.Н. ДУРЫЛИНЪ의 '각 장
   별 주석'(64~72쪽)도 완역하여 붙였다.
   톨스토이·고니시가『노자 도덕경』을 러시아어로 번역할 때 영어·독어·불어 번
   역본을 참고했으므로, 두릴린도 이것을 참조하여 그들(톨스토이·고니시)이 어
   떻게 주요 부분을 해석하려고 했는지 해설한 것으로 보인다. 이 해설에 역주
   자가 각주를 붙였다.

3. 원문은 레닌도서관 소장본(1913)과 아래의 사이트를 참고하여 독자들이 보기
   편하도록 새로 입력하였다. 표지부터 서문까지는 1913년판 이미지도 추가하여
   새로 입력한 내용과 동시에 대조할 수 있도록 양면 보기 편집을 하였다.
   https://ru.wikisource.org/wiki/Tao-Te-Кинг_(Лао-цзы;_Конисси)/Tao
   -Te-Кинг/ДО

4. 원문은 원역자 서문(3쪽) 및 제1책ПЕРВАЯ КНИГА(1장~37장: 5쪽~24쪽),
   제2책ВТОРАЯ КНИГА(38장~ 81장: 24쪽~46쪽) 등으로 구성되어 있다.

5. 원문에 각 장이 페이지 별로 분리되지 않고 연결되어 있는데 그대로 따랐다.

6. 각 장별로 별도의 제목이 붙어 있지 않으므로 그대로 두었다.

7. 부록으로 예프게니 포포프Евгений Попов와 레프 톨스토이Лев Толстой가 독일어 및 프랑스어 텍스트를 기반으로 번역한, 최초의 선역본인 『톨스토이가 고른 중국 현자 노자의 말Изреченія китайскаго мудреца Лао-Тзе, избранныя Л.Н. Толстымъ』(모스크바; 파슬레드니카출판사, 1911)을 실었다. 원문은 아래의 사이트를 참고하여 독자들이 보기 편하도록 새로 입력하였다. 표지부터 서문까지는 1911년판 이미지도 추가하여 새로 입력한 내용과 동시에 대조할 수 있도록 양면 보기 편집을 하였다.
   https://dlib.rsl.ru/viewer/01003785711#?page=1 pp. 11~32.
   http://tolstoy-lit.ru/tolstoy/proza/mysli-i-izrecheniya/izrecheniya-lao-tze.htm
   원래 포포프·톨스토이본은 1910년 모스크바의 쿠쉐네레프Кушнерев출판사에서 최초로 간행된 후, 이듬해 1911년 파슬레드니카Посредника출판사로 옮겨서 재간되었다. 현재 레닌도서관에 그 재간본이 소장되어 있으므로 이를 사용한 것이다. 이번에 전문 독자들을 위해 '고르부노프-파사도프И. Горбунов-Посадов의 서문'과 '레프 톨스토이의 서문'은 물론 그 본문까지 완역하여 고니시·톨스토이본과 비교할 수 있도록 하였다.

8. 포포프·톨스토이본은 선역본이라 각 장의 번호가 임의로 편성되어 있기 때문에 왕필본과는 일치하지 않음을 밝혀 둔다.

9. 부록의 각주는 전부 역주자가 붙인 것이다.

ЛАО СИ

ТАО - ТЕ - КИНГЪ

ИЛИ

ПИСАНIЕ О НРАВСТВЕННОСТИ

ПОДЪ · РЕДАКЦIЕЙ · Л · Н · ТОЛСТОГО ·

ПЕРЕВОДЪ · СЪ · КИТАЙСКАГО · Д · КОНИССИ

ПРИМѢЧАНIЯ · С · Н · ДУРЫЛИНА

МОСКВА 1913

ЛАО СИ

ТАО-ТЕ-КИНГЪ

или

ПИСАНІЕ О НРАВСТВЕННОСТИ

Подъ редакціей Л. Н. ТОЛСТОГО,

перевелъ съ китайскаго профессоръ университета въ Кіото

Д. П. КОНИССИ,

примѣчаніями снабдилъ

С. Н. ДУРЫЛИНЪ.

Москва — 1913.

ЛАО СИ

ТАО-ТЕ-КИНГЪ

или

ПИСАНІЕ О НРАВСТВЕННОСТИ

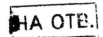

Подъ редакціей Л. Н. ТОЛСТОГО,

перевелъ съ китайскаго профессоръ университета въ Кіото

Д. П. КОНИССИ,

примѣчаніями снабдилъ

С. Н. ДУРЫЛИНЪ.

Москва—1913.

Тип. Т/Д. «Печатное Дѣло», Москва, Газетн. 9.

Тип. Т/Д. «Печатное Дѣло», Москва, Газетн. 9.

Предисловіе переводчика.

Въ ноябрѣ 1895 г. Левъ Николаевичъ Толстой услышалъ, что мною переводится извѣстная книга „Тао-те-кингъ" Лао-Си съ китайскаго на русскій языкъ и черезъ Н. Я. Грота пригласилъ меня къ себѣ. „Чтобы Россія имѣла лучшій переводъ, сказалъ онъ, я готовъ помочь вамъ въ дѣлѣ провѣрки точности перевода". Съ великою радостью, конечно, я принялъ это любезное предложеніе Льва Николаевича. Я ходилъ къ нему съ переводомъ „Тао-те-кингъ" въ продолженіе четырехъ мѣсяцевъ; Левъ Николаевичъ сравнивалъ его съ англійскимъ, нѣмецкимъ и французскимъ переводами и устанавливалъ тексты перевода той и другой главы. Такъ мой переводъ былъ конченъ и впервые напечатанъ на страницахъ журнала „Вопросы философіи и психологіи". Москва, 25-го февраля 1912 г.

Д. Конисси.

Въ основу перевода положенъ текстъ цѣннаго китайскаго изданія, хранящагося въ Румянцевскомъ музеѣ въ Москвѣ, подъ № 40 китайскаго отдѣла. Переводчикъ пользовался также при своемъ трудѣ нѣсколькими японскими изданіями трактата Лао-Си, а также текстомъ, изданнымъ St. Julien'омъ (Paris. 1842).

Предисловіе переводчика.

Въ ноябрѣ 1895 г. Левъ Николаевичъ Толстой услы-
шалъ, что мною переводится извѣстная книга „Тао-те-
кингъ“ Лао-Си съ китайскаго на русскій языкъ и
черезъ Н. Я. Грота пригласилъ меня къ себѣ. „Чтобы
Россія имѣла лучшій переводъ, сказалъ онъ, я готовъ
помочь вамъ въ дѣлѣ провѣрки точности перевода“.
Съ великою радостью, конечно, я принялъ это любезное
предложеніе Льва Николаевича. Я ходилъ къ нему съ
переводомъ „Тао-те-кингъ“ въ продолженіе четырехъ
мѣсяцевъ; Левъ Николаевичъ сравнивалъ его съ англій-
скимъ, нѣмецкимъ и французскимъ переводами и уста-
навливалъ тексты перевода той и другой главы. Такъ
мой переводъ былъ конченъ и впервые напечатанъ на
страницахъ журнала „Вопросы философіи и психологіи“.

Москва, 25-го февраля 1912 г.

Д. Конисси.

Въ основу перевода положенъ текстъ цѣннаго китайскаго изданія,
хранящагося въ Румянцевскомъ музеѣ въ Москвѣ, подъ № 40 ки-
тайскаго отдѣла. Переводчикъ пользовался также при своемъ трудѣ
нѣсколькими японскими изданіями трактата Лао-Си, а также текстомъ,
изданнымъ St. Julien'омъ (Paris. 1842).

ТАŎ-ТЕ-КИНГЪ.

ИЛИ ПИСАНІЕ О НРАВСТВЕННОСТИ ЛАО-СИ.

———

ПЕРВАЯ КНИГА.

I.

Тао, которое должно быть дѣйствительнымъ, не есть о быкновенное Тао.

Имя, которое должно быть дѣйствительнымъ, не есть о быкновенное имя.

То, что не имѣетъ имени — есть начало неба и земли; то, что имѣетъ имя — есть мать всѣхъ вещей.[1]

Вотъ почему свободный отъ всѣхъ страстей видитъ вел ичественное проявленіе Тао, а находящійся подъ вліяніемъ какой-нибудь страсти видитъ только незначительное его п роявленіе.[2]

Эти оба происходятъ изъ одного и того же начала, но только носятъ разное названіе.

Они называются непостижимыми.

Непостижимое изъ непостижимыхъ и есть ворота всего таинственнаго.

II.

Подъ небомъ всѣ (люди) знаютъ, что красивое есть кра сивое, но оно только безобразное.

Точно также всѣ знаютъ, что добро есть добро, но оно только зло.

Изъ бытія и небытія произошло все; изъ невозможнаго и возможнаго — исполненіе; изъ длиннаго и короткаго — форма.

Высокое подчиняетъ себѣ низшее; высшіе голоса вмѣст ѣ съ низшими производятъ гармонію; предшествующее под чиняетъ себѣ послѣдующее.

Святой мужъ, будучи бездѣятельнымъ, распространяет ъ свое ученіе. Вся тварь повинуется ему и никогда не отка жется отъ исполненія его воли.

Онъ производитъ много, но ничего не имѣетъ; дѣлаетъ много, но не хвалится сдѣланнымъ; совершаетъ подвиги, но ихъ не приписываетъ себѣ.

Онъ нигдѣ не останавливается, поэтому ему не будетъ надобности удаляться туда, куда онъ не желаетъ.

III.

Чтобы не было ссоръ въ народѣ, нужно не уважать му дрецовъ.

Чтобы люди не сдѣлались ворами, нужно не придавать

никакого значенія трудно добываемымъ (цѣннымъ) предме
тамъ, потому что когда люди не будутъ имѣть тѣхъ пред
метовъ, которые бы прельстили ихъ сердца, они никогда
не соблазнятся ими.

Отсюда, когда святой мужъ управляетъ страной, то сер
дце его пусто, а тѣло его полно; (онъ) ослабляетъ желанія
и укрѣпляетъ (свои) кости.

Онъ старается, чтобы народъ былъ въ невѣжествѣ и бе
зъ страстей.

Также онъ старается, чтобы мудрые не смѣли сдѣлать
чего-нибудь.

Когда всѣ сдѣлаются бездѣятельными, то (на землѣ) бу
детъ полное спокойствіе.

IV.

Тао пусто, но когда его употребляютъ, то, кажется, он
о неистощимо.

О, какая глубина! Оно начало всѣхъ вещей.

Оно притупляетъ свое остріе, развязываетъ узлы, смяг
чаетъ блескъ и, наконецъ, соединяетъ между собою мельч
айшія частицы.

О, какъ чисто! Оно существуетъ предвѣчно, но я не зна
ю, чей оно сынъ и предшествовало ли первому царю [3].

V.

Небо и земля не суть любвеобильныя существа. Они пос
тупаютъ со всѣми вещами, какъ съ соломенною собакой[4] [5].

Святой мужъ не любвеобиленъ: онъ поступаетъ съ земл
едельцами, какъ съ соломенной собакой.

Все, находящееся между небомъ и землей, похоже на ку
знечный мѣхъ.

Онъ (кузнечный мѣхъ) пустъ, но неистощимъ: чѣмъ чащ
е надувается, тѣмъ больше выпускаетъ воздухъ.

Кто много говоритъ, тотъ часто терпитъ неудачу; пото
му лучше всего соблюдать средину.

VI.

Чистѣйшій духъ безсмертенъ. Онъ называется непостиж
имой матерью (самкой)[6].

Ворота непостижимой матери — называются корнемъ не
ба и земли.

Онъ (т. е. чистѣйшій духъ) будетъ существовать безъ к
онца.

Кто хочетъ пользоваться имъ, тотъ не устанетъ.

VII.

Небо и земля вѣчны.

Причина того, что небо и земля вѣчны, заключается въ томъ, что они существуютъ не для самихъ себя[7].

Вотъ почему они вѣчны.

Святой мужъ заботится о себѣ послѣ другихъ, поэтому онъ легко достигаетъ безопасности.

Онъ оставляетъ свое тѣло безъ всякой заботы, поэтому онъ будетъ жить долго[8].

Кто не заботится о себѣ, тотъ весьма удачно совершить и свое личное дѣло.

VIII.

Высшая добродѣтель похожа на воду.

Вода, давая всѣмъ существамъ обильную пользу, не со противляется ничему.

Она находится на томъ мѣстѣ, котораго люди не видят ъ, поэтому она похожа на Тао.

Жить хорошо — для земли; сердце —для глубины; союз ъ — для любви; слова — для довѣрія; управленіе — для б лагоденствія (страны); дѣла— для умѣнія; движеніе — для жизни.

Не ссорящійся не осуждается.

IX.

Чтобы посуда была наполнена чѣмъ-нибудь, нужно дер жать ее твердо (безъ малѣйшаго движенія) и ровно.

Чтобы лезвее наострилось, нужно долго продолжать на тачиваніе.

Когда домъ наполненъ золотомъ и драгоцѣнными камн ями, то невозможно сохранить его въ цѣлости[9].

Кто достигнетъ чести и прібрѣтетъ богатство, тотъ сдѣ лается гордымъ. Онъ легко забудетъ, что существуетъ нак азаніе (за преступленіе).

Когда дѣла увѣнчаются блестящимъ успѣхомъ и будетъ пріобрѣтено доброе имя, то лучше всего удалиться (въ уед иненіе).

Вотъ это-то и есть небесное Тао (или естественное Тао).

X.

Душа имѣетъ единство, поэтому она не дѣлится (на час ти).

Кто вполнѣ духовенъ, тотъ бываетъ смиренъ, какъ мла денецъ.

Кто свободенъ отъ всякаго рода знаній, тотъ никогда не будетъ болѣть.

Кто любитъ народъ и управляетъ имъ, тотъ долженъ б ыть бездѣятельнымъ.

Кто хочетъ открыть небесныя ворота, тотъ долженъ бы ть, какъ самка[10].

Кто дѣлаетъ видъ, что много знаетъ и ко всему способ енъ, тотъ ничего не знаетъ и ни къ чему не способенъ.

Кто производитъ (вещь) и постоянно держитъ ее, тотъ ничего не имѣетъ.

Не хвалиться тѣмъ, что сдѣлано, не начальствовать на дъ другими, превосходя ихъ, называется небесною добродѣтелью.

XI.

Тридцать спицъ соединяются въ одной ступицѣ (колесн ицы), но если онѣ недостаточны для предназначенной цѣл и, то ихъ можно употребить для другой (воза).

Изъ глины дѣлаютъ домашній сосудъ; но если она нед остаточна для извѣстной цѣли, то годится для другой.

Связывая рамы и двери, устраиваютъ домъ; но если он ѣ недостаточны для этого, то изъ нихъ можно дѣлать дом ашнюю утварь.

Отсюда видно, что если вещь не годна для одной цѣл и, то можно употребить ее для другой.

XII.

Пять цвѣтовъ ослѣпляютъ человѣка.

Пять звуковъ оглушаютъ его.

Пять вкусовъ пресыщаютъ его.

Верховая гонка и охота одуряютъ душу (сердце) человѣка.

Стремленіе къ обладанію рѣдкими драгоцѣнностями влечетъ человѣка къ преступленію.

Отсюда святой мужъ дѣлаетъ исключительно внутреннее, а не для глазъ. Поэтому онъ удаляется отъ того и приближается къ этому.

XIII.

Почесть и позоръ отъ сильныхъ міра (для мудреца) одинаково странны.

Собственное тѣло тяготитъ его, какъ великое бремя.

Что значитъ: почесть и позоръ отъ сильныхъ міра одинаково странны (для мудреца)?

Почесть отъ сильныхъ міра — униженіе (для мудреца), поэтому, когда она достанется (ему), то (онъ) относится къ ней, какъ къ совершенно призрачной[11]; когда она потеряется, то также къ ней относится, какъ къ презрѣнной.

Вотъ это-то и есть: къ почести и позору отъ сильныхъ міра относиться какъ къ призрачному.

Что значитъ: собственное тѣло тяготитъ его (мудреца), какъ великое бремя?

Я имѣю потому великую печаль, что имѣю тѣло. Когда я буду лишенъ тѣла, то не буду имѣть никакой печали.

Поэтому, когда мудрецъ боится управлять вселенной, т о ему можно поручить ее; когда онъ сожалѣетъ, что управ ляетъ вселенной, то ему можно отдать ее.

XIV.

Предметъ, на который мы смотримъ, но не видимъ, наз ывается безцвѣтнымъ.

(Звукъ, который) мы слушаемъ, но не слышимъ — беззв учными.

(Предметъ, который) мы хватаемъ, но не можемъ захват ить — мельчайшимъ.

Эти три (предмета) неизслѣдимы, поэтому когда они см ѣшаются между собой, то соединяются въ одно.

Верхъ не ясенъ, низъ не теменъ. О, безконечное! Его не льзя назвать именемъ.

Оно существуетъ, но возвращается къ небытію.

Оно называется формою (или видомъ) безформенною.

Оно также называется неопредѣленнымъ.

Встрѣчаясь съ нимъ, не видать лица его, слѣдуя же за нимъ, не видать спины его.

Посредствомъ древняго Тао можно управлять жизнью н

астоящаго времени.

Изслѣдовать происхожденіе всего (или начало древност и) называется нитью Тао.

XV.

Дрѣвніе, выдававшіеся надъ толпой, люди хорошо знал и мельчайшее, чудесное и непостижимое.

Они глубоки, — постигнуть ихъ невозможно.

Они непостижимы, поэтому внѣшность ихъ была величе ственная.

О, какъ они медленны, подобно переходящимъ зимой ч ерезъ рѣку!

О, какъ они нерѣшительны, подобно боящимся своихъ с осѣдей!

О, какъ они осанисты, подобно гостящимъ въ чужомъ домѣ!

О, какъ они осторожны, подобно ходящимъ на тающемъ льду!

О, какъ они просты, подобно необдѣланному дереву!

О, какъ они пусты, подобно пустой долинѣ!

О, какъ они мрачны, подобно мутной водѣ!

Кто сумѣетъ остановить ихъ и сдѣлать ясными?

Кто же сумѣетъ успокоить ихъ и продлить ихъ тихую ж изнь?

Исполняющій Тао не желаетъ быть наполненнымъ[12].

Онъ же не удовлетворяется ничѣмъ, поэтому, довольст вуясь старымъ и не обновляясь (душою), достигаетъ совер шенства.

XVI.

Когда пустота будетъ доведена до послѣдняго предѣл а, то будетъ глубочайшій покой.

Всякая вещь растетъ, въ чемъ я вижу возвращеніе (или круговоротъ).

Правда, вещи чрезвычайно разнообразны, но всѣ онѣ в озвращаются къ своему началу.

Возвращеніе вещей къ своему началу и есть покой.

Покой и есть возвращеніе къ жизни.

Возвращеніе къ жизни и есть постоянство.

Знающій постоянство (или вѣчность) — мудрецъ.

Не знающій постоянства будетъ дѣйствовать по своему произволу, поэтому онъ призываетъ къ себѣ бѣду.

Знающій постоянство имѣетъ всеобъемлющую душу.

Имѣющій всеобъемлющую душу будетъ правосуденъ.

Правосудный будетъ царемъ.

Кто царь, тотъ соединяется съ Небомъ.

Кто соединенъ съ Небомъ, тотъ будетъ подобенъ Тао, которое существуетъ отъ вѣчности.

Тѣло его погибнетъ (умретъ, когда настанетъ время), н о (духъ его) никогда не уничтожится.

XVII.

Существуетъ ли высочайшее бытіе, я не знаю; но можно (духомъ) приблизиться къ нему и воздавать ему хвалу, потомъ — бояться его, а затѣмъ — пренебрегать имъ.

Отъ недостатка вѣры происходитъ невѣріе.

О, какъ медленны слова, произносимыя съ вѣсомъ и со смысломъ!

Когда совершены заслуги и сдѣланы подвиги, то всѣ земледѣльцы скажутъ, что это достигнуто естественнымъ ходомъ вещей.

XVIII.

Когда великое Тао будетъ покинуто, то появится истинная человѣчность и справедливость[13].

Когда широко будетъ распространена мудрость, то появится великая печаль.

Когда шесть ближайшихъ родственниковъ находятся въ раздорѣ, то является почитаніе родителей и любовь къ дѣтямъ[14].

Когда въ государствѣ царитъ усобица, то являются вѣрные слуги[15] [16].

XIX.

Когда оставлены святость и мудрость, то польза народ
а увеличится во сто разъ.

Когда оставлены человѣколюбіе и справедливость, то д
ѣти будутъ почитать своихъ родителей, а родители будутъ
любить своихъ дѣтей[17].

Когда покинуты всякаго рода лукавство и выгоды, то
воровъ не будетъ.

Одной только внѣшностью достигнуть этихъ трехъ (кач
ествъ) невозможно. Для этого необходимо быть болѣе прос
тымъ и менѣе способнымъ и безстрастнымъ.

XX.

Когда уничтожено будетъ ученіе, то печали не будетъ.

Какъ велика разница между простымъ и сложнымъ!

Какъ велика разница между добромъ и зломъ!

Необходимо бояться того, чего люди боятся.

О, дико! еще далеко до средины.

Многіе держатъ себя важно, словно получаютъ жертвен
ное мясо, словно весной восходятъ на башню.

О, какъ я простъ! Во мнѣ нѣтъ ничего опредѣленнаго,
какъ въ младенцѣ, еще не достигшемъ дѣтства.

Я какъ будто несусь, но не знаю, куда и гдѣ остановл
юсь.

Многіе люди богаты, но я ничего не имѣю, какъ будто все потерялъ.

Я простъ, какъ душа глупаго человѣка, но люди свѣта блестятъ.

Я одинъ теменъ, но люди свѣта просвѣщены.

Я одинъ страдаю душевно; волнуюсь, какъ море; блужд аю и не знаю, гдѣ остановиться.

Многіе люди дѣлаютъ то, къ чему способны, но я один ъ глупъ и мужиковатъ.

Я одинъ отличаюсь отъ другихъ тѣмъ, что люблю пита ться у матери[18].

XXI.

Высоконравственный повинуется только одному Тао.

Сущность Тао похожа на блескъ свѣта.

О, неуловимъ блескъ свѣта! но въ немъ есть изображен іе.

О, какъ онъ блеститъ! Онъ рѣшительно неуловимъ, но въ немъ есть вещество.

О, какъ призрачно и непостижимо (Тао)! Въ немъ есть с ущность, которая достовѣрна.

Отъ древности до нынѣ имя (его) никогда не исчезало.

Я обозрѣлъ многія начала, но не знаю, отчего такія на чала, а не иныя.

XXII.

Изъ несовершеннаго происходитъ цѣльное.

Изъ кривого — прямое.

Изъ углубленнаго — гладкое.

Изъ стараго — новое.

Если немного, то легко пріобрѣсти, а если много, то ле гко запутаться.

Поэтому святой мужъ имѣетъ только одно, но онъ сдѣл ается примѣромъ для всего міра.

Онъ открыто не объявляетъ своихъ мыслей, поэтому он ъ никогда не заблуждается (ясенъ).

Онъ никогда не выставляетъ себя, поэтому онъ всегда извѣстенъ.

Онъ самъ никогда не воюетъ, поэтому имѣетъ заслуги.

Ничѣмъ онъ не гордится, поэтому онъ превозносится.

Ни съ кѣмъ онъ не ссорится, поэтому вся вселенная никог да не сопротивляется ему.

Отсюда, высказанныя древними слова: «изъ несовершен наго происходитъ совершенное; изъ кривого — прямое — м ожно ли назвать лживымъ изреченіемъ?

XXIII.

Рѣдкія слова заключаютъ въ себѣ самыя достовѣрныя мысли.

Рѣдкія изреченія сами собою правдивы.

Утренній сильный вѣтеръ не продолжается до полудня; сильный дождь не продолжается цѣлый день.

Ни небо, ни земля вѣчно существовать не могутъ. Тѣмъ болѣе человѣкъ.

Живущій и поступающій по Тао равенъ ему; нравственн ый человѣкъ равенъ добродѣтели; потерявшій все равенъ потерѣ.

Тао любитъ находить равное себѣ; нравственный — рав ное себѣ; потерявшій — также равное себѣ.

Гдѣ вѣра слаба, тамъ не будетъ вѣры.

XXIV.

Сухоногій не можетъ встать.

Сидящій не можетъ ходить.

Кто думаетъ, что постигъ все, тотъ ничего не знаетъ.

Кто доволенъ самимъ собою, тотъ не можетъ прославит ься.

Кто хвастается, тотъ не можетъ имѣть заслуги.

Кто гордъ, тотъ не можетъ возвыситься.

Такіе люди, съ точки зрѣнія Тао, называются питающи мися излишествомъ и творящими напрасное. Поэтому, когд а они находятъ Тао, то оставаться въ немъ рѣшительно не могутъ.

XXV.

Вещество произошло изъ хаоса.

Есть бытіе, которое существуетъ раньше, нежели небо и земля.

Оно недвижимо, безтѣлесно, самобытно и не знаетъ переворота.

Оно идетъ, совершая безконечный кругъ, и не знаетъ предѣла.

Оно одно только можетъ быть матерью (самкой) неба и земли.

Я не знаю его имени, но (люди) называютъ его Тао.

Могущество его называется величіемъ; величіе его — безграничнымъ; безграничное — безконечнымъ; безконечное — возвращеніемъ.

Тао велико, небо велико, земля велика и, наконецъ, царь великъ.

Итакъ, въ мірѣ существуютъ четыре величія, одно изъ которыхъ составляетъ царь.

Земля несетъ людей; небо несетъ землю; Тао несетъ небо и, наконецъ, естественность несетъ Тао.

XXVI.

Тяжелое лежитъ въ основаніи легкаго.

Тишина господствуетъ надъ движеніемъ.

Хотя мудрецъ бываетъ занятъ цѣлый день, но относитс
я къ своимъ дѣламъ внимательно и съ большей осторожно
стью.

Хотя ему будетъ слава и внѣшнее великолѣпіе, но онъ
никогда не прельстится ими, ибо онъ стоитъ выше ихъ.

Что случится съ тѣмъ царемъ, который, имѣя десять т
ысячъ колесницъ, презираетъ заботу о своей странѣ и дум
аетъ только о своемъ удовольствіи?

Презирающій заботу о своей странѣ потеряетъ лучшихъ
слугъ — опору государства.

Гдѣ легкомысленное движеніе въ народѣ, тамъ царь ле
гко упразднится.

XXVII.

Нравственный человѣкъ не оставляетъ послѣ себя ника
кихъ слѣдовъ.

Краснорѣчивый не сдѣлаетъ ошибки въ своихъ рѣчахъ.

Побѣдоносный полководецъ не употребляетъ никакой х
итрости.

Если что крѣпко заперто, то (оно), хотя и безъ замков
ъ, не отпирается.

Если что крѣпко связано, то (оно), хотя и безъ замысло
ватыхъ узловъ, не развязывается.

Мудрецы спасаютъ погибающихъ и не оставляютъ нужд
ающихся въ чемъ-нибудь безъ помощи. Они всегда очень

бережно сохраняютъ вещи и не выкидываютъ ихъ.

Это называется двойнымъ просвѣщеніемъ.

Отсюда, нравственный человѣкъ есть учитель (или руко водитель) безнравственныхъ; безнравственные люди суть о рудіе нравственнаго.

Кто не уважаетъ своего учителя и кто не любитъ своег о орудія, тотъ, хотя уменъ, очень заблуждается.

Это называется важнымъ отступленіемъ отъ Тао.

XXVIII.

Тотъ, кто знаетъ свою силу и сохраняетъ свою слабост ь, сдѣлается долиной вселенной.

Когда онъ будетъ долиной вселенной, то въ немъ буде тъ пребывать вѣчная добродѣтель.

Человѣкъ вторично возвращается въ состояніе младенц а (Тао).

Кто знаетъ глубину своего просвѣщенія и остается въ невѣжествѣ, тотъ сдѣлается примѣромъ всего міра[19]

Кто будетъ примѣромъ всего міра, тотъ не измѣнитъ в ѣчной добродѣтели и возвратится къ совершенству (Тао); о нъ познаетъ славу Его.

Находясь въ презрѣніи, онъ сдѣлается долиной вселен ной.

Кто — долина вселенной, тотъ будетъ доволенъ только добродѣтелью и возвратится въ совершенную простоту.

Когда эта простота будетъ удалена, то изъ него выйде тъ превосходный сосудъ.

Если святой мужъ употребитъ его, то сдѣлается началь никомъ.

Вотъ почему великое установленіе никогда не уничтожи тся.

XXIX.

Кто дѣйствуетъ, сильно желая завладѣть вселенной, то тъ никогда не достигнетъ желаемаго, потому что вселенн ая есть божественное орудіе, поэтому распоряжаться ея су дьбою никто не въ правѣ.

Отсюда, кто покушается на это, тотъ нарушаетъ порядо къ міра; кто хочетъ завладѣть имъ, тотъ немедленно поте ряетъ его.

Вообще вещи идутъ впередъ или назадъ; воютъ или ду ютъ; сильны или слабы; несутся или же останавливаются на одномъ мѣстѣ[20].

Поэтому, мудрецъ избѣгаетъ всякой крайности, роскоши и великолѣпія.

XXX.

Кто помогаетъ царю по Тао, тотъ не будетъ заботиться о процвѣтаніи страны посредствомъ военной силы: что бы вы ни сдѣлали людямъ, они тѣмъ же воздадутъ вамъ.

Гдѣ войско стоитъ, тамъ будетъ расти колючая трава (вмѣсто хлѣба).

Послѣ великой войны бываетъ неурожайный годъ.

Отсюда, когда нравственный человѣкъ управляетъ (стр аной), то никогда не прибѣгаетъ къ грубой силѣ, не ищет ъ тщеславія, не воюетъ, не гордится ничѣмъ, не останавл ивается нигдѣ и не усиливается.

Когда вещь дойдетъ до полноты своего развитія, то он а ослабѣетъ и дряхлѣетъ[21].

То, что не Тао, быстро уничтожается.

XXXI.

Благоустроенное войско есть нечестивое орудіе, есть пр едметъ, по своему существу, злой.

Мудрецъ предпочитаетъ лѣвую сторону правой, ибо упо требляющіе войско предпочитаютъ правую сторону лѣвой.

Войско есть нечестивое орудіе, поэтому оно не можетъ быть орудіемъ для (истинно) мудрыхъ. Отсюда, оно и упот ребляется только въ неизбѣжныхъ случаяхъ.

Хотя война ставитъ, быть можетъ, цѣлью спокойствіе, но она несомнѣнное зло.

Еслибъ она была добро, то нужно было бы радоваться ей, но радуется ей лишь любящій убивать людей.

Любящій убивать людей не можетъ осуществить свой до брый замыселъ въ мірѣ.

При добромъ дѣлѣ лѣвая сторона предпочитается прав
ой, а при бѣдѣ — правая лѣвой.

Подчиненные вожди останавливаются на лѣвой сторон
ѣ, а начальствующіе на правой.

Когда сдѣлается извѣстной побѣда, то слѣдуетъ встрѣ
тить эту вѣсть съ траурнымъ обрядомъ, ибо на войнѣ оче
нь многіе погибаютъ.

Такъ какъ на войнѣ очень многіе погибаютъ, то слѣдуе
тъ оплакивать войну.

Когда война окончится побѣдою, слѣдуетъ объявить вс
еобщій трауръ.

XXXII.

Вѣчное Тао не имѣетъ имени.

Оно незначительно, какъ щепка, но міръ не можетъ по
дчинить его себѣ.

Когда цари и князья заботятся о защитѣ (своей стран
ы), то сама природа сдѣлается помощницей ихъ[22].

Когда небо совокупляется съ землей, то спускается рос
а на землю, чего человѣкъ не въ состояніи устроить[23].

Когда Тао раздѣлилось на части, то получило имя.

Если имя извѣстно, то нужно воздерживаться.

(Каждому) слѣдуетъ знать, гдѣ ему нужно оставаться. К
то соблюдаетъ во всемъ воздержаніе, тотъ не будетъ знат
ь (нравственнаго) паденія.

Это — Тао, которое существуетъ во всей вселенной.

XXXIII.

Знающій людей разуменъ, а знающій себя самого прозо
рливъ.

Побѣждающій другихъ силенъ, а побѣждающій самого с
ебя могущественъ.

Довольствующійся самимъ собой — богачъ.

Твердый въ своихъ дѣйствіяхъ имѣетъ твердую волю.

Не отступающій отъ своего назначенія долговѣченъ.

Неуничтожимый послѣ смерти вѣченъ.

XXXIV.

О, безпредѣльно великое Тао!

Оно справа и слѣва.

Вся тварь появилась на свѣтъ благодаря ему; оно не о
тталкиваетъ ея отъ себя.

Заслуги Тао велики, но оно ими не хвалится.

Оно промышляетъ о всѣхъ вещахъ съ любовью, но не
желаетъ быть господиномъ ихъ.

Такъ какъ оно не имѣетъ никакой страсти, то оно назы
вается ничтожнымъ.

Его можно назвать маленькимъ, ибо мельчайшая вещь в
озвращается въ него.

Всѣ существа подчиняются ему, но оно не считаетъ себ
я господиномъ ихъ; поэтому его можно назвать великимъ.

Мудреца нельзя назвать великимъ, хотя онъ совершает
ъ великія дѣла.

Причина того, что святой легко достигаетъ величія, за
ключается въ томъ, что онъ не величаетъ самого себя.

XXXV.

(Святой) беретъ великаго слона и идетъ по всему міру.
Ходитъ, но не дѣлаетъ никакого вреда.

Отъ удовольствія, спокойствія, тишины и величія даетъ
ему (міру) пищу.

Проходящій пришелецъ остановился. Когда онъ говорит
ъ о Тао, то какъ просты его слова! (Когда) они произнесен
ы, (то бываютъ) безъ всякаго вкуса.

(Люди) смотрятъ на него (Тао), но не видятъ; они слуш
аютъ его, но не слышатъ; они употребляютъ его, но оно н
е истощается.

XXXVI.

То, что сжимается — расширяется.
То, что ослабѣваетъ — усиливается.
То, что уничтожается — возстановляется.
То, что лишается всего — имѣло все.

Все это называется то скрытымъ, то яснымъ.

Мягкое побѣждаетъ твердое, слабое — сильное.

Какъ рыба не можетъ покинуть глубины, такъ страна н е можетъ оставаться безъ орудія.

Сильное орудіе правленія не должно быть показываемо народу.

XXXVII.

Тао ничего не дѣлаетъ, но нѣтъ того, чего бы оно не с дѣлало.

Если царь и князья хорошо будутъ управлять страной, то всѣ существа преобразуются такъ, какъ они желаютъ.

Если всѣ существа придутъ въ сильное движеніе, то уд ержу ихъ посредствомъ безыменной простоты.

Безыменная простота не имѣетъ страсти.

Когда (въ мірѣ) не будетъ страстей, то будетъ спокойс твіе повсемѣстное и на всей землѣ будетъ правда.

ВТОРАЯ КНИГА.

XXXVIII.

Люди высшей нравственности не считаютъ себя нравст
венными; поэтому они имѣютъ высшую нравственность.

Люди низшей нравственности не въ состояніи потерять
свою нравственность, и поэтому безнравственны.

Люди высшей нравственности, находясь въ бездѣятель
ности, не дѣлаютъ ничего.

Люди низшей нравственности дѣлаютъ то, что дѣлаютъ.

Люди высшаго человѣколюбія, находясь въ бездѣятель
ности, совершаютъ дѣла, но не признаютъ ихъ (за свои).

Люди высшей справедливости дѣлаютъ то, что дѣлаютъ.

Люди высшей почтительности уважаютъ другихъ, но д
ругіе не уважаютъ ихъ, поэтому они принудятъ ихъ къ по
чтенію.

Отсюда, когда потеряно Тао, то является нравственнос
ть; когда нравственность забыта, то является человѣколю
біе; когда справедливость покинута, то является почтител
ьность[24].

Вотъ почему почтительность есть послѣдствіе ослаблені
я вѣрности и преданности (господину) и начало всякаго р
ода безпорядковъ въ странѣ.

Поэтому великій человѣкъ держится существеннаго и о

ставляетъ ничтожное. Онъ все дѣлаетъ по правдѣ, но ник
огда не будетъ опираться на законы.

Берите первое и бросьте послѣднее.

XXXIX.

Въ древности всякое существо достигало единства.

Небо, достигши единства, стало чистымъ.

Земля, достигши единства, стала спокойной.

Духъ, достигши единства, сталъ разумнымъ.

Долина, достигши единства, стала полной.

Всякая вещь, достигши единства, стала существовать.

Цари и князья, достигши единства, стали образцами дл
я міра.

Все это было достигнуто благодаря единству.

Достиженіе единства во всемъ этомъ одно и то же.

Если бы небо было не чисто, то казалось бы, что оно б
оится взрыва.

Если бы земля потеряла спокойствіе, то она была бы в
ъ опасности разрушенія.

Если бы духъ лишился разумности, то онъ потерялъ б
ы (свойство) быть духомъ.

Если бы пустота долины наполнилась чѣмъ-нибудь, то
она перестала бы быть долиной.

Всякая вещь, если бы перестала расти, уничтожилась б
ы.

Если бы цари и князья потеряли вѣрность и преданность (своихъ подданныхъ), то были бы свергнуты.

Отсюда благородные люди смотрятъ на неблагородныхъ, какъ на свое начало; высшіе смотрятъ на низшихъ, какъ на свое основаніе.

Цари и князья заботятся о бѣдныхъ сиротахъ и вдовахъ. Этимъ же они могли бы свидѣтельствовать о своемъ происхожденіи.

Ужели это неправда?

Если разобрать телѣгу по частямъ, то не останется телѣги.

Я не желаю быть гордымъ, какъ драгоцѣнный камень.

Также я не желаю быть презираемымъ, какъ дикій камень.

XL.

Движеніе Тао происходитъ отъ сопротивленія (всему вещественному).

Слабость есть отличительная черта дѣйствія Тао.

Всѣ вещи произошли отъ бытія (что), и бытіе отъ небытія (ничто)[25] [26].

XLI.

Когда ученый услышитъ о Тао, то будетъ стараться осуществить услышанное (въ жизни).

Когда человѣкъ средней руки услышитъ о Тао, то не будетъ соблюдать его до конца жизни.

Когда мало ученый услышитъ о Тао, то онъ будетъ глумиться надъ нимъ.

Если бы надъ нимъ не глумились, то оно и не заслужило бы имени Тао[27]. Поэтому сказано слѣдующее:

Тотъ, кто разумѣетъ очевидное Тао, кажется облеченнымъ мракомъ; тотъ, кто идетъ впередъ, держась Тао, кажется идущимъ назадъ; тотъ, кто на высотѣ Тао, кажется обыкновеннымъ смертнымъ.

Челпвѣкъ высшей добродѣтели похожъ на долину.

Человѣкъ высшей чистоты похожъ на презираемаго.

Человѣкъ высшей нравственности похожъ на неспособнаго.

Совершающій добродѣтель похожъ на вора.

Испытывающій правду похожъ на похищающаго вещи.

У большого четыреугольника не видно угловъ.

Большой сосудъ не скоро дѣлается.

Самый громкій голосъ не слышенъ.

Большое изображеніе не имѣетъ никакой формы.

Тао скрыто отъ насъ, поэтому оно не имѣетъ имени.

Оно снабжаетъ всѣ существа (силой) и ведетъ ихъ къ у

совершенствованію.

XLII.

Тао произвело одно, одно — два, два — три, а три — в сѣ вещи[28].

Всякая вещь носитъ на себѣ инъ и заключаетъ въ себѣ янъ[29].

Находящійся въ изступленномъ состояніи легко умирот воряетъ.

Люди ненавидятъ тѣхъ, которые оставляютъ сиротъ и бѣдняковъ безъ помощи. Поэтому умные цари и князья по могаютъ сиротамъ и бѣднякамъ; они же сдѣлаются предм етомъ похвалы (народа).

Потеря есть начало размноженія, множество — начало потери.

Чему другіе учили и учатъ по справедливости, тому и я учу людей.

Очень сильный не умираетъ естественною смертью.

Я сдѣлаюсь отцомъ ученія.

XLIII.

Міръ смиренъ: всѣ люди ѣдятъ и бѣгаютъ надъ его тв ердынею.

Небытіе поглощается безпромежуточнымъ.

Поэтому я знаю, что бездѣятельность имѣетъ высокое достоинство.

Безсловесное ученіе и бездѣятельность полезнѣе всего существующаго между небомъ и землей.

XLIV.

Что ближе къ себѣ: свое имя или собственное тѣло?

Что больше: свое тѣло или богатство?

Что тяжелѣе испытать: пріобрѣтеніе или потерю?

Кто увлекается, тотъ потерпитъ большой убытокъ.

Кто имѣетъ много, тотъ можетъ потерять больше, неже ли имѣющій мало.

Кто знаетъ, чѣмъ человѣкъ долженъ быть довольнымъ, тотъ никогда не потерпитъ позора.

Кто, зная границы своей дѣятельности, не приблизится къ опасностямъ, тотъ будетъ жить долго.

XLV.

Великое совершенство похоже на несовершенство, но он о неистощимо (хотя безпрестанно употребляется).

Великая полнота похожа на пустоту, но польза ея неиз мѣрима.

Великая прямота кажется непрямой.

Великій мастеръ кажется тупымъ.

Великій ораторъ кажется заикающимся.

Когда бѣготня преодолѣваетъ (тишину), то бываетъ хо
лодно; когда тишина преодолѣваетъ бѣготню, то бываетъ
тепло.

Полная тишина есть примѣръ всего міра.

XLVI.

Когда во всемъ мірѣ соблюдается Тао, то быстрые кон
и забудутся и вся нива будетъ обработываться.

Когда на всей землѣ не соблюдается Тао, то военные
кони будутъ расти въ окрестностяхъ города.

Нѣтъ грѣха тяжелѣе страстей.

Нѣтъ бѣды тяжелѣе незнанія удовлетворенія.

Нѣтъ преступленія тяжелѣе жаднаго хотѣнія пріобрѣст
и много.

Вотъ почему знающій мѣру бываетъ доволенъ своимъ п
оложеніемъ.

XLVII.

Не выходя изъ дома, (мудрецы) знаютъ, что дѣлается
на свѣтѣ.

Не глядя въ окно, они видятъ Небесное Тао.

Чѣмъ больше удаляешься отъ дома, тѣмъ меньше знае
шь. Поэтому, святые (мудрецы) достигаютъ знанія, не вых

одя никуда; не видя предмета, они знаютъ названіе его.

Не дѣлая ничего, они совершаютъ много.

XLVIII.

Ученіе прибавляется со дня на день, но Тао теряется со дня на день.

Эта потеря увеличится и дойдетъ до желанія недѣланія.

Когда человѣкъ дойдетъ до недѣланія, то нѣтъ того, чего бы не было сдѣлано.

Если въ мірѣ все въ порядкѣ, то слѣдуетъ завладѣть имъ, но если нѣтъ, то не слѣдуетъ.

XLIX.

Святые люди не имѣютъ опредѣленнаго (чувства), ибо они принимаютъ чувство простолюдина, какъ свое.

Добрыхъ людей я принимаю уже по тому одному, что они добры. Злыхъ принимаю, какъ добрыхъ.

Искреннимъ людямъ я вѣрю; также и вѣрю неискреннимъ, ибо въ этомъ и состоитъ верхъ искренности.

Когда святые живутъ на землѣ, то они просты и тихи; они питаютъ ко всѣмъ одинаковое чувство.

Для (блага) міра они дѣлаютъ свои сердца темными. Простые люди будутъ смотрѣть на нихъ (какъ на своихъ уч ителей) и будутъ слушать сказаніе о ихъ дѣлахъ.

Святые смотрятъ на народъ, какъ на младенца.

L.

(Всѣ существа), уходя изъ жизни, входятъ въ смерть.

Жизнь имѣетъ 13 ступеней своего развитія; смерть такъ же имѣетъ 13 ступеней[30].

Ступеней человѣческой жизни, которая постоянно стремится къ смерти, опять 13.

Это почему? Потому что стремленіе къ жизни слишкомъ сильно.

Я слышалъ, что ведущій воздержанную жизнь не боится ни носорога, ни тигра, ни быть на полѣ сраженія безъ воинскаго наряда, ибо на немъ нѣтъ мѣста, куда носорогъ [31]могъ бы ударить рогомъ, тигръ могъ бы вонзить свои острыя когти и воинъ могъ бы нанести ударъ мечемъ.

Это почему? Потому что для ведущаго жизнь воздержанную не существуетъ смерти.

LI.

Тао производитъ существа, добродѣтель кормитъ ихъ; они даютъ имъ вещественную форму, а могущество ихъ совершенствуетъ вещи.

Поэтому всѣ существа почитаютъ Тао и добродѣтель.

Никто не сообщалъ Тао его достоинства, а добродѣтели — ея цѣнности: но они сами собой вѣчно обладаютъ ими.

Поэтому Тао производитъ вещи, питаетъ ихъ, даетъ им ъ рости, совершенствуетъ, дѣлаетъ зрѣлыми, кормитъ и з ащищаетъ.

Оно производитъ ихъ и не дѣлаетъ ихъ своими; дѣлае тъ ихъ тѣмъ, что они есть, и не хвалится ими; оно царств уетъ надъ ними и оставляетъ ихъ свободными.

Вотъ что называютъ глубокой добродѣтелью.

LII.

Вселенная имѣетъ начало, которое и есть мать всего мі ра. По матери можно знать ея сына.

Когда сынъ извѣстенъ, то и мать будетъ сохранена не вредимо.

Хотя тѣло умираетъ, но (сущность его) никогда не уни чтожается.

Кто закрываетъ уши и глаза, тотъ останется безъ упот ребленія во всю жизнь.

Кто прислушивается ко всему изящному и старается уд овлетворить страстямъ, тотъ никогда не спасется.

Могущій разбить мельчайшія вещи, называется ясновид цемъ.

Сохраняющій мягкость называется могущественнымъ.

Употребляющій свѣтъ называется блестящимъ.

Тѣло истлѣваетъ, не оставляя ничего послѣ себя. Это и есть наслѣдіе вѣчности.

LIII.

Я беззаботенъ, но имѣю умъ, поэтому живу о великомъ Тао.

Я раздаю милостыню въ великомъ страхѣ.

Большая дорога (Тао) гладка и ровна, но люди любятъ ходить по тропинкамъ.

Когда правительство перестанетъ заботиться о благосостояніи народа, то поля опустѣютъ и государственное хлѣбохранилище не наполнится никогда; люди будутъ надѣвать на себя разноцвѣтныя одежды, носить острые мечи и питаться изысканными блюдами.

Все это совокупно называется разбойничьею гордостью.

Ужели это есть Тао?!

LIV.

Крѣпко стоящаго нельзя вынуть.

Хорошо связаннаго нельзя развязать.

Дни кончины предковъ празднуются потомками. Кто совершаетъ это для самаго себя, тотъ дѣлаетъ добро только для одного себя; кто совершаетъ это для своего дома, тотъ дѣлаетъ добро для своего дома; кто совершаетъ это

для своей деревни, тотъ будетъ начальникомъ въ ней; кт
о совершаетъ это для своей страны, тотъ дѣлаетъ добро
для страны; кто совершаетъ это для всего міра, тотъ дѣл
аетъ добро для всего міра.

Я изучаю тѣло по тѣлу, домъ — по дому, деревню — п
о деревнѣ, страну — по странѣ и, наконецъ, весь міръ —
по всему міру.

Но могу ли я знать, почему вселенная такая, а не иная?

LV.

Достигшій нравственнаго совершенства похожъ на мла
денца.

Вредоносныя насѣкомыя не укусятъ его; дикіе звѣри н
е сдѣлаютъ ему вреда; хищныя птицы не вопьются въ нег
о своими когтями.

Хотя у него кости мягки и мышцы слабы, но онъ буде
тъ держать предметъ очень крѣпко.

Хотя онъ не знаетъ, какъ совокупляется самецъ съ са
мкою и какъ образуется зачатокъ во чревѣ, но ему извѣст
но до подробности все, что совершается въ мірѣ.

Хотя онъ кричитъ цѣлый день, но голосъ его никогда
не ослабѣетъ, ибо въ немъ (голосѣ) существуетъ полнѣйша
я гармонія.

Знаніе гармоніи называется постоянствомъ.

Знаніе постоянства называется очевидностью.

Творить пріятное только для плоти называется нечист

отою.

Душа, могущая господствовать надъ своимъ настроеніе

мъ, есть сильная (душа).

Вообще, цвѣтущее отцвѣтаетъ, ибо въ немъ нѣтъ Тао.

Гдѣ нѣтъ Тао, тамъ скоро наступитъ конецъ.

LVI.

Знающій много молчаливъ, а говорящій много не знает

ъ ничего.

Тао закрываетъ свои глаза, затворяетъ ворота, ослабля

етъ остріе, развязываетъ узлы, смягчаетъ свѣтъ, собирает

ъ мелочь.

Это называется непостижимымъ единствомъ.

Сродниться съ Тао невозможно; пренебрегать имъ нель

зя; воспользоваться имъ непозволительно; повредить ему

никто не можетъ; чтить его нѣтъ основанія; презирать его

также нѣтъ причины.

Отсюда, видно, что Тао благороднѣе всего существующ

аго въ мірѣ.

LVII.

Безъ справедливости нельзя управлять страной.

Для того, чтобы вести войну успѣшно, необходима лов кость.

Когда въ странѣ нѣтъ (еще) безпорядка, (тогда) слѣдуе тъ имъ овладѣть[31].

Какъ я могу постигнуть, почему въ мірѣ такой порядо къ, а не иной?

Когда въ странѣ много такого, что должно быть уничт ожено, народъ объѣднѣетъ.

Когда въ странѣ много удобныхъ машинъ, то народъ перестаетъ работать.

Когда въ народѣ много искусныхъ мастеровъ, то увели чится число чудовищныхъ вещей.

Когда въ государствѣ много законовъ и постановленій, то число преступниковъ увеличится[32].

Отсюда учитъ и святой: „когда я ничего не дѣлаю (т.- е. не предпринимаю ничего новаго), то народъ дѣлается лучше; когда я спокоенъ, то народъ дѣлается справедлив ымъ; когда я не предпринимаю ничего новаго, то народъ обогащается; когда во мнѣ не будетъ никакой страсти, то народъ сдѣлается простодушнымъ".

LVIII.

Когда не будетъ мелочности въ управленіи государств омъ, то народъ обогатится. А когда управленіе государст вомъ мелочно, то народъ обѣднѣетъ.

О, бѣда! Гдѣ благо, тамъ и несчастіе.

О, благо! Гдѣ бѣда, тамъ и счастіе.

Но я не знаю, гдѣ оканчивается бѣда и гдѣ начинаетс я счастіе.

Гдѣ нѣтъ правды, тамъ люди будутъ относиться къ п равдѣ, какъ къ чему-то странному, — къ добру, какъ къ призрачному.

Издавна люди находятся въ заблужденіи, поэтому свят ой мужъ никогда не сдѣлаетъ имъ уступки.

Онъ не корыстолюбивъ, но ничего не раздаетъ имъ.

Онъ — праведникъ, поэтому онъ ничего не сдѣлаетъ с воевольно.

Хотя онъ — свѣтило для всего міра, но не любитъ бле ска.

LIX.

Для того, чтобы служить небу и управлять людьми, вс его лучше соблюдать воздержаніе.

Воздержаніе — это первая ступень добродѣтели, котора я и есть начало нравственнаго совершенства.

Человѣкъ высокой нравственности преодолѣетъ всякую трудность.

Глубина и могущество силы преодолѣвшаго всякую трудность неизмѣримы.

Онъ можетъ быть владыкою міра.

Владыка міра и есть мать вселенной.

Мать вселенной будетъ жить вѣчно, ибо она имѣетъ глубокій корень и крѣпкое основаніе[33].

LX.

Управленіе великой страной напоминаетъ приготовленіе вкуснаго блюда изъ мелкихъ рыбъ.

Когда святой мужъ будетъ управлять страною, то злой духъ перестанетъ быть богомъ.

Это, впрочемъ, не значитъ, что злой духъ перестанетъ быть богомъ (или духомъ), — но люди не будутъ терпѣть вреда отъ него.

Святой мужъ никому не сдѣлаетъ вреда и никто не повредитъ ему.

Поэтому нравственность святого мужа все болѣе и болѣе усовершенствуется.

LXI.

Великая страна похожа на устье рѣки.

Совокупленіе вселенной есть начало всего міра[34].

Самка всегда побѣждаетъ самца потому, что она тиха, и спокойно стоитъ ниже самца.

Когда большая страна стоитъ ниже маленькой, то перв ая завладѣетъ послѣдней.

Когда маленькая страна стоитъ ниже большой, то перв ая завладѣетъ послѣдней.

Отсюда видно, что стоящая ниже другихъ страна буде тъ владычествовать надъ всѣми другими.

Что такое большая страна и маленькая?

Большая страна — вмѣстилище многихъ народовъ, а ма ленькая — вмѣстилище немногихъ.

Если правитель страны будетъ стоять ниже другихъ, т о онъ осуществитъ свой добрый замыселъ.

Отсюда ясно, что желающій быть великимъ долженъ б ыть ниже всѣхъ.

LXII.

Тао есть глубина бытія. Оно и есть сокровище добрыхъ людей.

Оно также и есть то, что держатъ злые люди.

Изящныя слова могутъ быть куплены цѣною.

Добрые поступки могутъ быть совершаемы всѣми.

Хотя люди злы, но нельзя совсѣмъ бросить ихъ.

Выбираютъ царя и трехъ великихъ сановниковъ. Имѣя

въ рукахъ драгоцѣнный камень, они разъѣзжаютъ въ коле

сницахъ, но это безконечно хуже, нежели проповѣдовать Т

ао, сидя на одномъ мѣстѣ[35]

Въ чемъ заключается причина того, что въ древности

Тао глубоко уважалось?

Не въ томъ ли заключается, что благодаря Тао, проща

лись преступники?

Оттого, быть можетъ, въ древности Тао почиталось во

всемъ мірѣ.

LXIII.

Всѣ должны быть бездѣятельными.

Всѣмъ слѣдуетъ соблюдать полное спокойствіе.

Всѣ должны употреблять простѣйшую пищу.

Великое есть малое, многое — не многое.

Ненавидящимъ васъ отмстите добромъ.

Когда вы благополучны, то подумайте, что нужно пре

дпринять во время бѣды, такъ какъ великая бѣда начина

ется съ незначительной.

Бѣда всего міра происходитъ изъ мелочи, какъ велико

е дѣло — изъ малыхъ.

Святой мужъ не желаетъ быть великимъ міра, поэтому

и совершаетъ великое дѣло.

Легко достигнутое согласіе не заслуживаетъ довѣрія.

Гдѣ много легкихъ дѣлъ, тамъ много и трудныхъ.

Вотъ почему святой мужъ всегда живетъ какъ въ бѣд
ѣ, поэтому для него не существуетъ бѣды.

LXIV.

Не трудно держать легкую вещь.

Легко предотвратить (бѣду) до полнаго обнаруженія.

Слабаго легко разбить, мелкаго легко разсѣять.

Слѣдуетъ устраивать защиту тогда, когда еще нѣтъ (в
ъ томъ) надобности (т.-е. нѣтъ враговъ).

Слѣдуетъ заботиться о спокойствіи страны тогда, когд
а еше въ ней все въ порядкѣ.

Дерево, которое нельзя обнять руками (т.-е. большое),
выросло изъ маленькаго.

Девятиэтажная башня созидается изъ клочковъ земли.

Чтобы пройти тысячу верстъ, нужно начать ходьбу съ
одного шага.

Кто можетъ создать, тотъ можетъ и разрушить.

Имѣющій можетъ потерять.

Святой мужъ ничего не создаетъ, поэтому ничего не р
азрушаетъ; онъ ничего не имѣетъ, поэтому ничего не поте
ряетъ.

Кто, предпринимая дѣло, спѣшитъ наскоро достигнуть
результата, тотъ ничего не сдѣлаетъ.

Кто осторожно оканчиваетъ свое дѣло, какъ началъ, т
отъ не потерпитъ неудачи.

Поэтому святой мужъ всегда старается быть безпристр
астнымъ, не придавать цѣнности трудно-добываемымъ ве
щамъ и не слушать безплоднаго ученія.

Онъ повторяетъ то, что дѣлалось многими.

Онъ будетъ стараться, чтобы пособить естественному т
еченію вещей, но ни въ какомъ случаѣ не препятствовать
ему.

LXV.

Въ древности исполнявшіе Тао не старались просвѣтит
ь народъ: они держали его въ невѣжествѣ.

Причина того, что трудно управлять народомъ, заключ
ается въ томъ, что народъ просвѣщается и въ немъ много
умныхъ.

Когда страна управляется безъ всякаго умствованія, т
о въ ней будетъ благоденствіе.

Знающій (сущность) зтихъ двухъ пунктовъ будетъ обра
зцомъ нравственной жизни (для народа). Его будутъ назы
вать (человѣкомъ) непостижимой добродѣтели.

О, глубока и непостижима нравственность!

Она противоположна, по своему существу, всему вещест
венному, но никогда не сопротивляется ничему.

Она соблюдаетъ великое послушаніе.

LXVI.

Причина того, что рѣки и моря суть цари многочислен
ныхъ долинъ (по которымъ текутъ рѣчки), заключается в
ъ томъ, что первыя находятся ниже послѣднихъ.

Вотъ почему рѣки и моря суть цари многочисленныхъ
долинъ.

Когда святой желаетъ поднять народъ, то понижаетъ
его. Когда онъ желаетъ поставить его впередъ, то ставит
ъ его назадъ.

Отсюда, когда народъ займетъ высокое мѣсто, то не бу
детъ гордиться; когда пойдетъ впередъ, то никому не сд
ѣлаетъ вреда.

Когда осуществится все, что сказано мною, то на всей
землѣ будетъ миръ.

Когда все будетъ миръ на всей землѣ, то не будетъ сс
оры.

LXVII.

На всей землѣ люди говорятъ, что мое Тао велико.

Правда, оно похоже на безумство, но несомнѣнно велико.

Я имѣю три преимущества, которыя я сохраняю, какъ с
окровище.

Первое изъ трехъ сокровищъ есть человѣколюбіе.

Второе — бережливость.

Третье — смиреніе или то, благодаря чему я не желаю быть руководителемъ для всей земли.

Человѣколюбивые храбры.

Бережливые щедры.

Смиренные или не желающіе быть руководителями для всей земли будутъ полезны на долгое время.

Кто храбръ, не зная человѣколюбія, кто щедръ, не зная бережливости, кто идетъ впередъ, не зная смиренія, тотъ погибнетъ.

Кто ведетъ войну ради человѣколюбія, тотъ побѣдитъ враговъ. Если онъ защититъ народъ, то оборона будетъ сильна.

Это потому, что его спасетъ Небо, которое дорожитъ подобнымъ человѣкомъ.

LXVIII.

Истинно просвѣщенный человѣкъ никогда не воюетъ.

Превосходный воинъ никогда не разгнѣвается.

Побѣдитель никогда не попроситъ содѣйствія посторонняго.

Умѣющій пользоваться людьми охотно занимаетъ низкое мѣсто, что называется добродѣтелью безъ сопротивленія, средствомъ для (благоразумнаго) пользованія (услугами) людей и, наконецъ, согласованіемъ съ Небомъ.

Таково древнее постановленіе.

LXIX.

Въ „военномъ искусствѣ" говорится, что на войнѣ я ни когда не бываю активнымъ, а пассивнымъ.

Не сдѣлавъ ни шага впередъ, идти назадъ аршинъ — значитъ: уступить врагамъ оспариваемое безъ сопротивле нія [36]

Когда нѣтъ враговъ, то не бываетъ войны.

Нѣтъ бѣды тяжелѣе, чѣмъ презирать враговъ.

Презирать враговъ все равно, что бросить богатства бе зъ надобности.

Плачущій объ увеличеніи своего войска всегда будетъ побѣдителемъ.

LXX.

Я говорю, что очень легко пріобрѣсти знаніе и творить благія дѣла.

Между тѣмъ, на всей землѣ никто не знаетъ этого и н е дѣлаетъ благихъ дѣлъ.

Въ словахъ долженъ быть принципъ, въ дѣлахъ — гос подинъ.

Нѣтъ знанія. Вотъ почему я не знаю ничего.

Знающихъ меня мало, поэтому я почтителенъ.

Отсюда, святой мужъ надѣваетъ на себя худую одежд у, но въ себѣ имѣетъ драгоцѣнный камень.

LXXI.

Кто, зная много, держитъ себя, какъ незнающій ничег о, тотъ ⎯ нравственный мужъ.

Кто, не зная ничего, держитъ себя, какъ знающій мног о, тотъ боленъ.

Кто болѣетъ тѣлесною болѣзнью, тотъ еще не (есть) дѣ йствительно больной.

Святой мужъ никогда не болѣетъ, ибо онъ не знаетъ б олѣзни, хотя болѣетъ (тѣломъ).

LXXII.

Когда народъ перестаетъ бояться сильнаго, то сильны й нападаетъ на него.

Каково бы ни было жилище, оно для святого не тѣсно.

Каково бы ни было мѣсто рожденія, для святого все р авно.

Никакой предметъ не стѣсняетъ его, поэтому и онъ не стѣсняетъ никого.

Хотя святой хорошо знаетъ свое достоинство, но никог да не обнаружитъ этого.

Хотя ему не чуждо самолюбіе, но онъ никогда не горд ится.

Вотъ почему всѣ должны удалиться отъ перваго и при близиться къ послѣднему.

LXXIII.

Кто силенъ и дерзокъ, тотъ убьетъ людей.

Кто силенъ, но не дерзокъ, тотъ оживитъ людей.

Эти оба либо полезны, либо вредны.

Никто не знаетъ, почему небо любитъ одинъ предмет
ъ, а другой нѣтъ. Рѣшить этотъ вопросъ даже святой муж
ъ не можетъ.

Небесное Тао никогда не ссорится, поэтому оно побѣж
даетъ всѣхъ.

Хотя оно мало говоритъ, но обсуждаетъ лучше, нежели
многорѣчивые.

Никто не вызываетъ (Тао), но оно присутствуетъ везд
ѣ.

Намъ кажется, что оно ничего не дѣлаетъ, но на само
мъ дѣлѣ оно дѣйствуетъ лучше всѣхъ.

Небесная сѣть не плотна и какъ будто пропускаетъ вс
ѣ предметы черезъ себя; но изъ нея ничего не выйдетъ н
аружу.

LXXIV.

Народъ не боящійся смерти нельзя страшить смертью.

Народъ, пріученный бояться смерти, нельзя страшить дѣлами, могущими причинить ему смерть.

Есть люди, должность которыхъ — убивать. Убивающій людей вмѣсто палача называется намѣстникомъ убійцы.

Намѣстникъ убійцы повредитъ свою руку, совершая убійство.

LXXV.

Оттого народъ голодаетъ, что слишкомъ велики и тяжелы государственные налоги.

Это именно — причина бѣдствія народа.

Народъ сдѣлается непослушнымъ, если правительство будетъ хлопотать о нихъ чрезмѣрно много.

Это именно — причина непослушанія народа.

Когда народъ слишкомъ сильно ищетъ жизни, то онъ будетъ смотрѣть на смерть, какъ на самое легкое дѣло.

Это и есть причина пренебрежительнаго отношенія народа къ смерти.

Вотъ почему не ищущій жизни мудрѣе ищущаго ея.

LXXVI.

Новорожденный младенецъ нѣженъ и слабъ.

Трупъ мертвеца крѣпокъ и не гибокъ.

Только-что распустившееся растеніе нѣжно и слабо.

Засохшее растеніе твердо и не гибко.

Отсюда ясно, что нѣжное и слабое живетъ.

Сильное войско не побѣдоносно.

Нельзя поломать связку прутьевъ.

Сильное находится внизу, а слабое — наверху.

LXXVII.

Небесное Тао похоже на человѣка, натягивающаго тети
ву на лукъ; высокій поднимаетъ лукъ наверхъ, а низкій п
однимаетъ взоръ наверхъ.

Имѣющій избытокъ потерпитъ потерю.

Страдающій недостаткомъ будетъ имѣть избытокъ.

Потому что небесное Тао всегда отнимаетъ у изобилую
щихъ и отдаетъ страдающимъ недостаткомъ.

Человѣческое Тао, впрочемъ, наоборотъ: оно отнимаетъ
отъ неимѣющихъ и отдаетъ изобилующимъ.

Поэтому, кто посвящаетъ свой избытокъ всему міру, то
тъ имѣетъ Тао.

Святой мужъ дѣлаетъ много, но не хвалится сдѣланны
мъ; совершаетъ заслуги, но не признаетъ ихъ, потому что

онъ не желаетъ обнаружить свою мудрость.

LXXVIII.

Хотя въ мірѣ нѣтъ предмета, который былъ бы слабѣе и нѣжнѣе воды, но она можетъ разрушить самый твердый предметъ.

Въ мірѣ нѣтъ вещи, которая побѣдила бы воду, ибо он а нѣжнѣе и слабѣе всѣхъ вещей.

Извѣстно, что слабое существо побѣждаетъ сильное, нѣ жное — крѣпкое, но никто этого не признаетъ.

Святой мужъ говоритъ, что получившій (отъ царя) удѣ лъ сдѣлается господиномъ; но принимающій на себя несч астіе страны сдѣлается царемъ ея.

Голосъ истины противенъ слуху.

LXXIX.

Послѣ сильной ненависти останется слабая ненависть.

Ненавидящій, хоть слабо, не можетъ творить добро дл я ненавистнаго.

Святой беретъ отъ всѣхъ клятвенное свидѣтельство, н о не притѣсняетъ никого.

Нравственный человѣкъ соблюдаетъ клятву, а безнрав ственный нарушаетъ.

Небесное Тао не имѣетъ родственниковъ, поэтому оно

всегда склоняется къ добрымъ людямъ.

LXXX.

Такъ какъ въ маленькомъ государствѣ мало народа, то хотя въ немъ много лучшихъ орудій, но они останутся без ъ употребленія и безъ надобности.

Народъ такого государства потеряетъ всякую предпрíи мчивость и умретъ на мѣстѣ своего рожденія, не двигаясь никуда.

Если у него много возовъ и кораблей, то они останутс я безъ употребленія.

Хотя онъ имѣетъ благоустроенное войско, но негдѣ вы ставить его.

Онъ будетъ плесть веревку, чтобы ею оградить свое го сударство.

Хотя онъ ѣстъ хорошо, одѣвается красиво, устраиваетъ покойное жилище и живетъ весело, но существованіе его б удетъ безполезно.

Хотя такое государство находится съ сосѣднимъ въ та комъ близкомъ разстояніи, что слышны пѣніе пѣтуховъ и лай собакъ въ немъ, но сообщенія между ними никогда не будетъ.

LXXXI.

Голосъ истины неизященъ, а изящная рѣчь лжива.

Нравственный человѣкъ не краснорѣчивъ, а краснорѣч ивой — лжецъ.

Мудрецъ не знаетъ многаго, а знающій много — не му дрецъ.

Святой мужъ ничѣмъ не запасается. Если запасается ч ѣмъ-нибудь, то для другихъ.

Когда онъ имѣетъ что-нибудь, то все раздаетъ другом у.

Поэтому запасъ его все болѣе и болѣе увеличится.

Небесное Тао полезно: оно не имѣетъ въ себѣ ничего в реднаго для людей.

Тао святыхъ — творить добро и не ссориться.

세르게이 니콜라예비치 두릴린С.Н.ДУРЫЛИНЪ의
각 장별 주석Примѣчанія къ отдѣльнымъ главамъ

ПЕРВАЯ КНИГА(제1책)

Глава I(1장)

1. „*То, что не имѣетъ*…; то, что имѣетъ имя — есть **мать** всех в
ещей". — Буквально не мать, а *самка*. В переводе St. Julien'a —
la femelle, (p. 21).
"이름이 없는 것은……, 이름이 있는 것은 만물의 **어머니**이다." — 말 그
대로의 어머니가 아니라 **여성**. 줄리앙의 번역1)(p.21)에는 la femelle(여성)

---

1) Stanislas A. Julien, 『Lao-Tzeu Tao-te-king』, Paris, 1842. Stanislas Aignan
Julien(13 April 1797~14 February 1873), 이 책의 프랑스어 명칭은 다음과 같다.
『Le Livre de la Voie et de la Vertu, composé dans le VIe siècle avant l'ère
chrétienne, par le philosophe Lao-Tseu, traduit en français et publié avec

이라 되어 있다.

2. „Эти оба происходят из одного и того же начала, но только н
осят разное название". — Значение этого афоризма Д. П. Конис
си объясняет так: „Существо, не имеющее имени, и существо, и
меющее имя, — произошли из одного и того же начала — Тао".
"Both of them come from the same beginning, but only have a
different name." — The meaning of this aphorism D.P. Konissi
explains as follows: "A creature that has no name, and a creature
that has a name," originated from the same of the same beginning
— Tao.
"이 두 가지는 다 같은 시작에서 왔지만, 이름만은 다르다." — 이 아포
리즘2)의 의미는 고니시D.P. Konissi는 다음과 같이 설명한다. "이름이
없는 생물과 이름이 있는 생물"은 같은 시작인 타오Tao(=도道)에서 유래
했다.

Глава IV (4장)

3. „О, как чисто!..., предшествовало ли первому *царю*". — По о
бъяснению переводчика: царю неба.
"오, 얼마나 깨끗한가!……, 그것(道)은 첫 번째 왕보다 앞서 있었는가?"
— 번역자의 설명에 따르면, 여기서 왕은 **천국의 왕**이다.

---

le texte chinois et un commentaire perpétuel』 [The Book of the Way and
Virtue, Written in the 6th Century BC by the Philosopher Laozi, Translated
into French and Published with the Chinese Text and a Running
Commentary] (in French).
2) 경구警句나 격언格言, 금언金言이나 잠언箴言.

Глава V (5장)

4. „Они поступают со всеми вещами, как с *соломенной собакой*" — Объяснение Д. П. Конисси, „Соломенная собака — это кукла собаки, сделанная из соломы. Она, по словам толкователя Ла о-Си *Хсщу-Гёку-сен,* употреблялась при жертвоприношении. Когда окончится обряд приношения, то китайцы бросают ее и топчут ногами. Здесь это выражение употреблено в смысле „н ичтожества". — Соломенная кукла собаки заменила какой-либ о живой реальный предмет жертвоприношений: свидетельств о, чтр во времена Лао-Си натуральный жертвы уже заменялис ь символическими.

"그들은 모든 것을 짚으로 만든 개처럼 취급한다." 고니시의 설명에 의하면, "짚으로 만든 개는 짚으로 만든 개 인형이다. 노자의 해석가인 백옥섬白玉蟾(Hschu-Gyoku-sen)3)에 따르면, 짚으로 만든 개는 희생제에 사용되었다. 제사 의식이 끝나면 중국인은 그것을 던져 버리고 발로 짓밟는다. 여기서 이 표현은 "무의미함"이라는 의미로 사용된다. — 짚으로 만든 개 인형이 살아 있는 실제 희생물을 대체했다. 이는 노자 시대에 이미 자연적(살아 있는) 희생물이 상징적인 희생물로 대체되었다는 증거이다.

5. Афоризм первый этой главы в переводе проф. Васильева ч итается так: „небо и земля не имеют человеколюбия". (стр. 77).

---

3) 백옥섬白玉蟾(1134~1229). 남송南宋 때의 인물. 도인道人. 원명原名은 갈장경葛長庚, 자는 이열以閱, 호는 빈암繽庵 또는 해경자海瓊子, 무이산인武夷散人 등. 나중에 어머니가 재혼하여 백씨白氏의 자식이 되어 이름을 백옥섬으로 고쳤다.

The first aphorism of this chapter, translated by prof. Vasilyeva reads like this: "heaven and earth do not have humanity"
이 장의 첫 번째 아포리즘은 바실리 파블로비치 바실리에프Василий Павлович Васильев 교수는 다음과 같이 읽는다. "하늘과 땅에는 인류애가 없다" (바실리에프, p.77)[4]

Глава VI(6장)

6. „Непостижимой *матерью (самкой)* − „la femelle mysterieuse" у St. Julien'a. (p. 21).
"이해할 수 없는 **어머니(여성)**" — 줄리앙의 번역에는 la femelle mysterieuse(미스터리한 여성) (Stanislas A. Julien, 『Lao-Tzeu Tao-te-king』, Paris, 1842. p.21)

Глава VII(7장)

7. „Причина того, что небо и земля вечны, за ключается в том, что они существуют не для самих себя". − Лао-Си признает в ременное существование вселенной. Вселенная не вечна. „Ни небо, ни земля, − говорить он, − вечно существовать не могу т". Мир существует только благодаря Тао: в Тао − причина до лгаго существования мира; однако Тао, образовавший мир, сд елал это не для него самого. „Процветающая вещь легко стар еет" − говорить Лао-Си о мире. См. главы XXIII и LV.

---

4) 바실리에프B.Π. Васильев, 『동방의 종교Религия Востока: 유교·불교·도교Кон фуцианство, Буддизм и Даосизм』, 쌍뜨뻬쩨르부르그СПб, 1873.

"천지가 영원한 이유는 스스로를 위해 존재하지 않기 때문이다." — 노자는 우주의 일시적인 존재를 인식한다. 우주는 영원하지 않다. 그는 말한다. "하늘도 땅도 영원히 존재할 수 없다." 노자는 세상에 대해 말한다. "세상은 타오 덕분에 존재한다. 세상이 오래 존재하는 이유는 타오이다. 그러나 세상을 만든 타오는 자신을 위해 그것을 하지 않았다. 번성하는 것은 쉽게 늙어 간다." (23장과 55장 참조)

8. „Он (т.-е. святой муж) оставляет свое тело..."
По переводу проф. Васильева этот и следующий афоризмы читаются так: „Когда святой муж небрежет о своем теле, то его тело выступает вперед, и он может достигнуть долголетия. Когда он не думает о собственной пользе, то может совершить собственную пользу". (Стр. 78).
"그는 즉, 거룩한 사람은 그의 몸을 남겨 둔다……."
바실리에프 교수의 번역에 따르면, 이것과 다음 아포리즘은 이렇게 읽는다. "거룩한 사람이 자신의 몸을 아끼지 않으면, 그의 몸이 앞으로 나와, 장수할 수 있다. 자신의 유익에 대해 생각하지 않으면, 자신의 유익을 얻을 수 있다." (바실리에프, p.78)

Глава IX (9장)

9. Афоризмы третий, четвертый, пятый, по переводу проф. Васильева: „Дом, наполненный золотом и драгоценными камнями, нельзя сберечь; богатство и знатность возбуждают гордость и влекут за собою вину (несчастие); небесный путь требует, чтоб доблести отступали вслед за теломъ". (Стр. 78).

바실리에프 교수가 번역한 세 번째, 네 번째, 다섯 번째 아포리즘: "금과 보석으로 가득 찬 집은 보전할 수 없다. 부와 명예는 자만심을 불러일으키고 스스로 죄(불운)를 수반한다. 하늘의 길은 용맹함이 몸을 쫓아가지 말고 물러나라고 요구한다." (바실리에프, p.78)

Глава Х (10장)

10. „Кто хочет открыть небесныя врата, тот должен быть, как *самка*". — Объяснение переводчика: „Открыть небесныя врата" — значить достигнуть Тао или нравственного совершенства. Отсюда смысл этого афоризма таков: желающий достигнуть нравственнаго совершенства должен быть смиренным, как самка смиренна перед самцомъ".

"천국의 문을 열고자 하는 사람은 여자와 같아야 한다. 번역자의 설명에 따르면, "천국의 문을 여는 것"은 타오Тао 또는 도덕적 완전성을 달성하는 것을 의미한다. 따라서 이 아포리즘의 의미는 다음과 같다. "여성이 남성 앞에서 겸손하듯이(평화롭듯이), 도덕적 완전성을 달성하고자 하는 사람은 겸손해야(평화로워야) 한다."

Глава ХIII (13장)

11. „Почесть от сильных мира…, как *к совершенно призрачной*". — Буквально: „достойной удивления.

"힘 있는 세계의 명예……, **완전히 유령처럼 대한다**: 문자 그대로 — (유령을 만난 것처럼) 놀라다(겁을 내야 한다)."

Глава XV (15장)

12. „Исполняющей Тао не желает быть *наполненнымъи*", — т. е. удовлетвореннымъ.

"타오를 실천하는 이들이 그것으로 **충만되**기를 원하지 않는다." 즉, 만족하기를 원하지 않는다.

Глава XVIII (18장)

13. „Когда *великое Тао*..." - По толкованию Д.П. Конисси, „тут Лао-Си иронически называет „великим Тао" и мудростью те учения, который известны под названием „Учения блаженнейших царей".—„Учение блаженнейших царей" есть древнее китайское учение. О нем же говорить Лао-Си в двух первых афоризмах XIX-ой главы. („Когда уничтожено будет учение..."). Об зтих древнейших учениях царей синолог проф. Васильев, выясняя их отношение к конфуцианству, говорить следующее: „Конфуцианство самостоятельно дошло до мысли, что только то хорошо, что сохраняет на себе тип древности; только в древнее время были хорошие образцы, совершенные люди. Не считая еще их ни богами, ни святыми, конфуцианство выставляет в примерь нравственности и самаго лучшаго управления таких государей, каковы были: Яо, Шунь, Ваны: Тан, Взнь и У; при этих царях все было хорошо устроено; каждое изречение их, даже простое восклицание, есть комментарий навею жизнь, закон для будущих вековъ". (Васильев, Религии Востока, стр. 17).

Конфуцианство, явившееся реакциейпротив учения Лао-Си, п
риписывало величайшее значение „учению блаженне йших цар
ей"; Лао-Си, обратно, возставал против зтих „комментарэев на
всю жизнь". Уже при ученике Конфуция, Мен-цзы, государи Я
о и Шунь были признаны полубогами.

"**위대한 타오가……**" 고니시의 해석에 따르면, "여기서 노자는 역설적
으로 위대한 도교와 "가장 축복받은 왕들의 가르침"이라 알려진 가르침
의 지혜를 말한다. "가장 축복받은 왕들의 가르침"은 고대 중국의 가르
침이다. 노자는 19장의 처음 두 아포리즘에서 이에 대해 이야기한다.
("가르침이 파괴될 때……") 이 고대 왕들의 가르침에 대해, 바실리에프 교
수는 유교에 대한 그들의 태도를 명확히 하면서 다음과 같이 말한다.
"유교는 고대의 유형을 유지하는 한에서만 훌륭하다는 생각에 이르렀
다. 고대에만 좋은 예와 완벽한 사람들이 있었다. 그들을 신이나 성자로
간주하지 않는 유교는 그러한 통치자들(당요堯·우순舜·하우禹)의 도덕성과
최고의 통치를 잘 보여 준다. 이 왕들 아래에서 모든 것이 잘 정리되었다.
그들의 모든 발언, 심지어 단순한 감탄도 전 생애의 조언, 미래 시대의
법칙이 되었다."(바실리에프, p.17) 노자의 가르침에 반하는 유교는 "축복
받은 왕의 가르침"에 가장 큰 중요성을 부여했다. 반면에 노자는 이 "생
애의 조언"에 반대했다. 이미 공자와 맹자의 제자 시대에 통치자들인 요
임금과 순임금은 반신半神으로 인정받았다.

14. „Когда шесть ближайших родственниковъ". — По объясиен
ию переводчика: „6 степеней родовых линий".
"육족六族(여섯 명의 가장 가까운 친척들)" — 번역자의 설명에 따르면, "6
대의 선조".

15. Вся эта глава переведена проф. Васильевым: „Когда велик ое *Тао* потеряно, тогда уже является человеколюбие и истин а; разум и благоразумие вытекают из великой лжи; когда нар ушается гармония в родстве, тогда только является почтите льность сыновняя и любовь родительская; когда государство возмущено, тогда только являются преданные престолу чино вники". (Стр. 77).

이 장 전체는 바실리에프 교수에 의해 번역되었다. "위대한 타오를 잃었을 때, 인간애와 진리가 이미 나타난다. 이성과 신중함은 큰 거짓말에서 흘러나온다. 친척들 간의 화합이 침해되면, 효와 부모의 사랑만 나타난다. 국가가 분개하면 왕좌에 헌신하는 관료만 나타난다." (바실리에프, p.77)

16. „Великое Тао", упоминаемое в этой и следующей главах, ес ть *мнимое, ложное* Тао и, как такое, оно противоположно исти нному Тао, которому посвящена вся книга Лао-Си и великия п оследствия отследованию которому изложены Лао-Си в XXXIII главе, поэтому потеря этого „великаго Тао" — есть благ о потеря истинного Тао — великое зло (глава XXXII).

이 장과 다음 장에서 언급되는 "위대한 타오"는 가상의 거짓 타오이며, 따라서 노자의 모든 책(내용)이 헌정된 진정한 타오와 33장에 나타난 그 결과 이후의 위대한 도와 반대된다. 그르므로 이 "위대한 타오"의 상실은 좋은 일이고, 진정한 타오의 상실은 큰 악이다(32장 참조).

Глава XIX (19장)

17. К афоризмам первому и второму: „Когда оставлены *святос
ть и мудрость*"... и „когда оставлены *человеколюбие и справе
дливость*". Переводчик относит и эти выражения (святость, м
удрость, человеколюбие, справедливость) к отвергаемому Ла
о-Си „Учению блаженнейших царей". О нем см. примеч. к XVIII
главе.

첫 번째와 두 번째 아포리즘, 즉 "거룩함과 지혜가 버려졌을 때" …… 그
리고 "인간애와 정의가 버려졌을 때"에 대해 번역자는 또한 이러한 표현
(거룩함·지혜·인간애·정의)을 노자에 반대되는 "가장 축복받은 왕들의 가
르침"에 대응시킨다. (이에 관해서는 18장 주석 참조)

Глава XX (20장)

18. „Я один отличаюсь от других тем, что люблю питаться у м
атери". — Т.е. у матери всех вещей — у самки, у Тао. См. I глав
у и особенно VI-ю.

"어머니와 함께 먹는 것을 좋아한다는 점에서 나는 홀로 남들과 다르다."
— 즉, 모든 만물의 어머니는 여성, 즉 타오이다. (1장과 특히 6장을 참조)

Глава XXVIII (28장)

19. „Кто знает... и остается в *невежестве*". — Буквальный пере
вод: *в незнании.*

"……을 아는 사람은…… 무지에 남는다"— 문자 그대로 번역하면, 무식한.

Глава XXIX (29장)

20. „Вообще, вещи идут вперед или назад: *воюют или дуютъ*".
— В тексте St. Julien'a: греют или охлаждаютъ.
"일반적으로 사물은 앞뒤로 진행된다: 싸우거나 주먹질하거나" 줄리앙
의 번역서에는 "따뜻해지거나 차가워진다."

Глава XXX (30장)

21. „Когда вещь дойдет до полноты своего *развития*". Букв. *с
илы.*
"사물이 완전히 발전할 때" 문자 그대로 힘이 충만되었을 때.

Глава XXXII (32장)

22. „Когда цари и князья заботятся о защите (своей страны), т
о сама *природа* сделается помощницей ихъ". Букв.: *вещь.*
"왕들과 왕자들이 (자국의) 보호에 대해 염려할 때, 자연 자체가 그들의
조력자가 될 것이다." 문자 그대로 자연은 사물.

23. „Когда небо совокупится... чего человек не в состоянии *ус
троить*". — По буквальному переводу: *заставить творить.*
"하늘이 합쳐지면 …… 인간이 지을 수 없다." — 문자 그대로 번역하면,
창조할 수 있도록 하다.

ВТОРАЯ КНИГА(제2책)

Глава XXXVIII(38장)

24. „Отсюда, когда потеряно Тао". — Сокращенный перевод эт
ого и следующаго афоризма у проф. Васильева: „Когда потер
ян путь (дао), являются доблести (д'э), потеряны доблести,—
является челове кслюбие, истина, церемонии... Церемоніи жъ
имѣютъ самое ничтожное значеніе въ преданности и вѣрност
и, напротивъ, онѣ — глава безпорядка". (Стр.77). Въ виду важ
ности этого мѣста приводимъ его еще въ переводѣ съ англійс
каго, редактированномъ Л. Н. Толстымъ (Изб. мысли Лао-Си.
М. 1911 г.): „Если потеряно Тао, то остается добродѣтель; поте
ряна добродѣтель, остается человѣколюбіе; потеряно человѣ
колюбіе остается справедливость; потеряна справедливость,
остается приличіе. Приличіе — это только подобіе правды и и
сточникъ смутъ". Это же мѣсто имѣется въ переводѣ К. Д. Бал
ьмонта, въ книгѣ „зовы древности". Спб. 1908 г., стр. 138.[69]
Мѣсто это противоположно по смыслу сказанному объ исчезн
овеніи мнимаго „великаго Тао" въ главѣ XVIII и XIX.
"그러므로 타오를 잃었을 때" — 이것과 다음 아포리즘의 요약된 번역은
바실리에프 교수의 책에서 다음과 같다. "길(타오)을 잃어버리면, 용기가
사라지고, 용기가 사라지면, 인간애·진실·의식이 나타난다 — 의식은 헌
신과 믿음에서 가장 중요하지 않은 의미를 가지고 있으며, 오히려 그것은
무질서의 수장이다." (p.77) 이 내용의 중요성을 고려하여, 톨스토이가
편집한 영어판에서 번역한 책(『Изб. мысли Лао-Си』. М. 1911 г.)5)에도

이것을 가져왔다. "만약 타오를 잃으면 미덕이 남는다. 미덕을 잃으면 인간애가 남는다. 인간애를 잃으면 정의가 남는다. 정의를 잃으면 품위(예절·고상함)가 남는다. 품위는 진리의 겉모습일 뿐이며 혼란의 근원이다."
이 내용은 발몬트Константин Дмитриевич Бальмонт(콘스탄틴 드미트리에비치 발몬트K.D. Balmont)의 번역서, 『고대의 부름Зовы древности(Calls of Antiquity)』, 쌍뜨뻬쩨르부르그Спб, 1908, p.138에도 나타난다.
이 내용은 18장과 19장에서 가상의 "위대한 타오"의 실종에 대해 말한 것과 반대의 의미이다.

Глава XL (40장)

25. „Все вещи произошли от бытия (что), и бытие от небытия (ничто)". См. примечание первое к XLII главе.
"모든 사물은 존재(무엇)에서 비롯된 것이고, 존재(무엇)는 존재하지 않는 것(아무것도 아닌 것)에서 비롯되었다." (42장의 첫 번째 주석을 참조)

Глава XLII (42장)

26. „Тао произвело одно, одно − два, два − три, а три − все вещи".
"타오는 하나를, 하나는 둘을, 둘은 셋을, 셋은 모든 사물을 생산했다."

---

5) 『톨스토이가 고른 중국 현자 노자의 말Изречения китайского мудреца Лао-Тзе, избранные Л.Н. Толстым』, 모스크바 파슬레드니카M. Посредника, 1911.

Глава XLI (41장)

27. В переводе с анг. под ред. Л. Н. Толстого читаем: „Когда в
ысшие ученые узнают о Тао, они старательно исполняют его.
Когда средние ученые узнают о Тао, они то соблюдают, то те
ряют его. Когда низшие ученые узнают о Тао, они смеются на
д ним. Если бы они не смеялись над ним, оно бы не заслужива
ло имени Тао". (Стр. 23).

톨스토이가 편집한 영어판에서 번역한 책에는 다음과 같이 되어 있다:
"최고의 학자들은 타오에 대해 배우고, 부지런히 타오를 수행한다. 평범
한 학자들이 타오에 대해 알게 되면, 그것을 관찰하거나 잃게 된다. 하급
학자들이 타오에 대해 알게 되면, 타오를 비웃는다. 그들이 비웃지 않았
다면, 타오는 타오라는 이름을 받을 자격이 없었을 것이다." (『톨스토이가
고른 중국 현자 노자의 말Изречения китайского мудреца Лао-Тзе, избран
ные Л.Н. Толстым』, М. Посредник, 1911 г. р.23)

Глава XLII (42장)

28. „Один — это нечетное число, а два — четное. Соединение ч
етного с нечетным обнимает все многообразие чисел. — О про
исхождении вещества наш философ учит следующим образо
м: Тао „произвело одно и т. д." Это значить, что Тао создало е
диное, т. е. несложное, которое не есть еще видимое, осязаемо
е вещество и есть небытие. Так как небытие — отрицание быт
ия — заключает в себе элемент отрицаемаго, то из него же пр
оизошел и весь видимый миръ. О верности нашего понимания

364

вышеприведенного изречения Лао-Си свидетельствует следу
ющая мысль его: „Все вещи, — говорить он, — произошли из бь
пия, и бытие — из небытия". (XL глава, последний афоризм)
(Д. Кониси. „Философия Лаоси", 『Вопр. фил. л псих.』, XXIII,
377). См. также замечания о космогонии Лао-Си выше в замет
ке „Понятие Тао".

"1은 홀수이고, 2는 짝수이다. 짝수와 홀수의 조합은 모든 다양한 숫자
를 포괄한다. — 우리 철학자는 다음과 같이 물질의 기원에 대해 가르친
다: "타오가 하나를, 하나는 둘을, 둘은 셋을, 셋은 모든 사물을 생산했
다." 이것은 타오가 단일의, 즉 복잡하지 않은 아직 눈에 보이지 않는 유
형의 물질을 생산했고, 그것은 존재하지 않는 것임을 의미한다. 비존재,
즉 존재의 부정은 부정된 요소를 스스로 포함하고 있기 때문에, 그로부터
보이는 전체 세계가 시작되었다.

노자의 다음과 같은 생각이 위에 언급된 노자의 말에 대한 우리의 이해
의 정확성을 증언해 준다: "모든 사물은 — 그는 말한다 — 존재에서 유
래하고, 존재는 비존재에서 유래한다."(40장 마지막 아포리즘) 고니시D.P.
Konissi, "「노자의 철학Философія Лаоси」, 『철학과 심리학의 제문제Вопр.
фил. и псих』, XXIII, 1911, p.377. (위의 "도의 개념"에서 노자의 우주론에
대한 언급을 참조)

29. „Всякая вещь носитъ на себѣ *инъ* и заключаетъ въ себѣ *ян
ъ*". Понятія *инъ и янъ* присущи не только ученію Лао-Си, но и
всей философіи Китая. Въ наиболѣе общемъ своемъ значеніи
инъ и янъ есть двѣ противоположныхъ силы, выдѣляемыя ед
инымъ космическимъ цѣлымъ — природой, какъ данностью.
Какъ уже было отмѣчено, у китайцевъ нѣтъ представленія о

началѣ міра, какъ актѣ творческаго процесса со стороны нѣк
оего Творца: поэтому, по свидѣтельству архим. Хрисанѳа, пер
еводъ первой главы книги Бытія на китайскій языкъ невозмо
женъ. Сила *янъ* есть сила активная или мужская, *инъ* — пасси
вная или женская. Первичной, изначальной реализаціей или в
оплощеніемъ силы *янъ*, по китайскому воззрѣнію, явилось не
бо, силы *инъ* —земля. Дальнѣйшія воплощенія этихъ двухъ си
лъ безконечно разнообразны. Отсюда — утвержденіе Лао-Си:
„всякая вещь носитъ въ себѣ *инъ* и заключаетъ *янъ*". См. зам
ѣчанія объ этомъ у Вл. Соловьева, т. VI, стр. 108. Въ системѣ в
оззрѣній Лао-Си, по свидѣтельству изслѣдователя (Д. П. Кон
исси. Философія Лаоси, XXIII, 377—8), ученіе объ *янъ и инъ* за
нимаетъ слѣдующее мѣсто: „Первоначальное вещество или ма
терія, находилось въ хаотическомъ состояніи. (Гл. XXV. „Веще
ство произошло изъ хаоса"). Эта хаотическая масса, по мнѣні
ю Лао-Си, заключала въ себѣ двѣ противоположныхъ силы: „
инъ" и „*янъ*". Посредствомъ этихъ двухъ силъ вся хаотическа
я масса была приведена въ движеніе, во время котораго легк
ое поднялось наверхъ, а тяжелое погрузилось внизъ (гл.
XXVI). Благодаря этому движенію, хаотическая масса матеріи
пришла въ порядокъ. Достигшая порядка матерія и есть всел
енная со всей ея сложностью и разнообразіемъ (гл. XXXIX). Та
кой сложный процессъ происхожденія дѣйствительности не м
огъ совершиться самъ собой. Творцомъ всего этого Лао-Си пр
изнаетъ Тао".

Въ ученіяхъ даосовъ силы „*инъ*" и „*янъ*" подчинены началу

„д'э" (достоинство): „Что такое д'э? То, что получено небомъ и землею, то, изъ чего получаютъ силы „инъ" и „янъ". (Василь евъ, 82). Ученіе о „инъ" и „янъ" имѣетъ нѣкоторый параллели змъ съ буддійскимъ ученіемъ о трехъ ян'ахъ.

"모든 사물은 음инъ을 지니고, 양янъ을 포함한다." 음양의 개념은 노자의 철학뿐만 아니라 중국의 전체 철학에도 내재되어 있다. 가장 일반적인 의미에서, 음양은 두 개의 상반되는 힘(세력)이자 주어진 것처럼 자연에 의해 드러나는 하나의 우주적 전체이다. 이미 언급했듯이, 중국인들에게는 어떤 창조주(기독교)의 측면에서 창의적인 행동 과정으로서의 세상의 시작началѣ(начало)이라는 관념이 없다. 따라서 아르힘архим[6] 흐리사네아Хрисанѳа의 증언에 따르면, 성경의 창세기 1장을 중국어로 번역하는 것은 불가능하다. 양의 힘은 능동적이고 남성적이며, 음의 힘은 수동적이고 여성적이다. 중국의 관점에 따르면, 양의 힘의 일차적이고 원초적인 실현 또는 구체화는 하늘로 나타나고, 음은 땅으로 나타난다. 이 두 힘의 계속적인 구현은 무한히 다양하다. 따라서 노자의 확신이 나타난다: "모든 사물은 음을 지니고 양을 포함한다." 이에 대한 메모는 『블라디미르 솔로비요프Вл. Соловьев』[7] 권6, p.108 참조. 연구자의 증언에 따르면(D.P. Konissi, 『Философія Лаоси(Philosophy of Laosi), XXIII, pp.377~8), 노자의 세계관 체계에서 음양의 개념은 다음과 같다. "최초의 것 또는 최초의 물질은 혼란스러운 상태에 있었다(25장. "사물은 혼돈에서 나왔다"). 노자의 견해에 따르면, 이 대 혼란은 "음"과 "양"이라는 두 가지 반대되는 힘을 포함하고 있었다. 이 두 가지 힘을 통해 전체

---

6) 아르힘архим.은 아르히만드리트Архимандрит의 줄임말로 러시아 정교회에서 가장 높은 수도원의 계급 중 하나로, 대개 큰 수도원의 수도원장이다.
7) 블라디미르 세르게에비치 솔로비요프Владимир Сергеевич Соловьёв(1853~1900) : 러시아 철학·종교·사학자

대 혼란이 움직이고, 그 움직이는 동안 가벼운 것은 위로 올라가고 무거운 것은 아래로 가라앉았다.(26장) 이 움직임 덕분에 혼돈의 물질 덩어리가 정돈되었다. 질서에 도달한 물질은 모든 복잡성과 다양성을 지닌 우주이다.(39장) 실재의 탄생에 대한 그러한 복잡한 과정은 그 자체로는 일어날 수 없었다. 노자는 이 모든 것의 창조자가 타오라 인정한다.

도교의 가르침에서 음양의 세력은 "데д'э8)(德d'e. достоинство, 존엄)"의 시작에 종속된다(따른다). "데д'э"란 무엇인가? "데"는 하늘과 땅에 의해 받은 것이고, 그로부터 "음"과 "양"의 힘을 얻은 것이다. (바실리에프, p.82). 음양의 개념(교리)은 3개의 양에 대한 불교의 가르침9)과도 약간의 유사점을 가지고 있다.

Глава L(50장)

30. „Жизнь имеет 13 ступеней своего развития..." (а также к 2-м следующим афоризмам) . Объяснение Д. П. Конисси: „13 — это символическое число. Оно, по словам толкователя Лао-Си *Хану—Геку—Сен*, взято из области астрономии. Луна после своего появления через 13 дней достигает своей полноты; после полноления через 13 дней она совсем исчезает. Приводя это число дней, Лао-Си, очевидно, хотел указать на то, что всякое существо развивается до известной границы, и когда оно достигнет полноты развития, то начинает ослабевать и, наконец, совсем уничтожается". Сравн., напр., предпоследний аф

---

8) d'e: 덕德dé의 중국어 발음을 러시아어로 표기한 것임.
9) 『황제내경黃帝內經』 등에서 삼음삼양三陰三陽을 말하는데, 불교에서는 어떤 내용을 말하는 것인지 분명하지 않다.

오리즘 XXX-ой главы.

"인생에는 13단계의 발전단계가 있다……" (다음 두 아포리즘에도 해당).
D.P. 고니시의 설명: "3은 상징적인 숫자이다. 노자의 해석가인 백옥섬
白玉蟾에 따르면, 그것은 천문학에서 가져온 것이다. 13일 만에 출현한
달은 충만에 도달한다. 그리고 13일 후에는 완전히 사라진다. 명백하게
노자는 이 일수를 인용하여 모든 생물이 특정 한계까지 발달하고 발달의
충만에 도달하면 약화되기 시작하고 마침내 완전히 사라진다는 것을 지
적하고 싶었을 것이다. 예를 들어, 30장의 끝에서 두 번째10) 아포리즘과
비교.

Глава LVII(57장)

31. „Когда в стране нет (еще) безпорядка. (тогда) следует им о
зладеть".— По объяснению переводчика, заключительная час
ть афоризма по смыслу значит: „принять меры к его предотвр
ащению".
"국가에 (아직) 무질서가 없을 때, (그때) 그들은 자신들을 행복하게 만들
어야 한다." — 번역가의 설명에 따르면, 아포리즘의 마지막 부분은 다
음을 의미한다: "이(무질서)를 방지하기 위한 조치를 취한다."

32. „Когда в государстве... число **преступниковъ** увеличится".
— Букв, **воровъ**.
"국가에 …… 있으면, 범죄자 수가 증가할 것이다." — 문자 그대로, 도둑.

---

10) "사물이 발전의 완성에 도달하면 약해지고 무너질 것이다."

Глава LIX (59장)

33. „Мать вселенной... глубокий корень и крепкое *основаніе"*
— Букв.: *оно.*
"우주의 어머니 …… 깊은 뿌리와 강한 기반 — 문자 그대로, 그것.

Глава LXI (61장)

34. „Совокупление вселенной есть *начало* всего мира". Букв.: *с*
амка.
"우주의 총화는 전 세계의 **시작**이다." 문자 그대로, **여성**.

Глава LXII (62장)

35. „Выбирают царя... они разъезжают *в колесницахъ"*. — Бук
в, *„на четверномъ экипажѣ"*.
"그들은 왕을 선택한다 …… 그들은 마차를 타고 돌아다닌다 — 문자 그
대로 "4인용 마차"

Глава LXIX (69장)

36. „Не сделав *ни шага..."* — У Лао-Си: *вершка.*
"한 걸음도 내딛지 않고……" — 노자 원전에서는 **짧은 길이**, 베르쇽ver
шок(러시아의 길이 단위, 1베르쇽 = 4.445cm)

부　록

레프 톨스토이·예브게니 포포프 선역
『노자 도덕경ЛАО-СИ ТАŎ-ТЕ-КИНГъ』 러시아어 원문·역문

『Изреченія китайскаго мудреца Лао-Тзе, избранныя Л.Н. Толстымъ』
изданіе, Посредника

『톨스토이가 고른 중국 현자 노자의 말』, 파슬레드니카출판사

표지 안면   루바킨 장서H.A.РУБАКИН. EX LIBRIS

ИЗРЕЧЕНІЯ

КИТАЙСКАГО МУДРЕЦА

ЛАО-ТЗЕ,

избранныя Л. Н. Толстымъ.

ИЗДАНІЕ
„ПОСРЕДНИКА".

№ 763.

표제지 표지와 내용 같음

Государственная	국립
Ордена Ленина	레닌훈장을 받은
Библиотека СССР	도서관 소련(USSR)
им. В.И. Ленина	블라디미르 일리치 레닌의 이름을 딴

소장처 레닌도서관 도서 직인(등록번호 : 78465-48)

쿠쉐네레프출판사 Типо-пит. Т-ва И. Н. КУШНЕРЕВЪ н К°
삐메놉스카야 거리 자체건물 Пимен. ул., с. д.
모스크바 Москва, 1910

Типо-лит. Т-ва И. Н. КУШНЕРЕВЪ и Кⁿ. Пимен. ул., с. д.
Москва—1910.

Типо-пит. Т-ва И. Н. КУШНЕРЕВЪ н Кⁿ. Пимен. уп., с. д.
Москва — 1910

О мчдрецѣ Лао-Тзе

Въ самыя древнія еще времена, нѣсколько тысячъ лѣтъ тому назадъ, въ Китаѣ были уже великіе мудрецы, учившіе народъ истинной вѣрѣ и истинному пути жизни.

Однимъ изъ самыхъ замѣчательныхъ мудрецовъ китайскихъ былъ Лао-Тзе. Въ этой книжечкѣ напичатаны самыя важныя мысли изъ сочненія ТАО-ТЕ-КИНГЪ, въ которомъ Лао-Тзе изложилъ свои мысли объ истинной вѣрѣ и пути жизни.

Про самого Лао-Тзе извѣстно очень мало, такъ какъ онъ, какъ истинный мудрецъ, не искалъ человѣческой славы, а, напротивъ, бѣжалъ отъ нея.

Извѣстно только, что Лао-Тзе родился въ

О мудрецѣ Лао-Тзе.

Въ самыя древнія еще времена, нѣсколько тысячъ лѣтъ тому назадъ, въ Китаѣ были уже великіе мудрецы, учившіе народъ истинной вѣрѣ и истинному пути жизни.

Однимъ изъ самыхъ замѣчательныхъ мудрецовъ китайскихъ былъ Лао-Тзе. Въ этой книжечкѣ напечатаны самыя важныя мысли изъ сочиненія Тао-Те-кингъ, въ которомъ Лао-Тзе изложилъ свои мысли объ истинной вѣрѣ и пути жизни.

Про самого Лао-Тзе извѣстно очень мало, такъ какъ онъ, какъ истинный мудрецъ, не искалъ человѣческой славы, а, напротивъ, бѣжалъ отъ нея.

Извѣстно только, что Лао-Тзе родился въ

— 3 —

현자 노자에 대해О мѵдрецѣ Лао-Тзе

В самые древние еще времина, несколько тысяч лет тому н
азад, в Китае были уже великие мудрецы, учившие народе
истинной вере и истинному пути жизни.

수천 년 전 고대 중국에 민중들에게 진실한 믿음과 진실한 인생의 길에
대해 가르친 현자들1)이 있었다.

Одним из самых замечательных мудрецов китайских был Л
ао-Тзе. В этой книжечке напичатаны самые важние мысли
из сочнения ТАО-ТЕ-КИНГЪ, в котором Лао-Тзе изложил с
вои мысли об истинной вере и пути жизни.

그중 가장 두드러진 현자가 한 명 있었는데, 그가 바로 노자老子이다. 이
책에 노자가 진실한 믿음과 인생의 길에 대한 자신의 생각을 쓴『도덕경
道德經』이라는 책의 가장 중요한 내용들이 쓰여져 있다.

Про самого Лао-Тзе известно очень мало, так как он, как
истинный мудрец, не искал человеческой славы, а, напрот
ив, бежал от неё.

---

1) 흔히 말하는 춘추전국시대의 '제자백가諸子百家'를 말한다.

진정한 현자로서 노자는 인간적인 명예를 추구하지 않고 오히려 명예를 피해 다녔기 때문에, 정작 그에 대해서는 알려진 바가 적다.

Известно только, что Лао-Тзе родился в 604 году до рождества Христова, и что он жил при дворе одного китайского императора из Чжоусскаго царскаго дома.

유일하게 알려진 것은 그가 기원전 604년에 태어났고, 중국 주나라 황제의 황궁에서 살았다는 것이다.

Лао-Тзе вел по поручению этого царя летопись событий китайской истории и хранил разные драгоценные рукописи, принадлежавшие императорам.

노자는 황제의 명에 의해 중국의 역사적 사건을 기록하고 황제들의 귀중한 필사본들을 보관했다.

С годами жить при дворе китайского императора стало тяжело мудрецу. Жизнь эта полна была низкопоклонства, суеты, распрей и дрязг; Лао-Тзе же стремился к такой жизни, живя которой он мог бы сосредоточитья совершенно на обдумывании того, что важнее всего для человека в жизни, на обдумывании сущности истинной веры и пути жизни.

황궁에서의 여러 해의 삶은 현자에게 힘들었다. 이 시기의 삶은 굴종·공허함·투쟁·다툼이었다. 노자는 인간의 삶에서 가장 중요한 것이 무엇인가를 고민하고, 진정한 믿음과 인생의 길[道]의 본질을 탐구하는 삶을 살고자 노력했다.

И Лао-Тзе покинул императорский двор и пошёл в пустын
ие места, где он хотел жить только для души.
노자는 황궁을 떠나 황량한 장소로 들어가 영혼을 위해서만 살고자 했다.

Когда, по пути, Лао-Тзе прибыл в городе Гуинь, то началь
ник горного прохода Инь-Си, который давно знал мудреча
и почитал его за его учение, просил, чтобы Лао-Тзе, преж
де чем скроется в уединении, записал свое учение.
가는 길에 관소關所2)에 들렀는데, 오래전부터 그를 알고 있었고, 그의
가르침을 읽은 윤희尹喜라는 산악 도로 수비대장3)과 만났다. 그는 자신
의 가르침을 숨기고 있었던 노자에게 무엇보다도 먼저 그의 가르침을 책
으로 써 달라고 간청했다.

Лао-Тзе согласился и написал свое сочинение ТАО-ТЕ-КИН
ГЪ, то есть книгу о пути и добродетели. Из этой книги и
узнал китайский народ учение Лао-Цзы.
노자는 허락했고, 자신의 책『도덕경』, 즉 도道(길)와 덕德에 대한 책을
썼다.4) 이 책을 통해 중국 민중들은 노자의 가르침에 대해 알게 되었다.

Написав эту книгу, Лао-Тзе удалился в пустыные, неведом
ие места, и лникто не знает, что с ним случилось.
이 책을 쓴 후 노자는 사막의 알려지지 않은 장소로 사라졌고, 사람들은
그가 어떻게 되었는지 알지 못했다.5)

---

2) 관소[關], 즉 하남河南의 섬서陝西에 있는 함곡관函谷關으로 추정됨.
3) 관문을 지키는 우두머리. 관령關令.
4) 보통 도와 덕에 관한 5000여 자라고 한다.

Учение Лао-Цзе, изложенное в его книге, как и все велики
е учения истины (браманизм, буддизм и другие), было изв
ращено его последователями. Исследователи внесли много
лишнего, ложного, не́согласного, даже прямо противополо
жного в учение Лао-Цзе в его истинном смысле. И в так
ом извращенном виде, похожем на идолопоклонство, учени
е это распространилось среди китайского народа и насчит
ывает больше миллиона поклонников.

그의 책에 언급된 노자의 가르침은 다른 모든 위대한 진실의 가르침(브
라만교·불교 및 기타 종교)과 마찬가지로, 후계자들에 의해 확립되었다. 연
구자들은 불필요한 거짓의, 심지어 노자의 가르침 및 그의 진실한 생각
과 정반대되는 많은 것들을 가져왔다. 그렇게 확립된 형태로 우상숭배처
럼 그의 가르침은 중국 민중들 사이에 퍼져나갔고, 수백만의 추종자들을
만들었다.

С китайского языка учение Лао-Цзе, выраженное в книге Т
АО-ТЕ-КИНГЪ, было переведено на разные другие языки, и
люди из разных земель, знакомясь с учением Лао-Цзе, диви
лись мудрости и правде его учений в настоящем его виде.

И. Горбунов-Посадов.

『도덕경』에 저술된 중국어로 된 노자의 가르침은 많은 다양한 언어로 번
역되어, 다양한 지역의 사람들이 노자의 사상과 접하며, 진실한 모습의
그의 가르침의 진실과 지혜에 감탄하고 있다.

고르부노프-파사도프 И. Горбунов-Посадов

---

5) 노자의 생애에 대한 내용은 사마천 『사기』의 「노자열전」에 근거한 것으로 보임.

노자의 가르침의 본질 О сущности учения Лао-Тзе

Основа учения Лао-Тзе одна и та же, как и основа всех ве
ликих, истинных религиозных учений. Она следующая: Чел
овек сознает себя прежде всего телесной личностью, отде
ленной от всего остального и желающей блага только себе
одному. Но, кроме того, что каждый человек считает себя
Петром, Иваном, Марьей, Катериной, каждый человек созна
ет себя еще и бестелесным духом, таким же, какой живет в
о всяком существе и дает жизнь и благо всему миру. Так
что человек может жить или той телесной, отделенной от
мира личностью, которая хочет только себе блага, или тем
бестелесным духом, который живет в нем и который желае
т блага всему миру. Человек может жить для тела или дл
я духа. Живи человек для тела, — и жизнь горе, потому ч
то тело страдает, болеет и умирает. Живи для духа, — и
жизнь благо, потому что для духа нет ни страданий, ни б
олезней, ни смерти.

노자의 가르침의 기초는 모든 위대하고 참된 종교적 가르침의 기초와 동
일하다. 그것은 다음과 같다: 사람은 무엇보다도 자신을 다른 모든 것과

분리되고 자신에게만 좋은 것을 원하는 육체의 인격으로 인식한다. 그러나 모든 사람이 자신을 피터Петром(Peter), 이반Иваном(Ivan), 마리야Марьей(Marya), 예카체리나Катериной(케서린Katerina) 등으로 인식한다는 사실 외에도 모든 사람은 자신을 모든 존재에 살고 전 세계에 생명과 축복을 주는 영적인 정신으로 인식한다. 그러므로 사람은 세상과 분리된 육체적 사람의 삶, 즉 자신을 위해 좋은 것만을 원하는 삶을 살거나, 아니면 육체 안에 살고 온 세상을 위해 좋은 것을 원하는 무형의 영적 삶을 살 수 있다. 사람은 육체를 위해 살 수도 있고 영혼을 위해 살 수도 있다. 육체를 위한 삶은 슬픔이다. 왜냐하면 육체는 고통을 받고 아프고 죽기 때문이다. 영혼을 위해 살아라. 그 삶은 좋은 것이다. 왜냐하면 영혼에게는 고통도 질병도 죽음도 없기 때문이다.

И потому для того, чтобы жизнь человека была не горем, а благом, человеку надо научиться жить не для тела, а для духа. Этому-то и учит Лао-Тзе. Он учит тому, как переходить от жизни тела к жизни духа. Учение своё он называет Путем, потому что всё учение указывает путь к этому переходу. От этого и всё учение Лао-Тзе называется книга Пути. Путь этот, по учению Лао-Тзе, состоит в том, чтобы не делать ничего или хоть как можно меньше делать то, ч его хочет тело, с тем чтобы не заглушать того, чего хочет душа, так, чтобы не препятствовать деланием телесных де л возможности проявления в душе человека той силы неба (как называет бога Лао-Тзе), которая живет во всем.

그러므로 사람의 삶이 슬픔이 아니라 선이 되기 위해서는 사람이 육체를 위해서가 아니라 영을 위해 사는 법을 배워야 한다. 이것이 노자가 가르치는 것이다. 그는 육체의 삶에서 영적 삶으로 이동하는 방법을 가르친다. 그는 모든 가르침이 이러한 방향 전환의 길을 가리키기 때문에 자신의 가르침을 뿌찌Путь(道, Way)라고 부른다. 따라서 노자의 모든 가르침은 '길의 책книга Пути(the book of the Way)'이라고 불린다. 노자의 가르침에 따르면, 이 길은 아무것도 하지 않거나 적어도 신체가 원하는 것을 가능한 한 적게 수행하여 영혼이 원하는 것을 익사시키지 않도록 하는 것이다. 즉, 육체적 행위가 인간의 영혼에서 모든 사물에 존재하는 하늘неба(노자는 이를 '신God'이라고 부름)의 힘이 발현되는 것을 방해하지 못하도록 하는 것이다.

Часто мысль эта, если только она переведена переводчиком верно, выражена как бы умышленно странно, но везде она, эта мысль, служит основой всего учения.
종종 이 생각은, 번역자에 의해 정확하게 번역된다면, 고의적으로 이상한 듯 표현되지만, 모든 곳에서 이 생각은 전체 가르침의 기초가 된다.

Мысль эта не только похожа, но совершенно та же, как и та, которая выражена в 1-м послании Иоанна и лежит в основе христианского учения. По учению Лао-Тзе, единственный путь, посредством которого человек соединяется с богом, есть Тао. Тао же достигается воздержанием от всего личного, телесного. То же и по учению, выраженному в 1-м послании Иоанна. По учению Иоанна, средство соединения человека с богом есть любовь. Любовь же, так же как и Тао, достигается воздержанием от всего телесного, личного. И как под словом Тао, по учению Лао-Тзе, разумеется и

путь соединения с небом и самое небо, так и по учению И
оанна под словом любовь разумеется и любовь и самый бо
г («бог есть любовь»). Сущность и того и другого учения в
том, что человек может сознавать себя и отделенным и не
раздельным, и телесным и духовным, и временным и вечн
ым, и животным и божественным. Для достижения сознани
я себя духовным и божественным, по Лао-Тзе, есть только
один путь, который он определяет словом Тао, включающи
м в себе понятие высшей добродетели. Сознание это дости
гается свойством, которое знают все люди. Так что сущнос
ть учения Лао-Тзе есть та же, как и сущность учения хрис
тианского. Сущность и того и другого в проявлении, посре
дством воздержания от всего телесного, того духовного б
ожественного начала, которое составляет основу жизни че
ловека.

Л. Толстой.

이 생각은 요한의 첫째 서한6)에 표현된 것과 기독교 가르침의 기초에
있는 것과 비슷할 뿐만 아니라 완전히 동일하다. 노자의 가르침에 따르
면, 사람이 하나님과 합일이 되는 유일한 방법은 타오Tao(道)이다. 이것은
인간적·육체적인 모든 것을 억제함으로써 성취된다. 요한의 첫째 서한에

---

6) 요한의 첫째 편지(공동번역), 요한의 첫째 서간(천주교 성경), 요한 1서(표준새번
   역과 한글개역판)는 첫 번째 요한 서신이며, 네 번째 공동 서신이다. 전통적으로
   요한의 복음서와 나머지 요한 서신들과 함께 사도 요한의 저작으로 인정된다. 본
   서신은 에페소에서 서기 95~110년경에 쓰여졌을 것으로 추정된다. 예수가 "육으
   로" 왔다는 것을 부정하는 가현설을 반박하기 위해 쓰여졌으며, 기독교인들이 참
   된 교사를 분별하는 방법으로 윤리, 성육신의 인정, 사랑을 제시하고 있다.
   https://ko.wikipedia.org/wiki/%EC%9A%94%ED%95%9C%EC%9D%98_%EC
   %B2%AB%EC%A7%B8_%ED%8E%B8%EC%A7%80

표현된 가르침도 마찬가지이다. 요한의 가르침에 따르면, 사람과 하나님을 연결하는 수단은 사랑이다. 타오와 마찬가지로 사랑은 육체적·인간적인 모든 것을 삼가함으로써 성취된다. 그리고 노자의 가르침에 따라, 타오에 의해 하늘과 하늘 자체의 합일의 길7)이 이해되듯이, 요한의 가르침에 따라, 사랑에 의해 사랑과 하나님 자신의 합일("하나님은 곧 사랑이다.")이 이해가 된다. 이 두 가르침의 본질은 인간이 자신을 분리되고 나눌 수 없는, 육체적이며 동시에 영적인, 현세적이지만 영원한, 동물적이지만 신성한 것으로 인식할 수 있다는 것이다. 노자에 따르면, 자신을 영적이고 신성하다고 인식하기 위한 유일한 길(방법)은 타오이다. 이것은 최고의 미덕의 개념을 포함한다. 이런 인식(의식)은 모든 사람이 알고 있는 속성에 의해 달성된다. 그래서 노자 가르침의 본질은 기독교의 본질과 같다.8) 이 두 가지의 본질(핵심)은 육체적인 모든 것을 삼가는 것을 통해, 즉 인간 생명의 기초가 되는 영적인 신성한 시작을 통해 발현된다.

레프 톨스토이Л. Толстой

7) "타오에 의해 하늘과 하늘 자체의 합일의 길"은, 뒷구절의 "사랑에 의해 사랑과 하나님 자신의 합일("하나님은 곧 사랑이다.")"을 통해 이해하면, '타오와 하늘', '타오가 곧 하늘'이라는 뜻이 된다.
8) "노자 가르침의 본질은 기독교의 본질과 같다."는 인식은 톨스토이가 『노자 도덕경』을 통해서 찾아내고자(=확인하고자) 한 대목이 무엇이었던가를 짐작하게 하는 구절이다.

ИЗРЕЧЕНИЯ ЛАО-ТЗЕ

1

Есть существо непостижимое, которое существовало раньше неба и земли.

Безмолвное, сверхчувственное.

Оно одно остается и не изменяется.

Я не знаю его имени.

Чтобы обозначить его, я называю его Тао.

하늘과 땅 이전에 존재했던 이해할 수 없는 존재가 있다.

그것은 조용하고 초감각적이다.

그것은 홀로 남아 있으며 변하지 않는다.

나는 그의 이름을 알지 못한다.

그를 표시하기 위해 나는 그를 타오Tao(道)라고 부른다.

2

То, что может быть названо, не есть начало всего.

То, что без имени, то начало всего.

Понимать это начало может только тот, кто свободен от с трастей.

이름을 지을 수 있는 것이 모든 것의 시작이 아니다.

이름 없는 것이 모든 것의 시작이다.

열정이 없는 사람만이 이 시작을 이해할 수 있다.

3

Как только Tao стал проявляться в бытии, он получил имя.
타오는 존재가 나타나기 시작하자마자 이름을 얻었다.

4

Tao прикровенно, и ему нет имени.
Но Tao велико в воздействии и совершении.
타오는 숨겨져 있고 이름이 없다.
그러나 타오는 그 영향과 성취가 위대하다.

5

Tao прибежище всех существ.
Сокровище добродетельного
И спасение злого.
타오는 모든 존재의 피난처이다.
타오는 덕 있는 사람들의 보물 창고이다.
그리고 악인의 구원이다.

6

Все вещи мира возникают от бытия, бытие возникает от не
бытия.
세상의 모든 것은 존재로부터 발생하고, 존재는 존재하지 않음으로부터
발생한다.

Мудрый отрешается от самого себя и этим самым достигае
т всего, потому что ничего не признает своим.

현명한 사람은 자신을 버리고 그렇게 함으로써 모든 것을 성취한다. 왜
냐하면 그는 어떤 것도 자신의 것으로 인식하지 못하기 때문이다.

Когда существа развились, каждое из них возвращается к
своему началу.

Возвратиться к своему началу значит быть в покое.

Быть в покое значит исполнить свое назначение.

Исполнить свое назначение значит быть вечным.

존재가 진화하면, 각각의 존재는 처음으로 돌아간다.

처음으로 돌아가는 것은 평화롭게 되는 것이다.

평화롭게 되는 것은 (당신의) 목적을 성취하는 것이다.

목적을 성취하는 것은 영원해지는 것이다.

То, что мягко, побеждает то, что твердо; то, что слабо, по
беждает то, что сильно.

부드러운 것이 딱딱한 것을 이긴다. 약한 것이 강한 것을 이긴다.

10

Самое уступчивое покоряет самое твердое.
가장 유연한 것이 가장 단단한 것을 정복한다.

11

Немногие в мире постигают учение без речей и выгоду не
делания.
세상의 누구도 침묵과 무위를 통하지 않고 가르침을 얻을 수 없다.

12

Тринадцать спиц соединяются вокруг одной ступицы. От е
е пустоты зависит употребление колесницы.
Мнут глину, чтобы сделать сосуд. От ее небытия зависит
употребление сосуда.
Прорубают в стене окна и двери, когда делают дом. От их
небытия зависит употребление дома.
Таким же должен быть мудрый. Он должен быть ничем. То
лько тогда он нужен и полезен людям и всему.
하나의 허브(중심) 주위에 13개의 살(스포크)이 연결되어 있다. 바퀴의 사
용은 (바퀴의) 공허9)에 달려 있다.
점토를 이겨서 그릇을 만들어라. 그릇의 사용은 (점토의) 비존재에 달려

---

9) '공허'는 뒤의 '비존재'와 같이 '텅 빈 곳', '무無'를 말한다.

있다.

그들은 집을 지을 때 벽에 창문과 문을 위한 공간을 비워 둔다. 집의 사용은 (창과 문의) 비존재에 달려 있다.

현명한 사람도 그래야 한다. 그는 아무것도 아니어야 한다. 그래야만 사람과 모든 것에 필요하고 유용하다.

13

Не выходя за дверь и не глядя в окно, можно видеть путь неба.

Чем больше выходишь, тем менее знаешь.

Поэтому святой человек не выходит и знает, не смотрит и называет, не делает и совершает.

문을 열고 나가거나 창밖을 보지 않고도 하늘의 길을 볼 수 있다.

더 멀리 나갈수록 더 적게 안다.

그러므로 성자는 나가지 않고도 알고, 보지 않고도 이름을 지으며, 행하지 않고도 완성한다.

14

Тот, кто предается учению, увеличивается каждый день.

Тот, кто предается Тао, уменьшается каждый день.

Он уменьшает и уменьшает себя до тех пор, пока достигнет неделания.

Он не делает, но он становится владыкой мира (божественным).

До тех пор, пока он деятелен, он не может быть владыкой мира (божественным).

가르침에 따르는 사람이 매일 늘어나고 있다.

도에 따르는 사람은 매일 줄어들고 있다.

그는 무위에 도달할 때까지 자신을 축소하고 축소한다(줄이고 줄인다).

그는 아무것도 하지 않지만, 세상의 (신성의) 통치자가 된다.

그가 무엇을 하는 한, 그는 세상의 (신성의) 통치자가 될 수 없다.

15

Святой человек не имеет упрямого сердца; его сердце сообразуется с сердцами народа.

С добрым он обращается добро, с недобрым тоже добро.

С честным он обращается честно, с нечестным он обращается тоже честно.

성자는 완고한 마음을 가지고 있지 않다. 그의 마음은 사람들의 마음과 조화를 이룬다.

그는 선을 선으로 취급하고 악(선이 아닌 것)도 선으로 대한다.

그는 정직에 정직으로 대한다. 그는 부정직에도 정직으로 대한다.

16

Святой человек живет в мире, боясь в мире загрязнить свое сердце.

성자는 세상에서 자신의 마음을 오염시킬까 두려워하며 평화롭게 산다.

17

Высшая добродетель подобна воде.

Вода тем и хороша, что она дает добро всем существам и не спорит с ними.

최고의 미덕은 물과 같다.

물은 모든 생물에게 유익함을 주고 그들과 다투지 않기 때문에 좋다.

18

Достоинство души — в бесконечной тишине.

영혼의 존엄성은 끝없는 침묵 속에 있다.

19

Мудрый не борется ни с кем, и потому на него никто не сердится.

현자는 누구와도 싸우지 않으므로 아무도 그에게 화를 내지 않는다.

20

Мудрый делает добро и не приписывает этому значения.

현명한 사람은 선을 행하고 그것에 어떤 의미도 부여하지 않는다.

Добрый побеждает и только.

Побеждает и не гордится.

Побеждает и не торжествует.

Побеждает и не возвеличивается.

Побеждает и не может избежать этого.

Побеждает и не насилует.

Побеждая, надо уметь остановиться.

Кто умеет остановиться, тот этим избегает опасности.

좋은 사람이 이기고 그 이상은 없다.

이기지만 자랑스러워하지 않는다.

이기지만 환호하지 않는다.

이기지만 고양되지 않는다.

이기지만 이것으로부터 피할 수 없다.

이기지만 강제하지 않는다.

이기면 멈출 줄 알아야 한다.

멈출 줄 아는 사람은 위험을 피한다.

Кто в свете Тао, тот как будто во мраке.

Кто далеко ушел в познании Тао, тот как будто позади не знающих.

Кто на высоте Тао, тот кажется ниже всех.

Кто высоко добродетелен, тот как будто недобродетелен.

Кто велик по чистоте, тот как будто в грязи.

Кто велик по заслугам, тот кажется неспособным.

Кто тверд в добродетели, тот кажется колеблющимся.

Кто прост и правдив, тот кажется презренным и позорным.

도의 빛 속에 있는 사람은 마치 어둠 속에 있는 것 같다.

도의 인식에서 멀리 간 사람들은 도를 모르는 사람들의 뒤에 있는 것 같다.

도의 절정에 있는 사람은 모든 사람들의 아래에 있는 것 같다.

매우 덕이 있는 사람은 마치 덕이 없는 사람과 같다.

아주 깨끗한 사람은 마치 진흙 속에 있는 것 같다.

공덕이 뛰어난 사람은 무능력해 보인다.

덕이 확고한 사람들은 주저하는 사람처럼 보인다.

단순하고 진실한 사람은 비열하고 치욕스럽게 보인다.

<h1 style="text-align:center">23</h1>

Начинай трудное с легкого; начинай великое с малого.

Труднейшее в мире начинается с легкого; величайшее в мире начинается с малого.

Святой человек никогда не делает внешнего великого и потому может совершать свое великое.

Огромное дерево возникает из ростка, тонкого, как волос; девятиэтажная башня поднимается из горсти земли; путешествие в тысячу верст начинается одним шагом.

쉬운 것부터 어려운 것을 시작하라. 작은 것부터 위대한 것을 시작하라.

세상에서 가장 어려운 것은 쉬운 것에서 시작된다. 세상에서 가장 위대한 것은 작은 것에서 시작한다.

성자는 결코 외부에서 큰일을 하지 않는다. 따라서 그는 자신의 위대한 일을 할 수 있다.

머리카락처럼 얇은 새싹에서 거대한 나무가 나온다. 작은 땅에서 구층탑이 솟아 나온다. 천 리의 여정이 한 걸음에서 시작된다.

24

Святой желает не желать и потому не дорожит трудно добываемыми вещами.

성자는 아무것도 원하지 않기를 원하므로 얻기 어려운 것을 소중히 여기지 않는다.

25

Кому многое легко, тому многое сделается трудным.

Поэтому святой человек находит всё трудным, и поэтому в о всей жизни его ему нет ничего трудного.

많은 것이 쉬운 사람에게는 많은 것이 어려워질 것이다.

따라서 성자는 모든 것이 어렵다는 것을 알게 되고, 따라서 평생 동안 그에게 어려운 것은 없다.

26

Как только покидается великое Тао, так является человек

400

олюбие и справедливость.

Как только является умная дальновидность, то является в еликое лицемерие.

위대한 도가 떠나자마자 인류애와 정의가 등장한다.

영리한 예지력이 등장하자마자 큰 위선이 등장한다.

27

Истинная добродетель не представляется добродетелью, п оэтому она добродетель.

Неистинная добродетель представляется безупречною добр одетелью, поэтому она не добродетель.

Истинная добродетель не деятельна и не нуждается в дея тельности.

Неистинная добродетель деятельна, она нуждается в деяте льности.

참된 미덕은 미덕으로 나타나지 않으므로 미덕이다.

진실하지 않은 미덕은 흠잡을 데 없는 미덕으로 등장함으로 미덕이 아니다.

진정한 미덕은 행해지지도 않고 행위도 필요하지 않다.

진실하지 않은 미덕은 활동적이고 활동이 필요하다.

28

Если потеряно Тао, то остается добродетель; потеряна добр одетель, остается человеколюбие; потеряно человеколюбие,

остается справедливость; потеряна справедливость, остает
ся приличие.

Приличие — это только подобие правды и источник смут.

도를 잃으면 미덕이 남는다. 미덕을 잃으면 인간애가 남는다. 인간애를
잃으면 정의가 남는다. 정의를 잃으면 품위가 남는다.

품위는 진실의 겉모습일 뿐이며 혼란의 근원이다.

29

Когда высшие ученые узнают о Тао, они старательно испо
лняют его.

Когда средние ученые узнают о Тао, они то соблюдают, то
теряют его.

Когда низшие ученые узнают о Тао, они смеются над ним.
Если бы они не смеялись над ним, оно бы не заслуживало
имени Тао.

최고의 학자들이 도를 알게 되면 부지런히 이를 행한다.

평범한 학자들이 도를 알게 되면 그것을 관찰하거나 잃게 된다.

하급 학자들이 도를 알게 되면 도를 비웃는다. 그들이 도를 비웃지 않는
다면 도는 도라는 이름을 받을 자격이 없었을 것이다.

30

Кто многим владеет, тот многое потеряет.

Кто умеет довольствоваться, тот не узнает позора.

Кто умеет стоять тихо, тот вне опасности

И может пребывать долго.

많은 것을 소유한 사람은 많은 것을 잃을 것이다.

만족할 줄 아는 사람은 수치심을 알지 못할 것이다.

가만히 서 있을 수 있는 사람은 위험하지 않을 것이다

그리고 오랫동안 머물 수 있을 것이다.

31

Входить в жизнь значит входить в смерть. Кто, пользуясь истинным просвещением, возвращается к своему свету, тот ничего не теряет при разрушении своего тела.

Это значит облечься в вечность.

생을 시작하는 것은 죽음을 시작하는 것이다. 진정한 깨달음을 이용하여 자신의 빛으로 돌아가는 사람은 자신의 몸이 파괴될 때 아무것도 잃지 않을 것이다.

그것은 영원을 산다는 의미이다.

32

Заботиться о малом значит быть просвещенным.

Соблюдать мягкость значит быть крепким.

작은 것을 돌보는 것은 깨달음을 의미한다.

온화하다는 것은 강하다는 것이다.

33

Знать, что не знаешь, есть высшее.

Не знать, что не знаешь, есть болезнь.

모른다는 것을 아는 것이 최고의 앎이다.

모른다는 것을 모르는 것은 질병이다.

34

Добрые слова могут искупить; добрые дела могут сделать еще более.

착한 말은 보상報償할 수 있다. 선행은 더 많은 것을 할 수 있다.

35

То, что спокойно, легко удержать; что еще не появилось, легко предупредить; нежное легко сломать; мелкое легко рассеять.

Делай, пока еще легко делать.

Успокаивай, пока еще не возмутилось.

고요한 것은 잡기 쉽다. 아직 나타나지 않은 것은 예방하기 쉽다. 부드러운 것은 깨기 쉽다. 작은 것은 분산하기 쉽다.

쉽게 할 수 있을 때 하라.

화가 나기 전에 진정하라.

36

Закрывать свои выходы,

Затворять свои двери,

Притуплять свою остроту,

Рассеивать свою полноту,

Смягчать свой блеск,

Уподобляться праху,

В этом — единение.

자신의 출구를 막아라

자신의 문을 닫아라

자신의 예리함을 둔하게 하라

자신의 충만함을 분산시켜라

자신의 빛을 부드럽게 낮춰라

먼지처럼 되어라

여기에 단일성(조화)이 있다.

37

Человек входит в жизнь мягким и слабым.

Он умирает жестким и крепким.

Все существа, растения и деревья входят в жизнь мягкими

и нежными и умирают засохшими и жесткими.

Жесткость и сила — спутники смерти.

인간은 부드럽고 약하게 삶에 들어간다.

인간은 딱딱하고 강하게 죽는다.

모든 생물, 식물 및 나무는 부드럽고 연약하게 삶을 시작하여 시들고 힘
들게 죽는다.
딱딱함과 힘은 죽음의 동반자이다.

38

Поучать словами не нужно. Нужно только самому быть сво
бодным от страстей.
말로써 가르칠 필요가 없다. 스스로 열정에서 자유로울 필요가 있다.

39

Нет ничего в мире мягче и слабее воды, и нет ничего, что
бы превосходило воду в ее разрушительном действии на ж
есткое и крепкое.
Слабое побеждает крепкое, мягкое побеждает жесткое.
Нет человека, который не знал бы этого, а никто не посту
пает так.
세상에 물보다 부드럽고 약한 것은 없으며, 단단하고 강한 것에 대한 파
괴적인 영향에서 물보다 나은 것은 없다.
약한 것이 강한 것을 이기고, 부드러운 것이 단단한 것을 이긴다.
이것을 모르는 사람은 없지만, 그렇게 행동하는 사람도 없다.

40

Нет большего преступления, как признавать похоть позвол

енной.

허용되는 욕망을 인정하는 것보다 더 큰 범죄는 없다.

41

Нет большего несчастия, как не уметь довольствоваться.

만족하지 못하는 것보다 더 큰 불행은 없다.

42

Нет большего порока, как желать приобретать.

얻고자 하는 것보다 더 큰 악은 없다.

43

Если дворцы очень великолепны, — поля очень запущены и закрома очень пусты.

궁전이 매우 웅장하면 밭은 매우 무시되고 곡식 창고는 비어 있을 것이다.

44

Не превозносите мудрецов, и не будет споров в народе.

현자를 높이지 마라. 그러면 사람들 사이에 분쟁이 없을 것이다.

45

Не цените предметов трудной добычи, и народ не будет в оровать; не показывайте предметов, влекущих к похоти, и народ будет спокоен.

구하기 어려운 물건을 소중히 여기지 마라. 그러면 사람들은 도둑질하지 않을 것이다. 욕망을 이끄는 물건을 보여 주지 마라. 그러면 사람들은 차분해질 것이다.

46

С справедливостью управляют государством, с хитростью нуждаются в оружии, неделанием становятся владыками п однебесной.

Почему это так?

Потому что, чем больше запрещений и ограничений в госу дарстве, тем более нищает народ.

Чем больше острого оружия у народа, тем больше беспокой ства в стране.

Чем больше искусен народ, тем больше производится стра шных вещей.

Чем больше обнародывается предписаний, тем больше воро в и разбойников.

Поэтому святой человек говорит: я не делаю, и народ сам собою совершенствуется.

Я люблю спокойствие, и народ делается сам собою справе

дливым.

Я бездеятелен, и народ сам собою делается богатым.

Я без желаний, и народ сам собою возвращается к простоте.

정의로 국가를 통치하고, 교활함을 무기로 사용하며, 행하지 않음으로써 지상의 통치자가 된다.

왜 그렇게 되는가?

왜냐하면, 국가에 더 많은 금지와 제한이 있을수록 사람들은 더 빈곤하게 되기 때문이다.

사람들이 날카로운 무기를 더 가지고 있을수록 국가에 더 많은 불안이 있을 것이다.

사람들이 더 능숙할수록 더 끔찍한 것들이 만들어질 것이다.

더 많은 명령(규정)이 공개될수록 더 많은 도둑과 강도가 있을 것이다.

그러므로 성자는 말한다: 나는 아무것도 하지 않는다. 그리고 사람들은 스스로를 완성한다.

나는 평온함을 좋아하고, 사람들은 스스로 공정해진다.

나는 아무것도 하지 않고, 사람들은 스스로 부자가 된다.

나는 욕망이 없고, 사람들은 스스로 단순함으로 돌아간다.

47

Тот, кто поднимается на цыпочки, стоит не крепко; тот, кто расставляет ноги, не двигается вперед.

Кто выставляет себя на свет, тот не блистает.

Кто одобряет сам себя, тот не выдается.

Кто хвалит сам себя, тот признает сам себя недостойным.

발끝으로 선 사람은 굳게 서 있지 못한다. 다리를 벌리는 사람은 앞으로 움직이지 못한다.

자신을 빛에 노출시키는 사람은 빛나지 않는다.

스스로를 인정하는 사람은 두드러지지 못한다.

스스로를 칭찬하는 사람은 자신이 무가치하다는 사실을 인정한다.

48

Кто знает других, тот умен.

Кто знает самого себя, тот просвещен.

남을 아는 사람은 똑똑하다.

자신을 아는 사람은 깨달음을 얻는다.

49

Кто превозмогает других, тот силен.

Кто превозмогает самого себя, тот могуществен.

남을 이기는 사람은 강하다.

자신을 이기는 사람은 강력하다.

50

Кто умеет быть довольным, тот богат.

만족할 줄 아는 사람은 부자이다.

51

Оставьте мудрость и бросьте умственность, и благоденстви
е народов во сто раз увеличится.
지혜를 포기하고 지능을 포기하면 백성의 번영이 백배로 늘어날 것이다.

52

Совсем спокоен только тот, у кого нет желаний.
욕망이 없는 사람만이 완전히 침착(고요)하다.

53

Желание славы ― низкое желание; когда приобрел ее ― бе
спокоишься, как бы не потерять; а когда потеряешь ее, то
беспокоишься о том, чтобы ее приобрести.
명성에 대한 욕망은 낮은 욕망이다. 그것을 얻었을 때, 그것을 잃을 것에
대해 걱정한다. 그것을 잃어버리면 그것을 얻을까 봐 걱정한다.

54

Если сам себе не веришь, то и тебе никто не поверит.
스스로를 믿지 않는다면 아무도 당신을 믿지 않을 것이다.

Как ни приятно быть царем и ехать на четверне, но все-таки лучше, сидя на одном месте, совершенствоваться в Tao.
왕이 되어 4인승 마차를 타는 것이 아무리 멋지다 하더라도, 한 자리에 앉아 도를 완성하는 것이 여전히 낫다.

На вражду отвечайте добром.
적대감에 친절로 응대하라.

Кто богат, почитаем и горд, тот сам себе готовит несчастья.
부유하고 존경을 받고 자랑스러워하는 사람은 자신을 위해 불행을 준비한다.

Реки и моря потому и властвуют над ручьями и потоками, что себя унижают перед ними.
Поэтому-то они и властвуют.
Так и святой человек должен принизиться перед народом для того, чтобы властвовать над ним.
강과 바다는 그들 앞에서 스스로를 낮추기 때문에 시내와 개울을 지배한다.

이것이 그들이 지배하는 이유이다.

마찬가지로 성자는 그들을 다스리기 위해 백성들 앞에서 자신을 낮추어
야 한다.

59

Тот, кто способен руководить, не воинствен.

Тот, кто способен побеждать, не бывает злобен.

Тот, кто способен бороться, не спорит.

Тот, кто способен употреблять людей на пользу, подчиняе
тся им.

Это значит уметь пользоваться силами людей.

В этом высшая мудрость. Это значит соединиться с Небом.

지도력이 있는 사람은 호전적이지 않다.

이길 수 있는 사람은 결코 악하지 않다.

싸울 수 있는 사람은 다투지 않는다.

사람을 이용할 수 있는 사람은 그들에게 순종한다.

이것은 사람들의 힘을 이용할 줄 안다는 것을 의미한다.

여기에 최고의 지혜가 있다. 이것은 천국과 연결되어 있다는 뜻이다

60

Если человек не боится того, что действительно страшно,
то приходит самое страшное.

사람이 정말 무서운 것을 두려워하지 않는다면 최악의 상황이 발생한다.

61

Пусть никто не считает свое жилище слишком тесным и жизнь свою слишком ограниченною.

누구도 자신의 집이 너무 비좁고 자신의 삶이 너무 제한적이라고 생각하게 하지 마라.

62

Тот, кто не хлопочет о жизни, мудрее того, кто ценит жизнь.

생명에 관심이 없는 사람이 생명을 소중히 여기는 사람보다 현명하다.

63

Кто понимает, тот немного знает; кто много знает, тот не понимает.

이해하는 사람은 조금 안다. 많이 아는 사람은 이해하지 못한다.

64

Истинные слова неприятны; приятные слова не истинны.

진정한 말은 불쾌하다. 즐거운 말은 사실이 아니다.

레프 톨스토이와
고니시 마스타로 관련 연보

1828년 8월　레프 니콜라예비치 톨스토이, 부父 니콜라이 모母 마리야의 넷째 아들로 야스나야 폴랴나에서 태어나다

1829년 8월　톨스토이, 모母 마리야 사망

1837년 9월　톨스토이, 부父 니콜라이 급사

1847년 4월　톨스토이, 유산 분할로 야스나야 폴랴나 등을 상속

1852년 7월　톨스토이, 잡지 『현대인』 제9호에 『유년시대』 발표

1855년　　　크리미아 각처에서 전투. 『투전꾼의 수기』, 『1854년 12월의 세바스토폴리』, 『삼림벌채』 발표

1856년　　　『1855년 8월의 세바스토폴리』, 『눈보라』, 『두 경기병』, 『지주의 아침』 등을 발표

1857년　　　『루체른』, 『청년시절』 발표

1859년 11월 야스나야 폴랴나에서 교육 활동 시작. 농민 아이들에게 야학을 열어 가르침

『세 죽음』, 『결혼의 행복』 발표

1861년 4월　고니시 마스타로小西增太郎, 부父 가메 사부로龜三郎, 모母 사카에榮의 장남으로 비젠국備前國 조토군上道郡 타무라田村(현 오카야마시岡山市 중구中區 가도타야시키門田屋敷)에서 태어나다

1862년 9월　톨스토이(34세), 왕궁 주치의 벨스의 딸 소피야 안드레예브나(당시 16세)와 결혼하여 야스나야 폴랴나로 돌아옴. 10월 15일 학교 사업을 그만둠

1863년 2월　톨스토이, 『진보와 교육의 정의』, 『카자크 사람들』 발표

1869년 10월 톨스토이, 『전쟁과 평화』 발표

1872년 1월　톨스토이, 다시 야스나야 폴랴나 저택 내에 학교를 열어 농민 자녀들을 교육

전쟁과 평화

　　　『초등교과서』, 『카프카즈의 포로』 발표

1875년 1월　톨스토이, 『러시아 통신』에 『안나 카레니나』 연재 개시

1877년　　톨스토이, 『노자 도덕경』을 알고서 러시아어 번역을 시도(1차)

1877년 1월　고니시, 노자키가野崎家에 근무

1879년 3월　고니시, 하리스토스Haristo 정교회正敎會의 영세領洗를 받다(세례명은 다니엘 페트로비치 고니시)

1881년 3월　톨스토이, 『사람은 무엇으로 사는가』, 『요약 복음서』 발표

　　　12월 고니시, 도쿄東京로 간다神田의 니콜라이신학교에 입학, 러시아어를 배움

1884년　　톨스토이, 『노자 도덕경』 불어·독어·영어 역본을 참고하면서 러시아어 번역을 시도(2차)

1886년 4월　톨스토이, 『이반 일리이치의 죽음』 발표

　　　　10월 희곡 『암흑의 힘』 발행

1887년 5월　고니시, 니시 도쿠지로西德二郎 러시아 공사公使 비서생祕書生으로 요코하마를 출발하여 러시아로 감

　　　　9월　고니시, 노자키가에서 학자금을 받아 가며 키에프 신학교 입학

1888년 2월　톨스토이, 정부의 어용 기관인 종무원宗務院으로부터 『생명론』 발매 금지 처분

1889년　　톨스토이, 『크로이체르 소나타』, 『악마』 발표

1892년 9월　고니시, 모스크바대 문과대학에 입학. 니콜라이 그로트 교수의 지도로 심리학·철학사를 전공

　　　　11월 그로트 교수의 소개로 톨스토이와 처음 만남. 『노자 도덕경』을 러시아어로 공동 번역 시작(3차)

1893년　　톨스토이, 포포프가 번역한 『노자 도덕경』의 검토·편집을 부탁을 받고 번역을 시도했으나(4차) 간행되지는 않음

1893년 3월　톨스토이·고니시, 『노자 도덕경』 러시아어 역 완성

　　　　10월 고니시, 일본으로 귀국

1894년 11월 고니시, 오오이와大巖의 첫째 딸과 결혼

　　　　톨스토이, 『신의 고찰』 발표

1896년　　고니시의 소개로 도쿠토미 소호德富蘇峰가 야스나야에서 톨스토이 방문. 고니시는 10년 뒤 소호의 동생 로카蘆花도 톨스토이에게 소개함

고니시, 톨스토이로부터 『성경』의 네 복음서福音書(이른바 두옹수택성서杜翁手澤聖書)를 받다. 뒤에 그것을 담았던 오동상자[桐箱]를 숨기고 소호에게 상서箱書를 의뢰

1898년 2월 톨스토이, 『예술이란 무엇인가』, 『신부 세르게이』 발표

1898년 9월 톨스토이, 『부활』 발표

1900년 1월 고니시, 노자키가野崎家가 타이완臺灣에 개설한 염업출장소鹽業出張所의 지배인이 됨

톨스토이, 『산송장』, 『죽이지 말라』 발표

1901년 2월 톨스토이, 종무원宗務院에 의해 그리스 정교회에서 파문됨

1902년 8월 톨스토이, 『지옥의 붕괴와 부흥』 발표

1903년   톨스토이, 『셰익스피어와 희곡에 대하여』, 『세 가지 의문』 발표

1904년 6월 톨스토이, 러일전쟁에 반대하는 『참회록』 집필. 『유년 시절의 추억』 발표

1905년   톨스토이, 『알료쉬아 고르시오크』, 『세기의 종말』 발표

1906년   톨스토이, 『파스칼』, 『러시아 혁명의 의의』 발표

맨발의 톨스토이(1901)

6~7월 고니시, 도쿠토미 로카를 야스나야 폴랴나의 톨스토이에 소개 5일간 방문, 교류. 로카는 그 내용을 『순례기행』으로 간행(1906)

1907년　　톨스토이, 『진정한 자유를 인정하라』, 『우리들의 인생관』 발표

1908년 5월　톨스토이, 사형집행에 반대해 「침묵할 수 없다」 발표

　　　　8월　톨스토이, 『폭력의 규제』, 『사형과 그리스도교』, 『고골리론』 발표

1909년 8월　고니시, 다시 모스크바로 유학

　　　　10월　고니시, 톨스토이와 모스크바 별저別邸에서 재회

1910년　　톨스토이·포포프, 공동 번역으로
러시아 최초의 『도덕경』 선역본인 『톨스토이가
고른 중국 현자 노자의 말Изреченія китайскаго м
удреца Лао-Тзе, избранныя Л.Н. Толстымъ』을 모
스크바 쿠쉐네레프출판사에서 간행하고, 1911년
모스크바 파슬레드니카출판사에서 재간행

1910년 7월　고니시, 야스나야 폴랴나 본저本邸에서 톨스토이와 담소

　　　　10월　톨스토이, 야스나야 폴랴나의 본저에서 부인에게 이별의 편지를 써 놓고 여행길에 오름

　　　　11월 7일 오전 6시 5분 톨스토이, 야스타포보 역장 관사에서 죽음(향년 82세). 고니시, 장례에 참가

　　　　11월 9일 톨스토이, 야스나야 폴랴나에 묻힘

1911년 5월　고니시, 팔레스타인에서 그리스도 유적을 돌고, 이집트·그리스를 거쳐 독일로 감

1912년 4월　고니시, 귀국. 도쿄대東京大·도시샤대同志社大에서 교편 생활

1913년　　톨스토이·고니시, 공동 번역으로 러
시아　최초의『도덕경』완역본인『노자　도덕경
또는 도덕에 관한 글ЛАО-СИ ТАÖ-ТЕ-КИНГЪ И
ЛИ ПИСАНІЕ О НРАВСТВЕННОСТИ』을 모스크바
피차트노에젤라출판사에서 간행

1918년 3월　고니시, 블라디보스톡 상공회 부회장에 선임

1925년 7월　고니시, 모스크바 이권회의利權會議에 호쿠신카이北辰
會 대표로 출석, 약 7개월간 교섭을 위해 체재

　　　　12월 석탄·석유에 관한 사할린北樺太 러·일 이권협약 체결

1926년 2월　고니시, 러시아에서 귀국

1927년 11월 고니시, 스탈린И.В. Сталин과 구하라 후사노스케久原
房之助(광산 재벌) 회담의 통역으로 동석

1929년 10월 톨스토이의 3녀 알렉산드라 톨스타야 여사 일본 방문

1930년 1월　고니시, 톨스타야 여사와 재회

1936년 10월 고니시, 『톨스토이를 말하다』 간행

1939년 12월 고니시, 신주쿠역新宿驛에서 심장발작으로 사망(향년
78세)

1946년　　『톨스토이를 말하다』(복각판), 고니시가 번역한 톨스
토이의『인생의 길』, 『행복으로의 길』 간행

2010년 10월 톨스토이 사후 100년 기념으로, 74년 만에『톨스토
이를 말하다』를 새로 간행

참고문헌

『老子道德經』(王弼本)

Лао Си, «ТАŎ-ТЕ-КИНГЪ, или писаніе о нравственности». Под редак
ціей Л.Н. Толстого, перевелъ съ китайскаго профессоръ университе
та въ Кіото Д. П. Конисси, примечаніями снабдилъ С. Н. Дурылинъ.
(Москва: Печатное дело, 1913; 레닌도서관 소장)

Евгений Попов и Лев Толстой, Изреченія китайскаго мудреца Лао-Тзе,
избранныя Л.Н. Толстымъ, (Москва: Посредника, 1910; 레닌도서관 소장)

Конисси Масутаро, Дао дэ Цзин. Книга пути и благодати, (Москва: Ру
сский раритет, 2011)

김려춘, 『톨스토이와 동양』, 이항재 외 역, 인디북, 2004

김홍경, 『노자, 삶의 기술 늙은이의 노래』, 들녘, 2003

동경대 중국철학교실 편, 『중국철학사상사』, 전남대학교 동양철학교실 억, 전남
대학교 출판부, 1976

로망롤랑, 『러시아의 등불 톨스토이의 삶과 문학』, 윤선혜 역, 청암문학사, 1993

로망롤랑, 『톨스토이 평전』, 김경아 편역, 거송미디어, 2005

빅토르 쉬클롭스키, 『레프톨스토이 1·2』, 이강은 역, 나남, 2009

손상목, 『그를 아는 것은 세상의 모든 사람들을 사랑하는 것이다: 톨스토이』, 인
디북, 2004

앤드류 노먼 윌슨, 『톨스토이: 삶의 숭고한 의미를 향해가는 구도자』, 이상룡 역,

책세상, 2010

王弼, 『왕필의 노자』, 임채우 역, 예문서원, 1997

王弼, 『譯註 老子道德經注』, 김시천 역주, 전통문화연구회, 2014

이석명, 『백서 노자』, 청계, 2003

정창범, 『톨스토이: 부유한 삶을 거부한 고뇌의 작가』, 건국대학교출판부, 1996

陳鼓應, 『진고응이 풀이한 노자』(원제: 『老子今註今譯及評價』), 최재목·박종연 역, 영남대학출판부, 2008

최재목, 『노자』, 을유문화사, 2006

톨스토이, 『톨스토이 인생론·참회록』, 동완 역, 신원문화사, 1992

톨스토이, 『톨스토이 인생독본』, 신윤표 역, 배재서관, 1993

톨스토이, 『신의 나라는 네 안에 있다』, 박홍규 역, 들녘, 2016

Владимир Малявин, Лао-цзы Дао-Дэ цзин Книга о Пути жизни, Москва: Феория, 2010

Arthur Waley, tr., The Way and Its Power: Lao Tzu's Tao Te Ching and Its Place in Chinese Thought, New York: Grove Press, 1958.

James Legge, tr., The Way and Its Power: The Text of Taoism: The Tao Te Ching of Lao Tzu, New York: Dover Publications, Inc., 1962.

Toshihiko Izutzu, tr., Lao-Tzu: The Way and Its Virtue, Tokyo: Keio University Press, 2001.

Robert G. Henrics, tr., Lao Tzu's Tao Te Ching: A Translation of the Startling New Documents Found at Guodian, New York: Columbia University Press, 2000.

小西増太郎, 『実歴露国一斑』, 警醒社, 1896

小西増太郎, 『露国文法大意』, 北海露語学校, 1897

小西増太郎, 『聖地パレスチナ』, 警醒社書店, 1913

レフ・トルストーイ, 『生きる道』, 小西増太郎 訳, 章華社, 1936

トルストイ, 『幸福への道』, 小西増太郎 訳, 章華社, 1936

トルストイ, 『人生読本』, 八住利雄 訳, 成光堂, 1936

トルストイ, 『人生読本』, 八住利雄 訳, 清教社, 1936

小西増太郎, 『いかに生きるか トルストイを語る』, 太田健一 監修, 万葉舎, 2010

トルストイ, 『トルストイ版 老子』, 加藤智惠子・有宗昌子 共譯, ドニエプル出版, 2012

レフ トルストイ・小西増太郎, 『レフ トルストイ 小西増太郎 共露譯 老子道德經』, 中本信幸譯, 2020(온라인 kindle版)

湯淺邦弘, 『入門老莊思想』, ちくま書房, 2014

太田健一, 『小西増太郎・トルストイ・野崎武吉郎—友情の記録』, 吉備人出版, 2007

김려춘, 「이문화異文化와의 만남: 노자와 톨스토이」, 『인문과학』 제71집, 연세대학교인문학연구원, 1994.6

김정현, 「니체, 톨스토이, 그리고 20세기 초 동북아시아의 정신사」, 『니체연구』 제37집, 한국니체학회, 2020

문준일, 「톨스토이의 평화론과 동양사상: 노자의 사상을 중심으로」, 『문화와 융합』 제42권 5호, 한국문화융합학회, 2020.5

이항재, 「노자의 '무위'와 그리스도의 사랑: 톨스토이의 <무위>를 중심으로」, 『러시아어문학연구논집』 제48집, 한국러시아문학회, 2015

찾아보기

서 명

용 어

432

436

442

444

톨스토이가 번역한 『노자 도덕경』

2021년 1월 20일 초판 1쇄 인쇄
2021년 1월 30일 초판 1쇄 발행

원역자 톨스토이·고니시
역주자 최 재 목
발행인 류 현 석

발행처 21세기문화원
등 록 2000.3.9 제307-2000-18호
주 소 서울 성북구 보문로 193-1
전 화 02-923-8611
팩 스 02-923-8622
이메일 bruceryoo@naver.com

ISBN 979-11-973329-0-6 93150

값 37,000원